中学教科書ワーク　学習カード

ポケットスタディ

歴史年号

社会歴史

Pocket Study

音声つき

何が起こった年？

前3000～
BC　さんぜん
前1500年ごろ
いご

1

何が起こった年？

前221年
じつにいっ(しゅん)

2

何が起こった年？

239年
じさく

3

何が起こった年？

593年
いつく(し)み

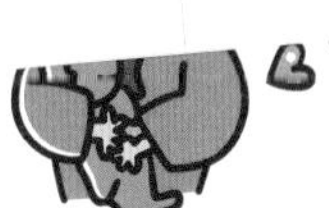

4

何が起こった年？

645年
むようのごう(ぞく)

5

何が起こった年？

701年
なおいっ(そう)

6

何が起こった年？

710年
なんと

7

何が起こった年？

743年
なじみ

8

何が起こった年？

794年
なくよ

9

何が起こった年？

935年
くさっといつ

10

何が起こった年？

1016年
とおいむ(こう)

11

何年に起こった？

各地に文明がおこる

- 大河のそばでおきた

エジプト	メソポタミア
ナイル川	チグリス川 ユーフラテス川
インダス	**中国**
インダス川	黄河・長江

ゴロゴロヒント　BCに輝く文明さんぜんと，文字は以後のいしずえに

音声も聞けるよ！

- 切り取ってリングなどでとじましょう。
- カードは表からも裏からも使えます。
- ゴロゴロヒントも覚えてみましょう。

https://www.kyokashowork.jp/so11.html

何年に起こった？

卑弥呼（ひみこ）が魏（ぎ）に使いを送る

- 卑弥呼は邪馬台国の女王
- 魏から「親魏倭王」の称号を授かった
- 「魏志倭人伝」

ゴロゴロヒント　魏の王へ　卑弥呼は手紙を自作する

何年に起こった？

秦（しん）の始皇帝（しこうてい）が中国を統一

- わずか15年でほろびてしまう
- 北方民族にそなえ，万里の長城を築く
- 文字などを統一

ゴロゴロヒント　秦の国　実に一瞬の栄華をほこり

何年に起こった？

大化（たいか）の改新（かいしん）が始まる

- 中大兄皇子と中臣鎌足が，蘇我氏をたおして始めた
- 律令国家をめざした政治改革

ゴロゴロヒント　改新で　無用の豪族しりぞけて

何年に起こった？

聖徳太子（しょうとくたいし）が政務に参加する

- おばである推古天皇の摂政となる
- 蘇我氏と協力
- 冠位十二階・十七条の憲法・遣隋使

ゴロゴロヒント　明日からも　太子は仏教いつくしみ

何年に起こった？

都が平城京（へいじょうきょう）に移る

- 現在の奈良県奈良市
- 仏教と唐の影響を受けた，天平文化が花開いた

ゴロゴロヒント　平城京　なんと長安そっくりだ

何年に起こった？

大宝律令（たいほうりつりょう）が定められる

- 唐の法律にならってつくられた
- 律＝刑罰
  令＝行政のきまり

ゴロゴロヒント　律令で　なおいっそうの国づくり

何年に起こった？

都が平安京（へいあんきょう）に移る

- 現在の京都府京都市
- 唐の文化をふまえて，日本の風土にあっている国風文化が，花開いた

ゴロゴロヒント　なくよ　うぐいす平安京

何年に起こった？

墾田永年私財法（こんでんえいねんしざいのほう）が定められる

- 口分田が不足して定められた
- 私有地（荘園）が増え，公地公民の原則がくずれていった

ゴロゴロヒント　開墾で　なじみの土地を私有地に

何年に起こった？

藤原道長（ふじわらのみちなが）が摂政（せっしょう）になる

- 「この世をば…」の歌が有名
- 自分のむすめを天皇のきさきにして，政治の実権をにぎった

ゴロゴロヒント　道長は　遠い向こうの月をよむ

何年に起こった？

平将門（たいらのまさかど）が関東で反乱

- 朝廷への不満から武士団を率いて反乱を起こした
- この後、瀬戸内海で藤原純友も反乱

ゴロゴロヒント　将門に　矢じりがぐさっと　いつの間に

何が起こった年？

1167年
ひびきむな(しい)

12

何が起こった年？

1185年
ひとびとはご(おん)

13

何が起こった年？

1274・
ひとつもなし
1281年
いつものはい(とう)

14

何が起こった年？

1333年
いざさんざん

15

何が起こった年？

1392年
いざくに

16

何が起こった年？

1467年
ひとよでむなしく

17

何が起こった年？

1543年
いごしがみちる

18

何が起こった年？

1573年
いごなみだ

19

何が起こった年？

1590年
せんごくお(わらせ)

20

何が起こった年？

1600年
ヒーローおれ

21

何が起こった年？

1635年
いちろさんきんこう

22

何が起こった年？

1641年
いろよい

23

何年に起こった？

源頼朝が守護・地頭をおく

- 弟の源義経をとらえることを口実に設置
- 後に征夷大将軍
- 将軍と御家人は御恩と奉公の関係

ゴロゴロヒント　人々は　御恩に報いる奉公を

何年に起こった？

平清盛が太政大臣になる

- 平清盛は，武士として初めて政治の実権をにぎった
- 航路をととのえ，日宋貿易を行った

ゴロゴロヒント　清盛は　響きむなしい　鐘を聞く

何年に起こった？

鎌倉幕府がほろぶ

- 後醍醐天皇が，足利尊氏などとともに幕府をほろぼした
- その後，建武の新政が始まった

ゴロゴロヒント　いざ　散々な幕府討て

何年に起こった？

元寇が起こる（文永の役・弘安の役）

- 元軍は集団戦法や火薬で攻撃
- 御家人たちは活躍したが，十分な恩賞が与えられなかった

ゴロゴロヒント　一つもなしか　いつものほうびの配当は

何年に起こった？

応仁の乱が始まる

- 室町幕府８代将軍足利義政の後継者争いがきっかけ
- 戦乱は11年続いた
- 以降，戦国時代へ

ゴロゴロヒント　応仁の　一夜でむなしく京は燃え

何年に起こった？

足利義満が南北朝を統一

- 60年近く続いた南北朝時代の終わり
- 義満は室町に御所をかまえ，朝貢形式の日明貿易も始めた

ゴロゴロヒント　いざ国を　まとめて御所を　室町に

何年に起こった？

室町幕府がほろびる

- 織田信長が15代将軍足利義昭を京都から追放した
- 信長は，その後勢力を強めた

ゴロゴロヒント　京追われ　以後涙に暮れる足利氏

何年に起こった？

種子島に鉄砲が伝わる

- 種子島に漂着したポルトガル人が伝えた
- 鉄砲は堺（大阪府）や国友（滋賀県）で量産された

ゴロゴロヒント　鉄砲で　以後死が満ちる戦場に

何年に起こった？

関ヶ原の戦いが起こる

- 東軍を率いた徳川家康が政治の実権をにぎった
- ３年後に家康は征夷大将軍になった

ゴロゴロヒント　関ヶ原　「ヒーローおれだ」と家康は

何年に起こった？

豊臣秀吉が全国を統一する

- 秀吉は織田信長の後継者争いに勝利
- 検地・刀狩が行われ兵農分離が進んだ

ゴロゴロヒント　秀吉が　戦国終わらせ　全国統一

何年に起こった？

鎖国の体制が整う

- この年オランダ商館が出島に移された
- 中国とオランダだけが長崎での貿易を許された

ゴロゴロヒント　外国の　色よい返事をわたせない

何年に起こった？

参勤交代が制度化される

- ３代将軍徳川家光が制度化
- 領地と江戸との１年おきの往復は，大名に多額の負担となる

ゴロゴロヒント　大名は　一路参勤交代へ

何が起こった年？

1688年
いろはは

24

何が起こった年？

1716年
ひなんもいろんも

25

何が起こった年？

1776年
(なりた)いな　なろ(う)

26

何が起こった年？

1787年
ひなんはかな(く)

27

何が起こった年？

1789年
ひなんばく(はつ)

28

何が起こった年？

1841年
いやよとひと(ば)

29

何が起こった年？

1853年
いやでござ(るぞ)

30

何が起こった年？

1868年
いやだむや(み)

31

何が起こった年？

1874年
いやなよ

32

何が起こった年？

1889年
ひとははく(しゅ)

33

何が起こった年？

1894年
ひとはくるし(む)

34

何が起こった年？

1904年
ひく(な)おし

35

何年に起こった？

享保(きょうほう)の改革(かいかく)が始まる

- 質素・倹約を命じた
- 上げ米の制，公事方御定書，目安箱設置
- 書物の輸入が一部認められ，蘭学が発展

ゴロゴロヒント　改革に　非難も異論も出ない今日

何年に起こった？

寛政(かんせい)の改革(かいかく)が始まる

- 松平定信が行った
- 享保の改革が理想
- 御家人・旗本の借金の帳消しや出版統制で反感を買う

ゴロゴロヒント　改革は　非難はかなく完成し

何年に起こった？

天保(てんぽう)の改革(かいかく)が始まる

- 水野忠邦が幕府の強化を目的に開始
- 外国には薪水給与令
- 性急な改革は，大名などが反発して失敗

ゴロゴロヒント　はやすぎる　テンポが嫌よと人は言い

何年に起こった？

戊辰戦争(ぼしんせんそう)・五箇条の御誓文(ごかじょうのごせいもん)

- 戊辰戦争は旧幕府軍と新政府軍の戦い
- 五箇条の御誓文は，新政府が新しい政治の方針を定めたもの

ゴロゴロヒント　嫌だむやみな戦争は　誓文出して国づくり

何年に起こった？

大日本帝国憲法(だいにっぽんていこくけんぽう)の発布

- 君主権の強いドイツなどの憲法を参考に伊藤博文らが作成
- 主権天皇，法律の制限付きで言論の自由

ゴロゴロヒント　待っていた　人は拍手で　憲法発布

何年に起こった？

日露戦争(にちろせんそう)が起こる

- 義和団事件の後
- 戦争の継続が厳しくなったころ，日本海海戦で日本が勝利
- ポーツマス条約

ゴロゴロヒント　引くな押し込め　日露戦争

何年に起こった？

イギリスで名誉革命(めいよかくめい)

- 専制を行う王が追放され，「権利章典」が定められた
- 立憲君主制と議会政治の始まり

ゴロゴロヒント　議会制　「いろは」はここから始まった

何年に起こった？

アメリカで独立宣言(どくりつせんげん)発表

- 前年に始まった独立戦争の中で発表
- 啓蒙思想の影響
- 人民主権・三権分立をうたう

ゴロゴロヒント　なりたいな　なろう！　独立した国に

何年に起こった？

フランス革命(かくめい)が始まる

- 絶対王政と身分による貧富の差が原因
- 基本的人権の尊重と国民主権をうたう人権宣言が発表された

ゴロゴロヒント　王政に　非難爆発　フランス革命

何年に起こった？

ペリーが浦賀(うらが)沖に来航

- ペリーはアメリカ東インド艦隊司令長官
- 開国を求める大統領の国書を出した
- 翌年，日米和親条約

ゴロゴロヒント　開国は　嫌でござるぞ　ペリーさん

何年に起こった？

民撰議院設立(みんせんぎいんせつりつ)の建白書(けんぱくしょ)提出

- 板垣退助らが提出
- 自由民権運動のきっかけとなる
- 西南戦争後，運動は活発になった

ゴロゴロヒント　嫌な世を　直せと板垣訴える

何年に起こった？

日清戦争(にっしんせんそう)が起こる

- 朝鮮の甲午農民戦争への介入がきっかけ
- 日本が勝ち，翌年下関条約が結ばれた
- 賠償金で工業が発達

ゴロゴロヒント　朝鮮の人は苦しむ　日清戦争

何が起こった年？

1914年

ひくいし

36

何が起こった年？

1915年

いっくいちごん

37

何が起こった年？

1919年

いくいく

38

何が起こった年？

1925年

いくにじゅうご

39

何が起こった年？

1929年

ひどくふく(らむ)

40

何が起こった年？

1931年

いくさのび(だね)

41

何が起こった年？

1937年

いくぞみんな

42

何が起こった年？

1939年

いくさでくる(しい)

43

何が起こった年？

1941年

いくよひとり

44

何が起こった年？

1945年

ひびくよご(れた)

45

何が起こった年？

1951年

インクでごうい

46

何が起こった年？

1989年

ひくとやく(そく)

47

何年に起こった？

日本が中国に二十一か条の要求

- 第一次世界大戦中に日本が中国に出した
- 日本の権益拡大要求
- 中国は反発し，反日運動が本格化した

ゴロゴロヒント　要求の　一句一言忘れない

何年に起こった？

第一次世界大戦が始まる

- バルカン半島のサラエボ事件がきっかけ
- 各国とも総力戦になり，死者は1500万人に達した

ゴロゴロヒント　どの国も　引く意思はなく　大戦へ

何年に起こった？

普通選挙法が定められる

- 満25才以上のすべての男子に選挙権が与えられた
- 同じ年に治安維持法も定められた

ゴロゴロヒント　選挙行く　25以上の男子だけ

何年に起こった？

ベルサイユ条約が結ばれる

- 第一次世界大戦の講和条約。パリ講和会議で話し合われた
- 五・四運動や三・一独立運動も同じ年

ゴロゴロヒント　講和しに　行く行くパリとベルサイユ

何年に起こった？

満州事変が起こる

- 奉天郊外の柳条湖事件がきっかけ
- 翌年日本は「満州国」を建国
- 国際連盟は認めず

ゴロゴロヒント　日中の　戦の火種は満州に

何年に起こった？

世界恐慌が起こる

- ニューヨークの株式市場暴落がきっかけ

イギリス　ブロック経済
アメリカ　ニューディール政策

- ロシアは影響小

ゴロゴロヒント　恐慌で　ひどくふくらむ借金よ

何年に起こった？

第二次世界大戦が始まる

- ヒトラーが主導するナチス・ドイツがポーランドに侵攻
- 枢軸国と連合国の戦いに発展

ゴロゴロヒント　世界中　戦で苦しい生活に

何年に起こった？

日中戦争が始まる

- 北京郊外の盧溝橋事件がきっかけ
- 中国は国民党と共産党が抗日民族統一戦線をつくって対抗

ゴロゴロヒント　事件起き　行くぞみんなで大陸へ

何年に起こった？

第二次世界大戦が終わる

- 同じ年のできごと

3月　東京大空襲/沖縄戦開始
5月　ドイツ降伏
8月　原爆投下/ソ連侵攻
ポツダム宣言受諾

ゴロゴロヒント　玉音が　響く汚れた町並みに

何年に起こった？

太平洋戦争が始まる

- 日本軍がイギリス領マレー半島とハワイの真珠湾を攻撃
- 日本の戦局はミッドウェー海戦後に悪化

ゴロゴロヒント　行くよ一人で　戦争へ

何年に起こった？

冷戦が終わる（マルタ会談）

- 米ソによって冷戦の終結が宣言された
- 同じ年，冷戦の象徴，「ベルリンの壁」が壊された

ゴロゴロヒント　米ソとも　引くと約束いたしましょう

何年に起こった？

サンフランシスコ平和条約を結ぶ

- 日本はアメリカなど48か国と平和条約を結び独立を回復
- 同時に日米安全保障条約が結ばれた

ゴロゴロヒント　条約に　インクをつけて合意する

教育出版版 社会歴史 もくじ

写真提供：秋田県立博物館, アフロ, 石山寺, 大阪城天守閣, 橿原市教育委員会, 灸まん美術館, 京都国立博物館, 京都市歴史資料館, 岐阜県白山文化博物館, 宮内庁三の丸尚蔵館, 建仁寺, 玄福寺, 公益財団法人平木浮世絵財団, 公益財団法人美術院, 国立国会図書館, 神戸市立博物館, 国文学研究資料館, さいたま市立漫画会, 慈照寺, 正倉院正倉, 聖徳記念絵画館, 新華社, 泉涌寺, 大英図書館, 東京国立博物館, 東京大学史料編纂所, 東京大学法学部付属明治新聞雑誌文庫, 東京都江戸東京博物館, 東京文化財研究所, 東大寺, 遠野市教育委員会, 徳川美術館, 長崎歴史文化博物館, 奈良市役所, 奈良文化財研究所, 姫路市文化財課, 平等院, 福岡市博物館, 毎日新聞社, 前田育徳会所, 松山市考古館, 米沢市上杉博物館, 読売新聞, ロイター, 鹿苑寺, AP, ColBase（https://colbase.nich.go.jp/）, DNPartcom, GRANGER.COM, National Museum of China, The New York Times, U.S. Army（敬称略）　ポケットスタディ音声：那波一寿

予習・復習 こつこつ 解答 p.1

確認のワーク ステージ1 1節 私たちと歴史 2節 身近な地域の歴史

教科書の要点 （　）にあてはまる語句を答えよう。

1 歴史の流れをとらえよう 教 p.2~6

● 「時代の分け方・年表の見方」を振り返ろう

◆（①　　　）▶（②　　　）が生まれたと（キリスト教をおこした）される年を紀元1年。それより前は**紀元前**，後は**紀元（後）**。

◆（③　　　）▶西暦の100年を単位として表す。（紀元1年～100年を1世紀，101年から200年を2世紀とする）

◆時代区分

■（④　　　）のしくみによる時代区分（原始や中世など）

■（⑤　　　）の中心地，文化や社会の特徴など（縄文時代や戦国時代など）による時代区分（奈良時代や江戸時代など）

◆（⑥　　　）（元号）による表し方

■明治以後は，（⑦　　　）の一代ごとに一つ。

↓世紀

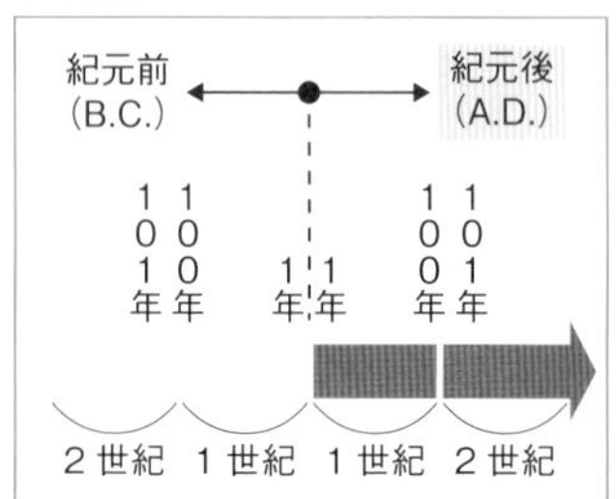

B.C.は Before Christ A.D.は Anno Domini の略だよ。

↓時代の分け方

西暦		100	1	1	100	200	300	400	500	600	700	800	900	1000	1100	1200	1300	1400	1500	1600	1700	1800	1900	2000
世紀	2	1	1	2	3	4	5	6	7	8	9	10	11	12	13	14	15	16	17	18	19	20	21	

時代：原始　古代　中世　近世　近代　現代

縄文時代　弥生時代　古墳時代　飛鳥時代　奈良時代　平安時代　鎌倉時代　室町時代　戦国時代　安土・桃山時代　江戸時代　明治　大正　昭和　平成　令和

2 歴史にアプローチ 教 p.7~9

● 歴史学習での見方・考え方

◆できごとを「いつ」「どこで」「だれが」「何を」「なぜ」「どのように」起こったかを考える（**時期と推移**）。

◆できごとの原因と背景，結果や影響を確かめる（**関連**）。

◆政治，社会，文化の動きから，時代の特色をとらえる。

◆前後の時代と（⑧　　　）し，時代の転換を考える。

◆まとめ方

■時期や順序を（⑨　　　）に表す。

■矢印と囲みなどを使って（⑩　　　）に表し，因果関係や世界史との関連を表す。

■（⑪　　　）に整理して比較する。

↓表に整理する

できごと	いつ（When）
	どこで（Where）
	だれが（Who）
	何を（What）
	なぜ（Why）
	どのように（How）

3 身近な地域の歴史を調べよう 教 p.10~16

◆調べ方▶テーマを決める→（⑫　　　）を集める→具体的な（⑬　　　）を決める→野外調査・聞き取り調査を行う→整理して考察する→調査の結果をまとめる。

↓地域調査のレポート

①序論（テーマと仮説）
↓
②本論（わかったこと）
↓
③結論（考えたこと）
↓
④参考資料

まるごと暗記　西暦 イエスが生まれた年を１年とする数え方　世紀 100年を１世紀とする時代区分

教科書の資料　あとのカードを，表にあてはめよう。

時代	奈良時代	平安時代	室町時代	安土・桃山時代	江戸時代	明治時代
人物	聖武天皇	①（　　）	雪舟	豊臣秀吉	②（　　）	③（　　）
建造物	東大寺		④（　　）	⑤（　　）		⑥（　　）

〈人物カード〉

Ⅰ　徳川家康　江戸幕府を開いた。

Ⅱ　紫式部　『源氏物語』を著した。

Ⅲ　伊藤博文　初代内閣総理大臣となった。

〈建造物カード〉

ア　銀閣　足利義政が京都の東山に建てた。

イ　富岡製糸場　大量の生糸を生産した。

ウ　姫路城　巨大な天守をもつ世界遺産。

チェック 教科書一問一答　次の問いに答えよう。

/10問中

★は教科書の太字の語句

1 歴史の流れをとらえよう

①イエスが生まれる前という意味で，紀元前のことをアルファベットで何といいますか。　□①

②主の年という意味で，紀元後のことをアルファベットで何といいますか。　□②

③世紀は西暦の何年を一つの単位としますか。　□③

④1901年～2000年は，何世紀にあたりますか。　□④

⑤古代など，社会のしくみの特徴による時代区分をしたとき，鎌倉時代や室町時代は何とよばれますか。　□⑤

⑥縄文時代や戦国時代は，その時代の社会や何の特徴によって分けられた時代区分ですか。　□⑥

⑦元号が，天皇一代ごとに一つと決められたのは，何時代からですか。　□⑦

2 歴史にアプローチ

⑧できごとの原因や背景と，結果や影響の関係のことを，何といいますか。　□⑧

⑨歴史上のできごとの時期や順序を明確に示した表を何といいますか。　□⑨

3

⑩調べるテーマについて，集めた情報をもとに立てる予想のことを何といいますか。　□⑩

平成の天皇が退位され，2019年には，元号が「平成」から「令和」に変わりました。在位中の天皇は「今上天皇」とよび，「令和天皇」とはよびません。

予習・復習　こつこつ　解答 p.1

確認のワーク ステージ1　1節　人類の出現と文明のおこり①

教科書の要点　（　）にあてはまる語句を答えよう。

1 グレートジャーニー　教 p.20～21

●人類の生い立ち/世界中に広がる新人

◆約700万年前に（①　　　　）がアフリカに現れる。
直立二足歩行をした

■石を打ち欠いた（②　　　　）が使われた。

■約260万年前から氷河時代になった。

◆約240万年前に（③　　　　）が現れる。

■火や簡単な言葉の使用。
食料を調理できるようになった

◆約20万年前に，（④　　　　）が現れる。
わたしたちと同じ人類

■日本列島にもナウマンゾウなどを追って，人類が移住した。

◆（⑤　　　　）▶打製石器を使い，狩りや採集をした。

●農耕と牧畜の始まり

◆約１万年前に氷期が終わる。▶農耕や牧畜，定住生活の開始。

◆石を磨いた（⑥　　　　）や，土器が使われた。

◆新石器時代▶磨製石器を使い，農耕や牧畜を始めた。

2 エジプトはナイルの賜物　教 p.22～23

●文明のおこり▶農耕・牧畜の発達→蓄えの差が生まれる→支配者が現れる→国ができる→世界各地に文明が生まれる。

●メソポタミア文明▶紀元前3000年ごろ，チグリス川とユーフラテス川に挟まれた地域に都市国家がつくられた。
国土と領民を持つ

◆（⑦　　　　）が使われた。
粘土板に棒状のもので刻んだ

◆（⑧　　　　）▶月の満ち欠けをもとにした。

◆青銅器の使用，60進法，ハンムラビ法典など。
1時間を60分，1分を60秒で測る　「目には目を」

●エジプト文明▶紀元前3000年ごろ，（⑨　　　　）川流域に栄えた。
アフリカ大陸を流れる，世界最長の河川

◆大きなピラミッドなどが築かれた。

◆（⑩　　　　）▶１年を365日とする暦。
ナイル川の水量を予測し，農業を行った

◆（⑪　　　　）が使われた。
ものの形をかたどって表した文字

◆オリエント…メソポタミア，エジプトをふくむ地域。

■アルファベットの原型がつくられ，鉄器の使用が始まる。
くさび形文字，象形文字をもとにつくられた

●インダス文明…紀元前2600年ごろ,インダス川流域に栄えた。

◆インダス文字の使用。遺跡はモヘンジョ＝ダロ。
公衆浴場などが整備されていた

◆神官（バラモン）を最高の身分とした社会がつくられる。

◆数学や自然科学などの発達，十進法，ゼロの概念など。

↓打製石器（左）と磨製石器（右）

↓約２万年前の日本列島

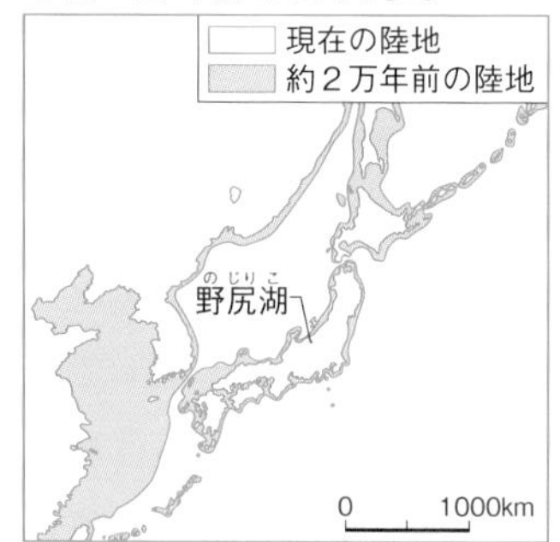

氷河時代は日本と大陸は陸続きだったんだね。

↓ウルのジッグラト（メソポタミア文明）

↓ピラミッドとスフィンクス

まるごと暗記　メソポタミア文明 チグリス・ユーフラテス川流域に栄えた文明　エジプト文明 ナイル川流域に栄えた文明

教科書の資料　次の問いに答えよう。

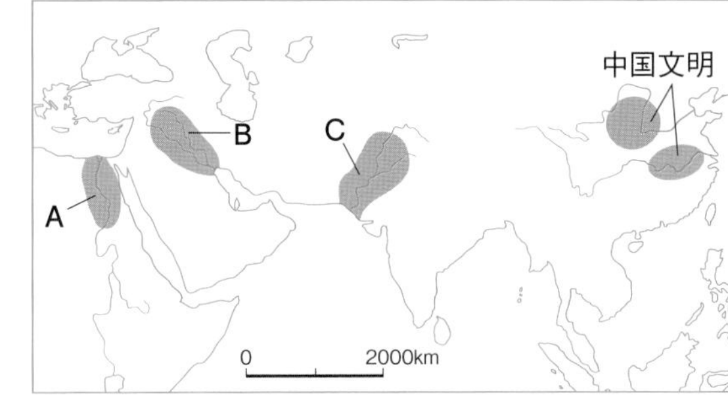

(1)　地図中のA～Cでおこった文明をそれぞれ何といいますか。

A（　　　　　　）
B（　　　　　　）
C（　　　　　　）

(2)　A～Cの文明に関係があるものを，次から選びなさい。　A（　　）

B（　　）　C（　　）

ア　象形文字　　イ　60進法　　ウ　モヘンジョ＝ダロ

(3)　Bの文明は，チグリス川と何という川の流域でおこりましたか。（　　　　　）

(4)　A・Bをふくむ地域を何といいますか。（　　　　　）

チェック 教科書一問一答　次の問いに答えよう。

/10問中

★は教科書の太字の語句

1 グレートジャーニー

①約260万年前から始まった，地球が寒冷な時期と比較的暖かな時期を繰り返した時代を何といいますか。　□①＿＿＿＿

②直立二足歩行をしたと考えられている猿人は，どの大陸に現れたと考えられていますか。　□②＿＿＿＿

③石の表面を磨いた磨製石器が使われた時代を何といいますか。　□③★＿＿＿＿

2 エジプトはナイルの賜物

④都市とその周辺部からなる，小規模な国家を何といいますか。　□④＿＿＿＿

⑤メソポタミアのウルにある，最上階に神殿がある階段状の建造物を何といいますか。　□⑤＿＿＿＿

⑥紀元前18世紀ごろにハンムラビ王がつくった法律を何といいますか。　□⑥＿＿＿＿

⑦古代エジプトでつくられた，王の巨大な墓を何といいますか。　□⑦＿＿＿＿

⑧くさび形文字と象形文字をもとにして，オリエントでつくられた文字を何といいますか。　□⑧＿＿＿＿

⑨オリエントで，紀元前1000年ごろから使用された金属器は何ですか。　□⑨＿＿＿＿

⑩インダス文明で使用された，まだ解読されていない文字を何といいますか。　□⑩＿＿＿＿

知識の泉　古代エジプトで書かれた「死者の書」は，死後の世界での幸福を祈るためのもので，象形文字の一つである神聖文字（ヒエログリフ）で，パピルスという紙に書かれています。

予習・復習 こつこつ 解答 p.1

確認のワーク ステージ1

1節 人類の出現と文明のおこり②

教科書の要点

(　　)にあてはまる語句を答えよう。

1 大帝国の出現と交流

教 p.24~25

● **中国文明** ▶黄河・長江の流域で栄えた。

◆紀元前1600年ごろに殷（商）がおこる。

■**青銅器**の文化をもち，(①　　　　)が使われた。 占いの結果を書いた

● **中国の戦乱と統一**

◆春秋・戦国時代に，(②　　　　)が儒教を説く。

◆紀元前3世紀，秦の(③　　　　)が中国を統一。

■北方の遊牧民族の侵入を防ぐため，**万里の長城**を整備。

■**中央集権体制**を実現し，文字や貨幣，度量衡を統一。 長さ・容積・重さの基準

◆(④　　　　)▶秦のあと，大帝国を築く。

■西方とシルクロード（絹の道）を通じて交易を行う。

● **朝鮮半島の国々** ▶4世紀には，北部に**高句麗**，南部に**百済**と**新羅**，南端では**伽耶（加羅）諸国**が分立した。

2 すべての道はローマに通ず

教 p.26~27

● **ギリシャの文明/ヘレニズム文化** ▶紀元前8世紀ごろ，ギリシャで(⑤　　　　)（**ポリス**）が発達。

◆成年男子による(⑥　　　　) 全員で民会を開いて政治を行う

◆紀元前4世紀，ギリシャはマケドニア王国に征服される。 ギリシャの北方にあった国

■(⑦　　　　)の東方遠征→ギリシャとオリエントの文化が融合し，(⑧　　　　)**文化**が生まれる。

● **ローマ帝国** ▶地中海沿岸にできた大帝国。

◆**都市国家ローマ** ▶**共和政**→領土を拡大し，帝国（**帝政**）に。

◆ギリシャ文化の影響 ▶道路網や水道を整備。**闘技場**など。 首都ローマと各地を結ぶ

3 宗教の誕生

教 p.28~29

● **文明と宗教** ▶文明の発展や交易の広がり→宗教が広まる。

● **仏教** ▶紀元前6世紀ごろ，インドで(⑨　　　　)（ガウタマ＝シッダールタ）が開く。

◆インドで，バラモンの教えをもとに**ヒンドゥー教**がおこる。

● **キリスト教** ▶紀元前後，パレスチナで(⑩　　　　)が説いた教え→死後，弟子たちが『新約聖書』にまとめた。 オリエントにある地方

◆**ユダヤ教** ▶紀元前6世紀，パレスチナのユダヤ人がおこす。

● **イスラム教** ▶7世紀，アラビア半島で(⑪　　　　)がおこす。聖典は『**コーラン**』。 唯一神アッラーのお告げを受けたとされる

↓始皇帝の兵馬俑坑

↓5世紀ごろの東アジア

↓ギリシャのパルテノン神殿

↓ローマのコロッセウム（闘技場）

仏教，キリスト教，イスラム教は三大宗教といわれるよ。

まるごと暗記　シルクロード 古代に西方と中国を結んだ道　ヘレニズム文化 ギリシャとオリエントが融合した文化

教科書の資料　次の問いに答えよう。

(1) 地図中のA・Bの国名を書きなさい。

A（　　　　　　　）

B（　　　　　　　）

(2) 地図中のaの道を何といいますか。

（　　　　　　　）

(3) 地図中のbは，秦の始（し）皇帝（こうてい）が整備した建造物です。これを何といいますか。（　　　　　　　）

(4) 地図中のX・Yでおこった宗教をそれぞれ書きなさい。

X（　　　　　　　）　Y（　　　　　　　）

2世紀ごろの世界

A　a　b　Y　B　X　0　2000km

チェック 教科書 一問一答　次の問いに答えよう。

/10問中

★は教科書の太字の語句

1 大帝国の出現と交流

①紀元前1600年ごろに，黄河の流域におこった国を何といいますか。 ★①

②孔子（こうし）が説いた教えを何といいますか。 ★②

③紀元前3世紀に，初めて中国を統一した始皇帝の国を何といいますか。 ★③

2 すべての道はローマに通ず

④紀元前8世紀ごろから，ギリシャでつくられた都市国家のことをカタカナで何といいますか。 ★④

⑤ギリシャで，市民（成年男子）による直接民主政を行うために開かれたものを何といいますか。 ⑤

⑥紀元前2世紀までに，地中海一帯を支配した大帝国を何といいますか。 ⑥

⑦ヘレニズム文化とは，ギリシャとどこの地域（ちいき）の文化が融合した文化ですか。 ⑦

3 宗教の誕生

⑧インドで，バラモンの教えや民間の信仰（しんこう）をもとにできた宗教を何といいますか。 ⑧

⑨イエスの弟子たちによってまとめられた，キリスト教の聖典を何といいますか。 ⑨

⑩ムハンマドがアッラーから預（あず）かった言葉が書かれている，イスラム教の聖典を何といいますか。 ⑩

「すべての道はローマに通ず」ローマ帝国は，首都への道路を整備し，さまざまな場所と通じていたことから，「目的を達成するための手段は数多くある」ということわざができました。

こつこつ テスト直前 解答 p.2

定着のワーク ステージ2 1節 人類の出現と文明のおこり

1 人類の出現 次の文を読んで，あとの問いに答えなさい。

今から約700万年前にアフリカ大陸に（ A ）が現れ，やがて，a 石を打ち欠いた石器を使うようになった。約240万年前に現れた（ B ）は，言葉を使うようになった。約20万年前には，人類の直接の祖先である（ C ）が現れ，b 表面を磨いた石器を使った。

資料Ⅰ

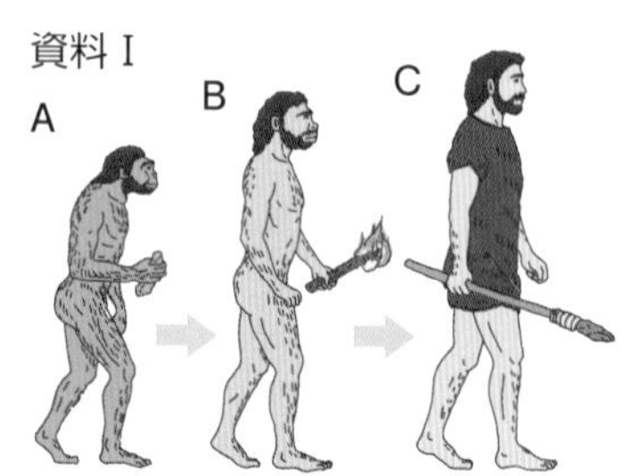

資料Ⅱ

(1) 文中のA～Cは，資料ⅠのA～Cを示しています。あてはまる人類の名前をそれぞれ書きなさい。

A（　　　　）B（　　　　）C（　　　　）

(2) 火を使用し，食料を調理するようになったのは，A～Cのうち，どの人類ですか。（　　）

よく出る (3) 文中のa・bの石器をそれぞれ何といいますか。また，資料Ⅱはa・bのどちらの時代の石器ですか。

a（　　　　）b（　　　　）資料Ⅱ（　　）

(4) 文中のa・bの石器が使われた時代をそれぞれ何といいますか。

a（　　　　）b（　　　　）

ヒントの森
(2)氷河時代を生き抜くためでした。
(3)(4)bは農耕が始まったころです。

2 文明のおこり 次の表を見て，あとの問いに答えなさい。

	A	B	C	D
文字				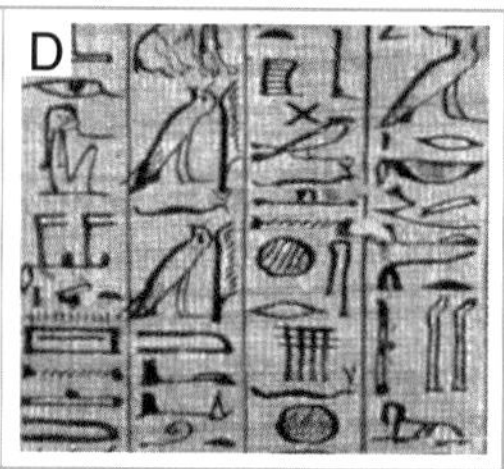
説明	ハンムラビ王がつくった法律は，この文字で書かれている。	政治を占うため，亀の甲や牛の骨にこの文字を刻んだ。	印章などに書かれているが，この文字はまだ解読されていない。	「死者の書」にはこの文字の一つである神聖文字が使われている。

(1) A～Dのこの文字を何といいますか。それぞれ書きなさい。

A（　　　　）B（　　　　）
C（　　　　）D（　　　　）

レベルUP (2) オリエントとよばれる地域で発達した文字を，A～Dから2つ選びなさい。（　　）（　　）

(3) 漢字のもとになった文字を，A～Dから選びなさい。（　　）

ヒントの森
(1)それぞれ，メソポタミア文明，エジプト文明，インダス文明，中国文明で使われました。

3 ギリシャ・ローマの古代文明　右の資料を見て，次の問いに答えなさい。

(1)　Aはギリシャ，Bはローマ帝国の建造物です。それぞれの名前を［　］から選びなさい。

A（　　　　　　）　B（　　　　　　）

コロッセウム	万里の長城
兵馬俑坑	パルテノン神殿

(2)　Aについて，次の問いに答えなさい。

①　Aの建造物とそのふもとの広場を中心につくられた国家を何といいますか。（　　　　　）

②　このころ，ギリシャで政治を行っていた人を，次からすべて選びなさい。（　　　　　）

ア　成年男子　　イ　成年女子
ウ　子ども　　エ　奴隷

(3)　Bについて，次の問いに答えなさい。

①　都市国家ローマにおいて，貴族たちが中心となって行われていた政治の体制を何といいますか。（　　　　　）

②　ローマ帝国について，次の文中の［　］にあてはまる語句を書きなさい。a（　　　　　）
b（　　　　　）　c（　　　　　）

［ a ］文化の影響を受け，首都ローマと各地を結ぶ［ b ］や水道を整備し，浴場などの施設も造った。多くの民族を支配するための［ c ］をつくり，長さや重さなどの基準を統一した。

(1)ほかの２つは中国の建造物です。
(2)②ギリシャの政治は直接民主政で，戦時に兵士となる人が政治を行いました。

4 宗教のおこり　右の地図を見て，次の問いに答えなさい。

(1)　地図中のA～Cにあてはまる宗教を開いた人物を，それぞれ書きなさい。

A（　　　　　）
B（　　　　　）
C（　　　　　）

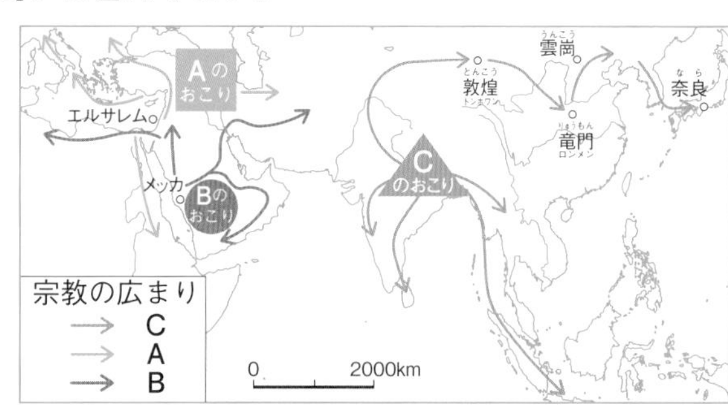

(2)　キリスト教，仏教がおこった地域を，［　］からそれぞれ選びなさい。

キリスト教（　　　　　）
仏教（　　　　　）

インド　　パレスチナ　　アラビア半島

(3)　現在ヒンドゥー教が信仰されている地域を，(2)の［　］から選びなさい。（　　　　　）

(1)A弟子らが『新約聖書』をまとめました。
(2)キリスト教とイスラム教がおこったのは，西アジアです。

予習・復習 こつこつ 解答 p.2

確認のワーク ステージ1

2節 日本の成り立ちと倭の王権

教科書の要点 (　)にあてはまる語句を答えよう。

1 日本列島のあけぼの

教 p.30~31

● 旧石器時代の暮らし

◆小屋や洞窟に住み，食料を求めて移動。**打製石器**を使う。

● 縄文時代の始まり/竪穴住居のムラ

◆約1万年前に**氷期**が終わり，日本列島がほぼ現在の形に。

◆(①　　　　)▶狩りや採集で生活した時代。

■(②　　　　)▶厚手で縄目の文様のある土器。

■食べ物の残りかすなどのごみは**貝塚**に捨てた。

■人々はムラをつくり，(③　　　　)に住んだ。

■食料の恵みをいのる**土偶**が作られた。（35cmほどの大きな土の人形）

↓人々の食べ物

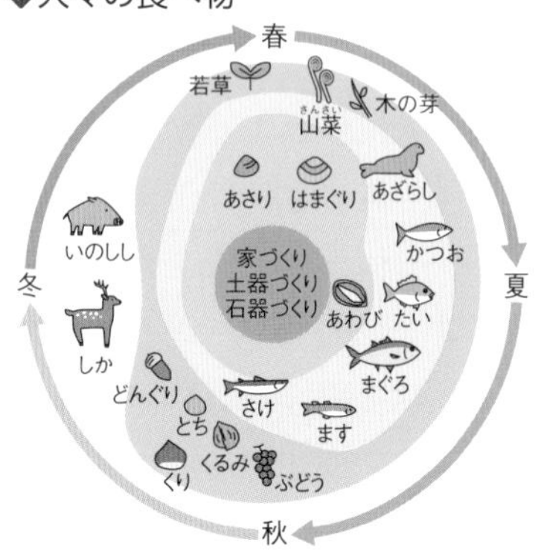

2 楽浪の海中に倭人あり

教 p.32~33

● 稲作の伝来▶紀元前8世紀ごろ，大陸から稲作が伝わる。

● 弥生時代の暮らし/ムラからクニ（小国）へ

◆(④　　　　)▶稲作が広まった時代。

■石包丁で稲を収穫し，(⑤　　　　)に保存した。

■(⑥　　　　)▶文様が少なく，実用的な土器。

■(⑦　　　　)▶銅鐸などの**青銅器**（祭りの道具）と**鉄器**（武器や工具）。

◆人口が増加し，貧富の差による身分の区別も生まれる。

◆強いムラが周りのムラを従えて，**クニ**（小国）ができる。

◆1世紀に北九州の王が**漢**に使いを送り，印を授かる。

● 女王の国▶3世紀の中ごろ，(⑧　　　　)の**卑弥呼**が**魏**に使いを送る（『魏志』倭人伝）。

↓金印

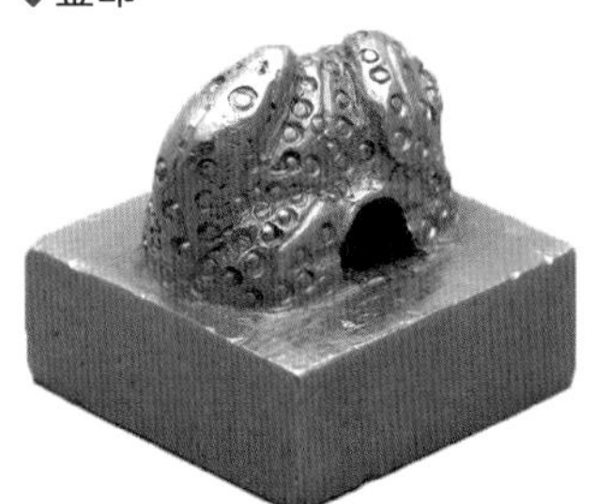

押印面

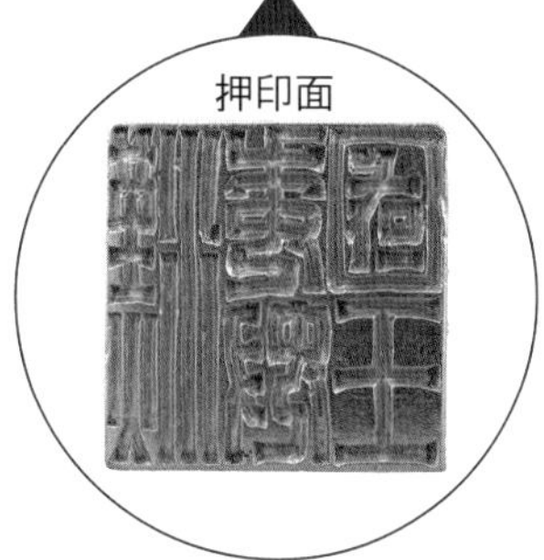

3 東アジアの中の大和政権

教 p.34~35

● 古墳の出現▶3世紀後半から6世紀ごろを**古墳時代**という。

◆古墳の上には(⑨　　　　)が並べられる。（有力な豪族らの墓）

● 大和政権の成立と豪族/朝鮮半島・中国との交流

◆大和政権▶(⑩　　　　)を中心とした**連合政権**。（近畿地方を中心とした政権）

■大阪府の(⑪　　　　)▶勢力の強大さの表れ。（日本最大の前方後円墳）

■**豪族**らは**氏**という集団をつくる。

■朝鮮半島の**伽耶**（**加羅**）**諸国**や**百済**と関係を深める。

■大王は中国に使いを送り，**倭の王**としての地位を高めた。（倭王武（ワカタケル大王）は南朝（宋）に使いを送った）

● 渡来人の伝えた文化▶朝鮮半島から来た(⑫　　　　)が，**須恵器**の技術や漢字，**仏教**などを伝える。（6世紀ごろに百済から伝わる）

↓大仙古墳

まるごと暗記　邪馬台国　3世紀に女王卑弥呼が治めた国　大和政権　大和（近畿地方）にできた有力な連合政権

教科書の資料　次の問いに答えよう。

(1)　A～Cの土器の名前を書きなさい。

A（　　　　　　）
B（　　　　　　）
C（　　　　　　）

A　B　C

(2)　D・Eをそれぞれ何といいますか。また，D・Eが作られた時代を，［　］からそれぞれ選びなさい。

D（　　　　　　）　時代（　　　　　　）
E（　　　　　　）　時代（　　　　　　）

D　E

旧石器時代　縄文時代　弥生時代　古墳時代

チェック 教科書一問一答　次の問いに答えよう。

/10問中

★は教科書の太字の語句

1

①縄文時代の人々が，ごみを捨てた場所を何といいますか。　□①＿＿＿＿

2　楽浪の海中に倭人あり

②稲の穂(ほ)を摘(つ)み取るための道具を何といいますか。　□②＿＿＿＿

③金属器のうち，おもに祭りの道具などに使われたものを何といいますか。　□③＿＿＿＿

④金属器のうち，武具や工具として使われたものを何といいますか。　□④＿＿＿＿

⑤3世紀に中国の魏に使いを送った邪馬台国(やまたいこく)の女王はだれですか。　□★⑤＿＿＿＿

3　東アジアの中の大和政権

⑥古墳時代に現れた，各地の支配者のことを何といいますか。　□★⑥＿＿＿＿

⑦近畿(きんき)の豪族たちが大王を中心としてつくった強力な連合政権を何といいますか。　□★⑦＿＿＿＿

⑧大阪府にあり，5世紀に造られた大王の墓とされる日本最大の前方後円墳を何といいますか。　□⑧＿＿＿＿

⑨大和政権のもとで，豪族らがそれぞれつくった集団を何といいますか。　□⑨＿＿＿＿

⑩6世紀に百済から伝えられた宗教を何といいますか。　□⑩＿＿＿＿

マンガやゲームでおなじみの「三国志」。三国とは，魏・呉・蜀のことです。邪馬台国のことが書かれている『魏志』は，魏の歴史を著した書物です。

こつこつ　テスト直前　解答 p.3

定着のワーク ステージ2　2節　日本の成り立ちと倭の王権

1 縄文・弥生時代のくらし　次の文を読んで，あとの問いに答えなさい。

世界で a 新石器時代が始まるころ，日本でも新しい石器が使われるようになった。b 縄文時代の人々は移動しながら狩りや採集をして暮らしていたが，やがて集まってムラができ，（ A ）に住んだ。c 稲作が伝わると人々は協力して農作業を行い，収穫した米は（ B ）に保存した。そのうちに d 有力なムラが周辺のムラを従え，クニができた。

(1)　文中のA・Bにあてはまる言葉を書きなさい。

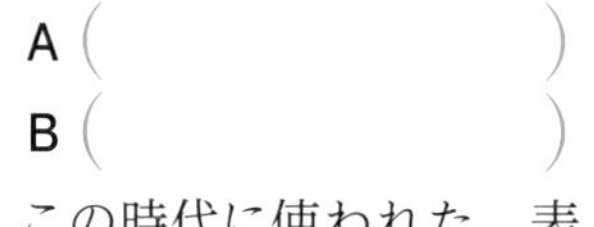

A（　　　　　　）
B（　　　　　　）

資料Ⅰ

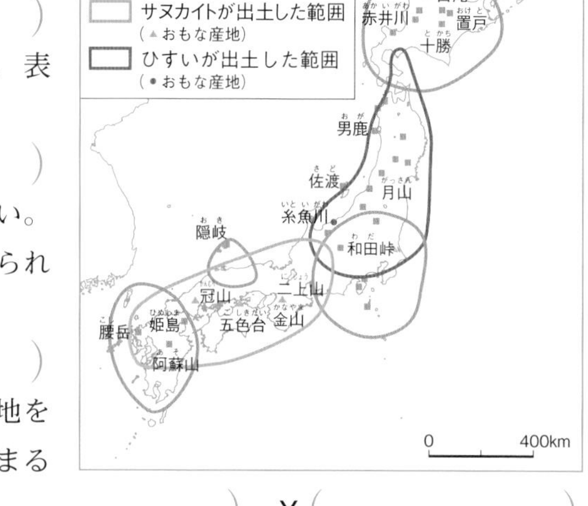

(2)　下線部aについて，この時代に使われた，表面を磨いた石器を何といいますか。

（　　　　　　）

(3)　下線部bについて，次の問いに答えなさい。

①　この時代に，食べ物の残りなどが捨てられた場所を何といいますか。

（　　　　　　）

レベルUP ②　**資料Ⅰ**は，縄文時代の石器の材料の産地を示しています。次の文中の□にあてはまる言葉をそれぞれ書きなさい。　X（　　　　　　）　Y（　　　　　　）

> **資料Ⅰ**中の■は，X の産地です。産地からはなれたところからも出土していることから，人々が遠くはなれた地域と Y をしていたことがわかります。

(4)　下線部cについて，次の問いに答えなさい。

①　**資料Ⅱ**の道具を何といいますか。

（　　　　　　）

資料Ⅱ

資料Ⅲ

②　**資料Ⅲ**は，稲作と同じころに伝わった金属器のひとつです。これを何といいますか。また，この金属器の種類を書きなさい。

名前（　　　　　　）
種類（　　　　　　）

(5)　下線部dについて，次の文中の□にあてはまる語句を書きなさい。

①（　　　　　　）　②（　　　　　　）

> 稲作によって食料が増え，人々が蓄えを持つようになると，ムラの中に ① の差と，支配する者とされる者という ② の区別が生まれた。

ヒントの森

(3)①貝殻などが見つかっています。

(4)②稲の穂を摘み取る道具です。

2 中国・朝鮮半島との関係　右の年表を見て，次の問いに答えなさい。

年	できごと
57	九州の王が a 中国から印を受ける …A
107	倭国王が中国に使いを送る
239	邪馬台国の女王が b 中国に使いを送る…B
	大和政権が（ あ ）・新羅と戦う
478	倭王武が c 中国に使いを送る …C
	●仏教が（ い ）から伝わる

資料　「漢委□王」

(1) 年表中の下線部 a ～ c の王朝名をそれぞれ書きなさい。　a（　　）　b（　　）　c（　　）

(2) 年表中の A について，右の資料はこのときの印(いん)に刻(きざ)まれた文字です。□にあてはまる語句を，漢字２字で答えなさい。（　　）

(3) 年表中の B について，邪馬台国(やまたいこく)の女王はだれですか。（　　）

(4) 年表中の C について，大和政権(やまとせいけん)の大王(おおきみ)が中国(ちゅうごく)へ使いを送った理由を述べた次の文中の□にあてはまる語句を書きなさい　①（　　）　②（　　）

中国の皇帝(こうてい)に認めてもらうことで，①としての地位を高め，②で有利な立場に立つため。

(5) 年表中のあ・いにあてはまる朝鮮半島(ちょうせんはんとう)の国を，□からそれぞれ選びなさい。

あ（　　）　い（　　）

伽耶(カヤ)（加羅(カラ)）諸国(しょこく)　高句麗(こうくり)(コグリョ)　百済(くだら)(ペクチェ)

ヒントの森
(2)九州(きゅうしゅう)地方にあった国
(3)まじないで国を治めました。
(5)あ広開土王(こうかいどおう)（好太王(こうたいおう)）の功績をたたえた碑があります。

3 古墳時代　次の資料を見て，あとの問いに答えなさい。

資料Ⅰ

資料Ⅱ　資料Ⅰの形をした古墳の分布（主なもの）

(1) 資料Ⅰのような形の古墳(こふん)を何といいますか。（　　）

(2) 最も古墳が多い地域(ちいき)を，資料Ⅱ中のア～オから選びなさい。（　　）

(3) 古墳を造った，各地の支配者を何といいますか。

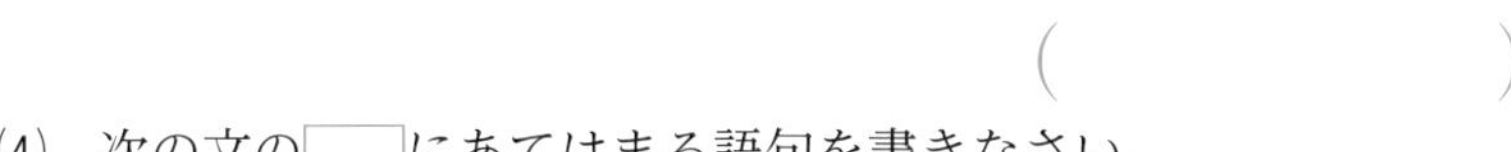

（　　）

(4) 次の文の□にあてはまる語句を書きなさい。

①（　　）　②（　　）

資料Ⅱに示された出土(しゅつど)品から，大和政権の支配が，北は①地方，西は②地方まで広がっていたことがわかる。

ヒントの森
(2)大和政権の中心となった地域です。
(4)広い範囲を支配していました。

予習・復習　こつこつ　解答 p.3

3節　大帝国の出現と律令国家の形成

(　　)にあてはまる語句を答えよう。

1 広がる国際交流　教 p.38~39

●隋と唐の中国統一

◆6世紀末，(① 　　　　　　)が中国を統一→**律令**を整備。（律は刑罰，令は政治の決まり）

◆7世紀，(② 　　　　　　)が大帝国をつくる。

■律令制を確立し，中央集権のしくみを整える。

■都の**長安**は，シルクロードに通じる国際都市となる。（ヨーロッパ（西方）と中国を結ぶ道）

●新羅の朝鮮半島統一

◆6世紀後半，伽耶（加羅）がほろび，**高句麗**，**百済**，**新羅**が争う→7世紀後半，(③ 　　　　　　)が朝鮮半島を統一。

◆高句麗の後に**渤海**がおこる→日本と盛んに交流。

●イスラム世界の拡大 ▶ 8世紀，広大なイスラム世界の形成。

◆商業が盛んになり，都のバグダッドが国際都市として栄える。（現在のイラクの首都）

2 あつく三宝を敬え　教 p.40~41

●豪族たちの争い ▶ 蘇我氏が大和政権の実権を握る。

●聖徳太子の政治と遣隋使

◆聖徳太子が推古天皇の(④ 　　　　　　)となる。

■(⑤ 　　　　　　)の制度 ▶ 才能ある人を取り立てる。（冠の色で官位を表した）

■(⑥ 　　　　　　) ▶ 役人としての心構えを説く。

■(⑦ 　　　　　　) ▶ **小野妹子**を隋に派遣。

●飛鳥文化 ▶ 日本で最初の(⑧ 　　　　　　)文化。

◆聖徳太子が建てた**法隆寺**。　◆釈迦三尊像などの仏像。

3 律令国家への歩み　教 p.42~43

●大化の改新/進む国づくり

◆**大化の改新** 645年 ▶ (⑨ 　　　　　　)と**中臣鎌足**らが，**蘇我氏**を倒し政治改革を進める。（日本で最初の元号）（蘇我蝦夷と入鹿）

■(⑩ 　　　　　　) ▶ 土地と人民を国家のものとする。（これまで豪族らが支配していた）

◆**白村江の戦い** ▶ 百済に味方し，唐と新羅の連合軍に敗れる→九州に山城や水城を築き，**防人**を配置して攻撃に備える。

◆中大兄皇子が**天智天皇**として即位→死後，皇位をめぐって(⑪ 　　　　　　)が起こる→**天武天皇**が即位。（天智天皇の弟の大海人皇子）

◆持統天皇が**藤原京**をつくる。（日本で初めての本格的な都）

●律令国家の成立 ▶ (⑫ 　　　　　　)ができる 701年。

◆中央 ▶ 二官八省を置く。（太政官と神祇官）　◆地方 ▶ 国司・郡司が治める。（中央から派遣）

589	隋が中国を統一
593	聖徳太子が摂政になる
607	遣隋使を派遣
618	唐が中国を統一
630	第一回遣唐使を派遣
645	大化の改新
663	白村江の戦い
701	大宝律令ができる

↓十七条の憲法

一に曰く，和をもって貴しとなし，さからう（争う）ことなきを宗と（第一に）せよ。
二に曰く，あつく三宝を敬え。三宝とは，仏，法（仏教の教え），僧なり。
三に曰く，詔（天皇の命令）を承りては，必ず謹め（守りなさい）。

↓法隆寺

↓律令による役所のしくみ

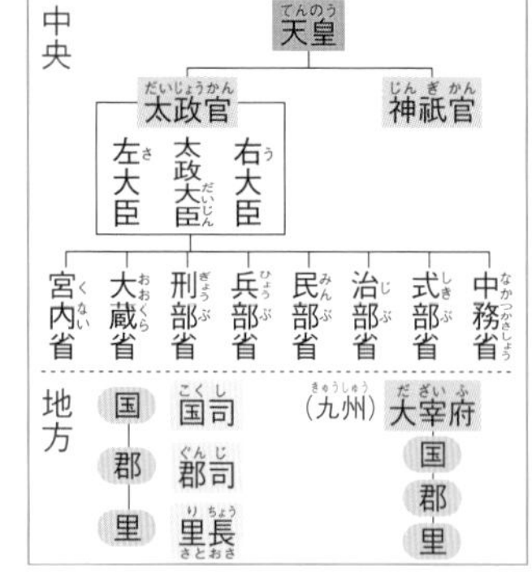

教科書の資料　次の問いに答えよう。

(1)　Aから，聖徳太子のおばを選びなさい。
（　　　　）

(2)　聖徳太子と協力した蘇我氏はだれですか。
（　　　　）

(3)　次の①・②にあてはまる天皇を，Bからそれぞれ選びなさい。

①　大化の改新を中大兄皇子として行った天皇。（　　　　）

②　壬申の乱に勝利した天皇。（　　　　）

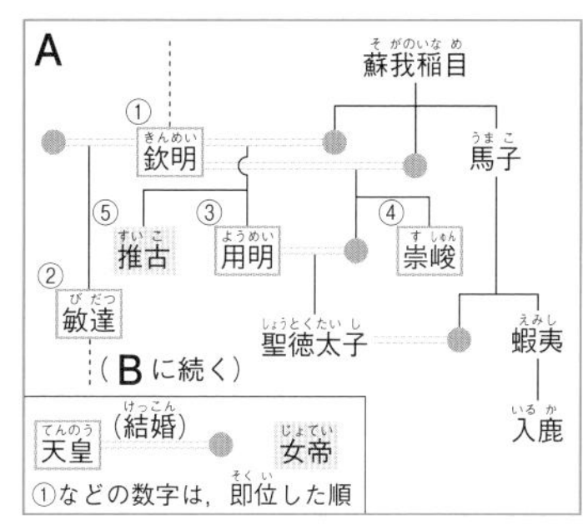

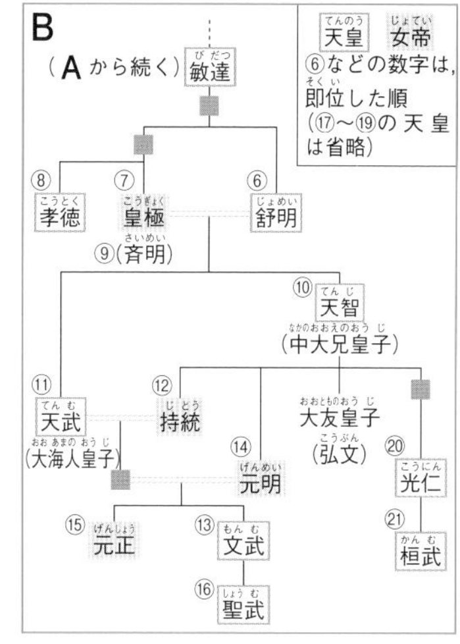

第2章

チェック 教科書一問一答　次の問いに答えよう。

/10問中

★は教科書の太字の語句

1 広がる国際交流

①唐で確立した，刑罰や政治のしくみを定めた法律を何といいますか。　□①★ ＿＿＿＿

②国際都市として栄えた唐の都を何といいますか。　□② ＿＿＿＿

2 あつく三宝を敬え

③聖徳太子が，607年に遣隋使として派遣したのはだれですか。　□③ ＿＿＿＿

④聖徳太子のころに栄えた，日本で初めての仏教文化を何といいますか。　□④★ ＿＿＿＿

⑤聖徳太子が建てた，現存する世界最古の木造建築が残る寺院を何といいますか。　□⑤★ ＿＿＿＿

3 律令国家への歩み

⑥中大兄皇子らが，蘇我氏を倒して始めた政治改革を何といいますか。　□⑥★ ＿＿＿＿

⑦中大兄皇子とともに⑥を行った人物はだれですか。　□⑦★ ＿＿＿＿

⑧中大兄皇子が出兵し，唐と新羅の連合軍に敗れた戦いを何といいますか。　□⑧ ＿＿＿＿

⑨九州の守りのために配置された兵士を何といいますか。　□⑨ ＿＿＿＿

⑩持統天皇がつくった，初めての本格的な都を何といいますか。　□⑩ ＿＿＿＿

『日本書紀』では，聖徳太子は厩戸皇子と記されています。母である用明天皇の皇后が歩いているときに，厩（馬小屋）の前で出生したことから名づけられたといわれています。

こつこつ テスト直前 解答 p.4

定着のワーク ステージ2 3節 大帝国の出現と律令国家の形成

1 7～8世紀の世界 右の地図を見て，次の問いに答えなさい。

(1) 地図中のAの世界，Bの王朝の名前をそれぞれ書きなさい。また，a・bが示すそれぞれの都の名前も書きなさい。

A（　　　　）
B（　　　　）
a（　　　　）
b（　　　　）

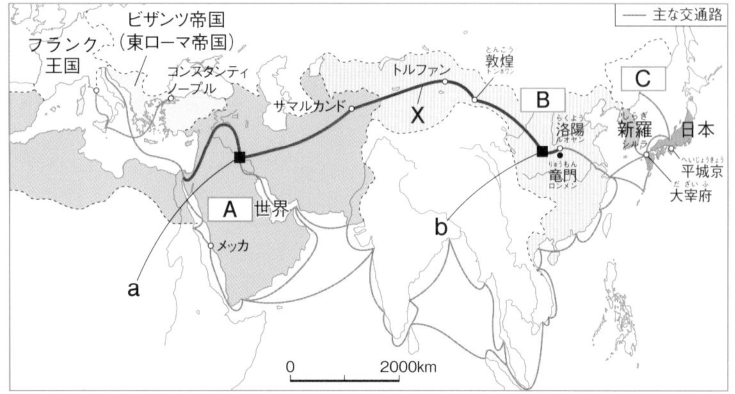

(2) Bについて，次の問いに答えなさい。

① この国で確立された，刑罰についてのきまりと政治のきまりを表した法律を何といいますか。（　　　　）

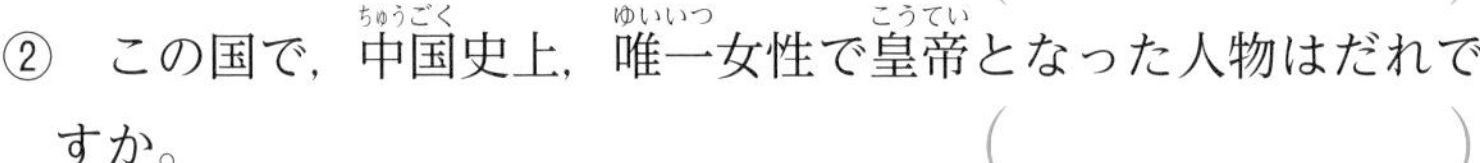

② この国で，中国史上，唯一女性で皇帝となった人物はだれですか。（　　　　）

(3) Cの国は，高句麗（コグリョ）のあとにおこった国です。この国の名を書きなさい。（　　　　）

(4) Xは，西方と中国とを結んでいます。これは何という道の一部ですか。（　　　　）

ヒントの森
(1)Aはムハンマドがおこした宗教を信仰する世界です。
(2)②学科試験で，人材を登用しました。
(4)中国の絹が西方に運ばれました。

2 聖徳太子の政治 次の資料を読んで，あとの問いに答えなさい。

十七条の憲法
一に曰く，（ A ）をもって貴しとなし，さからう（争う）ことなきを宗と（第一に）せよ。
二に曰く，あつく三宝を敬え。三宝とは，（ B ），法（ X の教え），僧なり。
三に曰く，（ C ）（天皇の命令）を承りては，必ず謹め（守りなさい）。

(1) 資料中のA～Cにあてはまる漢字1字を，□からそれぞれ選びなさい。

A（　　　　） B（　　　　） C（　　　　）

詔　仏　神　政　和　徳

(2) Xにあてはまる宗教を書きなさい。（　　　　）

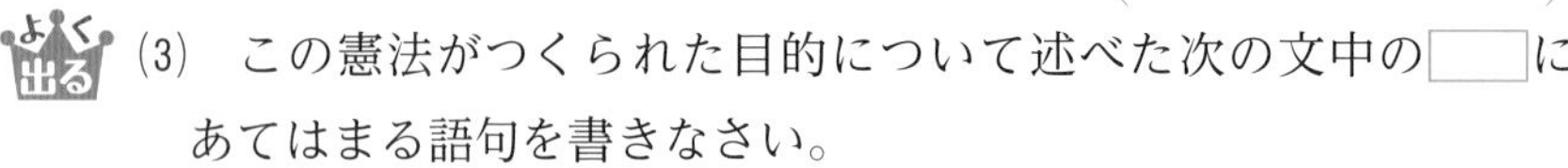

(3) この憲法がつくられた目的について述べた次の文中の□にあてはまる語句を書きなさい。

①（　　　　） ②（　　　　）

①を中心とする国をつくり，②の心構えを説くため。

ヒントの森
(1)Aみんなが仲良くすることです。B聖徳太子は，仏教を積極的に取り入れました。C「みことのり」と読みます。

3 律令国家の成立　右の年表を見て，次の問いに答えなさい。

年	できごと
645	大化の改新…A
663	白村江の戦い…B
672	壬申の乱がおこる…C
694	藤原京に都が移される…D
701	大宝律令ができる…E

(1) 年表中のAについて，次の問いに答えなさい。

① この改革を始めた人物を，２人書きなさい。

(　　　　　　)(　　　　　　)

② この改革で目ざされた公地公民について，次の文中の下線部にあてはまるものを２つ書きなさい。

(　　　　　　)(　　　　　　)

それまで皇族や豪族が治めていたものを，天皇を中心とする国家が直接支配するしくみ。

(2) 年表中のBについて，次の問いに答えなさい。

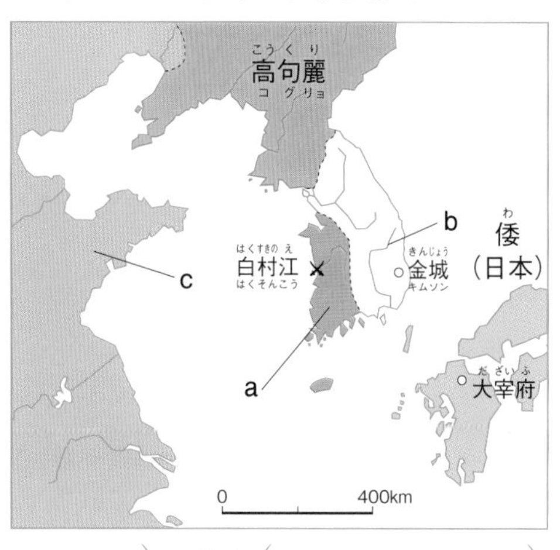

① 右の地図は，Bのころの東アジアです。日本が助けようとしたaの国，日本と戦ったb・cの国の名前をそれぞれ書きなさい。

a (　　　　　　)
b (　　　　　　)
c (　　　　　　)

② Bの後，九州の大宰府を守るために築かれた山城を何といいますか。また，九州の北部に配置された兵士を何といいますか。

山城(　　　　　　)　兵士(　　　　　　)

③ Bの後，即位して天智天皇となったのはだれですか。

(　　　　　　)

(3) 年表中のCについて，この戦いに勝利し，即位した天皇はだれですか。また，その天皇は，右の系図のア～エのどこにあてはまりますか。

天皇(　　　　　　)

記号(　　　　　　)

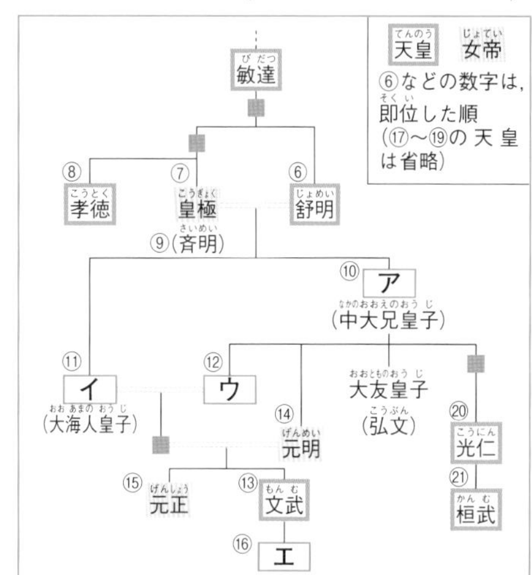

(4) 年表中のDについて，藤原京に都を移した天皇はだれですか。(　　　　　　)

(5) 年表中のEについて，次の問いに答えなさい。

① このような法律に基づいて政治が行われる国家のことを何といいますか。

(　　　　　　)

② このきまりによって，皇族や中央の豪族は，何という身分になりましたか。(　　　　　　)

③ 中央の朝廷で，天皇のもとで政治の方針を決める役所を何といいますか。(　　　　　　)

④ 中央から派遣された，国を治める役人を何といいますか。

(　　　　　　)

ヒントの森

(3)天智天皇のあとつぎ争いです。

(4)(3)の天皇の皇后。

(5)④郡司には地方の豪族が任命されました。

予習・復習　こつこつ　解答 p.4

ステージ1　4節　貴族社会の発展①

教科書の要点　（　）にあてはまる語句を答えよう。

1 木簡と計帳は語る　教 p.44～45

平城京と国土の支配

- ◆（①　　　　）に都が移される 710年 ▶この都を中心に政治が行われた時代を（②　　　　）という。
- ◆東西の市では，（③　　　　）という貨幣を使用。
- ◆東北▶**蝦夷**の人々が抵抗→多賀城などを築く。
- ◆九州▶**大宰府**をおき，外交や軍事などを担当させる。

律令制のもとでの暮らし

- ◆（④　　　　）▶戸籍に基づいて，**口分田**が与えられ，死亡した時は国に返すしくみ。（戸籍：6年ごとにつくられる）
- ◆農民の負担▶重い負担から逃れるため，逃亡する者も現れる。
  - ■（⑤　　　　）・**調**・**庸**という税。
  - ■そのほか，土木工事などの労役や，**防人**などの兵役。（労役や兵役は成年男子に課された）

進む開墾

- ◆人口が増えて口分田が不足→（⑥　　　　）743年 →中央の貴族や寺院，地方の豪族などが所有地を広げる。

2 シルクロードにつながる道　教 p.46～47

遣唐使▶唐の進んだ制度や文化が日本に伝わる。

- ◆奈良時代，唐に（⑦　　　　）を送る。
- ◆唐の僧（⑧　　　　）が日本に戒律を伝える。（何度も航海に失敗し，失明しながらも来日）

天平文化

- ◆（⑨　　　　）は仏教の力で国家を守ろうとした。（地方での戦乱や，疫病の流行）
  - ■国ごとに，**国分寺**と**国分尼寺**を建てる。
  - ■都に（⑩　　　　）を建て，**大仏**をつくる。大仏づくりには，僧の**行基**らが協力した。（高さ約15m）
- ◆（⑪　　　　）▶聖武天皇のころの文化。
  - ■**東大寺の正倉院**▶聖武天皇の愛用品などが納められる。（シルクロードを通ってきたものも納められた）

歴史書と万葉集

- ◆『（⑫　　　　）』『日本書紀』▶神話や国の成り立ちなどを記した。
- ◆『風土記』▶地方の国ごとの地理や産物を記す。
- ◆『（⑬　　　　）』▶天皇の和歌から防人，農民などの和歌まで約4500首が収められた。（大伴家持がまとめたとされ，万葉仮名で書かれている）

年	できごと
708	和同開珎を鋳造
710	平城京に遷都
743	墾田永年私財法
752	大仏開眼供養

↓農民の主な負担

負担	内容
租	稲（収穫の約3％）
調	地方の特産物（絹・綿，塩，魚など）
庸	麻の布（労役の代わり）
労役	雑徭…土木工事などの労働（年間60日以内）
兵役	衛士…都へ（1年） 防人…九州北部へ（3年）

↓木簡　↓計帳の内容

人物	年齢	区分	特徴など
戸主少初位上出雲臣広足	年陸拾玖（六十九）	耆老	右頬黒子
妻錦部飯手売	年陸拾壱（六十一）	老妻	右頬黒子
男出雲臣真床	年参拾肆（三十四）	正丁	和銅五年逃　出雲国
…			
女出雲臣真虫売	年貳拾伍（二十五）…	丁女	左目下黒子
女出雲臣蓮羽売	年拾貳	少女	左頬疵

↓東大寺の大仏

墾田永年私財法　開墾した土地を私有してもよいという法　　万葉集　日本で初めてまとめられた和歌集

教科書の資料　次の問いに答えよう。

(1)　Aなどの宝物が納められているBは，東大寺の何という建造物ですか。（　　　　　）

(2)　Aは，何という道を通って西方から伝えられたものだと考えられていますか。（　　　　　）

(3)　東大寺について，次の問いに答えなさい。

①　この寺院を建てたのはだれですか。（　　　　　）

②　①が，地方の国ごとに建てたものを何といいますか。（　　　　　）（　　　　　）

③　このころに栄えた文化を何といいますか。（　　　　　）

A

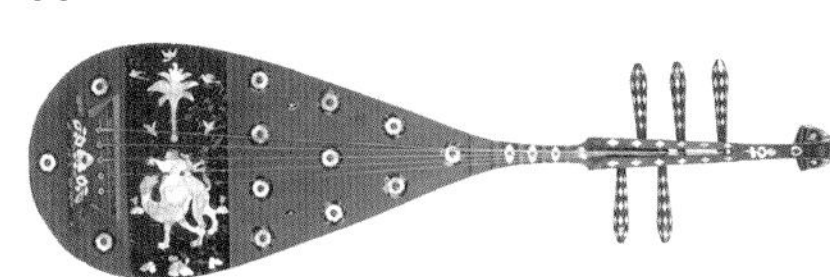

B

チェック 教科書一問一答　次の問いに答えよう。

/10問中

★は教科書の太字の語句

1 木簡と計帳は語る

①奈良時代に，朝廷が従わせようとした東北の人々を何といいますか。　□①

②九州で外交や軍事を担当した役所を何といいますか。　□②

③律令のもとで6年ごとにつくられた，人々を登録したものを何といいますか。　□③

④班田収授の法によって，6歳以上の男女に与えられていたものを何といいますか。　□④★

⑤地方の特産物などを納めた税を何といいますか。　□⑤★

⑥労役のかわりに麻の布を納めた税を何といいますか。　□⑥★

2 シルクロードにつながる道

⑦聖武天皇が東大寺につくったものを何といいますか。　□⑦

⑧大仏の造立に協力した，ため池や橋を造って民衆にしたわれていた僧はだれですか。　□⑧

⑨奈良時代にまとめられた，日本の神話や成り立ちを記した歴史書は，『古事記』と何ですか。　□⑨★

⑩奈良時代にまとめられた，地方の特産物や地理などを記した書物を何といいますか。　□⑩★

戸籍は6年ごとにつくられ，「戸籍に登録された」6歳以上の男女に口分田が与えられたので，全員が6歳になったときに与えられたわけではありません。

予習・復習 こつこつ 解答 p.4

確認のワーク ステージ1 4節 貴族社会の発展②

教科書の要点 （　）にあてはまる語句を答えよう。

1 望月の欠けたることもなしと思えば 教 p.48~49

● 平安京/藤原氏の摂関政治

◆桓武天皇▶（①　　　）に都を移す 794年。
→鎌倉幕府ができるまでの400年間を平安時代という。

◆桓武天皇は坂上田村麻呂を（②　　　）として東北地方に派遣し，蝦夷を朝廷に従わせる。
蝦夷を討伐する役職

◆（③　　　）▶9世紀ごろ，藤原氏が娘を天皇の后に，生まれた子を天皇にし，摂政や関白として政治を行う。
天皇の親戚に

■（④　　　）▶天皇が幼い時に政治を代行。

■（⑤　　　）▶成人した天皇を補佐。

■（⑥　　　）と頼通親子のときが全盛期。

● 律令制の変化

◆9世紀，戸籍のいつわりや農民の逃亡で班田収授が難しくなる→有力な農民に土地を割り当て，税を納めさせるように。

◆地方の政治は，国司に任された。

◆貴族や寺社の所有地を（⑦　　　）として認める。
墾田永年私財法によって土地の私有が広がった

2 「以呂波」から「いろは」へ 教 p.50~51

● 最澄と空海

◆遣唐使とともに唐に渡った（⑧　　　）が天台宗，（⑨　　　）が真言宗を伝える。

● 東アジアの変化と国風文化

◆9世紀に唐がおとろえる→遣唐使の派遣を停止。10世紀に唐がほろぶ→（⑩　　　）が中国を統一。
菅原道真が提案した

◆10世紀前半に高麗が新羅をほろぼして朝鮮半島を統一。

◆日本の風土や生活にあわせた（⑪　　　）が発達。

■貴族は寝殿造とよばれる住居に住む。

■日本語の発音を表す（⑫　　　）が生まれる。
→紀貫之ら『古今和歌集』，（⑬　　　）『源氏物語』，（⑭　　　）『枕草子』などの作品。
随筆

● 浄土へのあこがれ

◆（⑮　　　）の教え▶念仏を唱え，阿弥陀仏にすがれば，死後に極楽浄土に生まれ変わることができる。

◆平等院鳳凰堂など，阿弥陀堂が造られる。
藤原頼通が建てた

784	長岡京遷都
794	平安京遷都
801	坂上田村麻呂蝦夷平定
866	藤原良房摂政に
887	藤原基経関白に
894	遣唐使の停止
907	唐がほろぶ
1016	藤原道長摂政に
1053	平等院鳳凰堂ができる

↓藤原道長がよんだ歌

この世をば　わが世とぞ思ふ
望月の　欠けたることも
なしと思へば

※望月とは満月のこと。

↓仮名文字の発達

平仮名

以 → 以 → い
呂 → ろ → ろ
波 → は → は

片仮名

伊 → イ
呂 → ロ
八 → ハ

まるごと暗記　摂関政治　藤原氏が摂政や関白となって行った政治　国風文化　日本の風土や生活に合った文化

教科書の資料　次の問いに答えよう。

(1)　右の絵のように，平安時代の日本の風物を描いたものを何といいますか。
(　　　　　)

(2)　右の絵に描かれている平安時代の貴族の住居を何といいますか。
(　　　　　)

(3)　右の絵は，紫式部が書いた長編小説の一場面を描いています。この長編小説を何といいますか。(　　　　　)

(4)　(3)は，漢字を変形させて，日本語の発音を表した文字を使って書かれました。この文字を何といいますか。(　　　　　)

チェック　教科書一問一答　次の問いに答えよう。

/10問中

★は教科書の太字の語句

1　望月の欠けたることもなしと思えば

①794年に平安京に都を移した天皇はだれですか。　□①

②平安京がつくられてから鎌倉幕府ができるまでを何時代といいますか。　□★②

③古くから東北地方で朝廷の支配に抵抗した人々は，何と呼ばれていましたか。　□③

④平安時代に，地方の政治を任され，自分の収入を増やすなどして勢力を伸ばした役職を何といいますか。　□④

2　「以呂波」から「いろは」へ

⑤遣唐使とともに唐に渡って仏教を学んだ最澄が開いた宗派を何といいますか。　□★⑤

⑥遣唐使とともに唐に渡って仏教を学んだ空海が開いた宗派を何といいますか。　□★⑥

⑦10世紀前半に朝鮮半島を統一した国を何といいますか。　□★⑦

⑧『古今和歌集』をまとめ，仮名文字を使って『土佐日記』を書いたのはだれですか。　□⑧

⑨清少納言が仮名文字を使って書いた随筆を何といいますか。　□★⑨

⑩藤原頼通が建てた，阿弥陀如来像をまつる阿弥陀堂を何といいますか。　□⑩

紫式部が仕えた藤原彰子，清少納言が仕えた藤原定子は，同じ一条天皇の后でした。2人は文学だけでなく，仕事上もライバルでした。

こつこつ　テスト直前　解答 p.5

定着のワーク ステージ2　4節　貴族社会の発展

1 奈良時代の政治と人々のくらし　右の年表を見て，次の問いに答えなさい。

年	できごと
710	奈良に都が移される　…A
727	渤海の使いが初めて来る
743	墾田永年私財法が出る…B
752	大仏が完成する　…C

(1)　年表中のAについて，次の問いに答えなさい。

①　この都を何といいますか。　(　　　　　　)

②　資料は，①におかれた市で使われていた貨幣です。これを何といいますか。　(　　　　　　)

③　Aの時代の農民の負担について，次のX～Zにあてはまる税や兵役を書きなさい。

X　収穫した稲の約３％　(　　　　　　)

Y　絹や綿などの地方の特産物　(　　　　　　)

Z　九州北部への３年の兵役　(　　　　　　)

資料

(2)　年表中のBについて，次の文中の□にあてはまる語句を書きなさい。

①(　　　　　　)　②(　　　　　　)　③(　　　　　　)

①歳以上の男女に②を与える班田収授の法を行っていたが，②が不足してきたため，国は新たに開墾した土地は永久に③してよいという法を出した。

よく出る　(3)　年表中のCについて，この大仏は，何という寺院にありますか。

(　　　　　　)

ヒントの森
(2)後に荘園とよばれる土地になりました。
(3)行基が協力しました。

2 天平文化　次の問いに答えなさい。

(1)　右の写真を見て，次の文中の□にあてはまる語句を書きなさい。

①(　　　　　　)

②(　　　　　　)

③(　　　　　　)

写真の建造物には，①を通って唐に伝わり，②が日本へ持ち帰った西方の品物や，③天皇ゆかりの品が納められている。

よく出る　(2)　奈良時代にまとめられた書物について，次の文にあてはまるものを，□からそれぞれ選びなさい。

①日本の神話や国の成り立ちを記した。

(　　　　　　)(　　　　　　)

②国ごとの地理や産物，伝承を記した。　(　　　　　　)

③万葉仮名を用いた和歌を集めた。　(　　　　　　)

日本書紀　風土記　万葉集　古事記

ヒントの森
(1)①絹の道ともよばれました。③仏教で国家を守ろうとしました。
(2)③約4500首の歌が収められました。

3 平安の都と摂関政治　次の文を読んで，あとの問いに答えなさい。

●桓武天皇…794年に，貴族や（ A ）の権力争いからはなれて，a 政治を立て直すために平安京に都を移した。朝廷に従わなかった蝦夷に対しては坂上田村麻呂を（ B ）として送り，平定した。

●藤原道長…藤原氏の b 摂関政治の全盛期を築いた。娘を（ C ）の后にし，生まれた子を（ C ）として，政治の権力を握った。

(1) 文中のA～Cにあてはまる語句を，□からそれぞれ選びなさい。　A（　　　）

B（　　　）　C（　　　）

国司　僧　天皇
防人　征夷大将軍

(2) 下線部aについて，次の問いに答えなさい。

① 奈良時代から行われていた，律令に基づく政治を何といいますか。

（　　　）

② 貴族や寺社の大きな収入源となった所有地を何といいますか。

（　　　）

よく出る (3) 下線部bについて，次の文中の□にあてはまる語句を書きなさい。　①（　　　）　②（　　　）

藤原氏は，天皇が幼いときは ① ，成人してからは ② という役職について，政治の実権をにぎった。

ヒントの森
(2)②国が口分田を与え，税をとるしくみがくずれました。
(3)摂関政治の「摂」「関」を示しています。

4 国風文化　次の文を読んで，あとの問いに答えなさい。

平安時代に発達した国風文化では，（ A ）を変形させて（ B ）が生まれた。（ B ）は読み書きがしやすく，a 宮廷の女性たちによってすぐれた作品が多く生みだされた。

また，平安時代の貴族は，敷地の中央に寝殿がある（ C ）の住居に住んだ。

10世紀になると，念仏を唱え，阿弥陀仏にすがれば，極楽浄土に生まれ変わることができるという（ D ）の教えが広まり，b 阿弥陀堂が造られた。

(1) 文中のA～Dにあてはまる語句を書きなさい。

A（　　　）

B（　　　）

C（　　　）

D（　　　）

よく出る (2) 下線部aの作品を，□から２つ選びなさい。

（　　　）（　　　）

源氏物語　古今和歌集　枕草子　土佐日記

(3) 下線部bについて，写真の阿弥陀堂を建てた人物はだれですか。

（　　　）

(1)B平仮名と片仮名がありました。
(2)紫式部と清少納言が書いたものです。

こつこつ　テスト直前　解答 p.5

実力判定テスト　ステージ3　総合問題編

第2章　原始・古代の日本と世界

30分　/100

1 右の地図を見て，次の問いに答えなさい。

5点×5（25点）

(1) オリエントとよばれる地域を，地図中のa～dから選びなさい。

(2) 紀元前2世紀ごろに地中海一帯を統一したAの国を何といいますか。

(3) Aで行われていた支配のための政策を，次から選びなさい。

ア　市民全員による民主政を行った。

イ　首都と各地を結ぶ道路を整備した。

ウ　大事なことは占いで決めた。

エ　神官を最高身分とする身分制度をしいた。

(4) シルクロードを通って漢からAに伝わったものを，次から選びなさい。

ア　仏教　　イ　ぶどう　　ウ　絹　　エ　鉄

(5) 万里の長城は，紀元前3世紀に，秦の始皇帝によって整備されました。この建造物が造られたのはなぜですか。簡単に書きなさい。

(1)		(2)		(3)		(4)	
(5)							

2 右の年表を見て，次の問いに答えなさい。

5点×5（25点）

よく出る

(1) 年表中のAを定めた人物を，次から選びなさい。

ア　倭王武　　イ　桓武天皇

ウ　聖徳太子　　エ　天智天皇

(2) 年表中のBの律令ができたのは何時代ですか。

記述

(3) 年表中のCの法律が出されたのはなぜですか。簡単に書きなさい。

(4) 年表中のCの法律が出されたことによって，貴族や寺社が広げた所有地は，のちに何とよばれましたか。

(5) 右の資料は，聖武天皇が仏教で国を守るために出した詔です。資料の下線部が完成した時代を，年表中のa～cから選びなさい。

年	できごと
604	十七条の憲法ができる……A
	⇕ a
701	大宝律令ができる　……B
	⇕ b
743	墾田永年私財法が出る……C
	⇕ c
794	都を平安京に移す

仏教を盛んにして人々を救おうという願いをおこし，<u>盧舎那仏の金銅像</u>一体をお造りすることとする。

(1)		(2)		(3)	
(4)				(5)	

目標
- □古代の政治の流れをおさえる
- □古代の外交についておさえる
- □古代の文化の特徴をおさえる

自分の得点まで色をぬろう!

がんばろう! もう一歩 合格!

0 60 80 100点

3 次の地図を見て，あとの問いに答えなさい。 5点×5（25点）

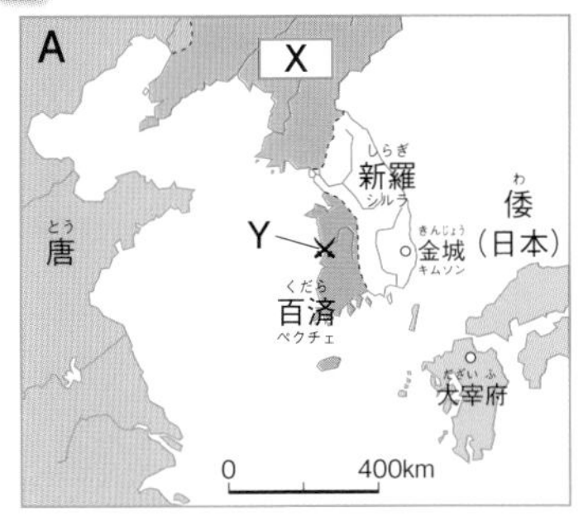

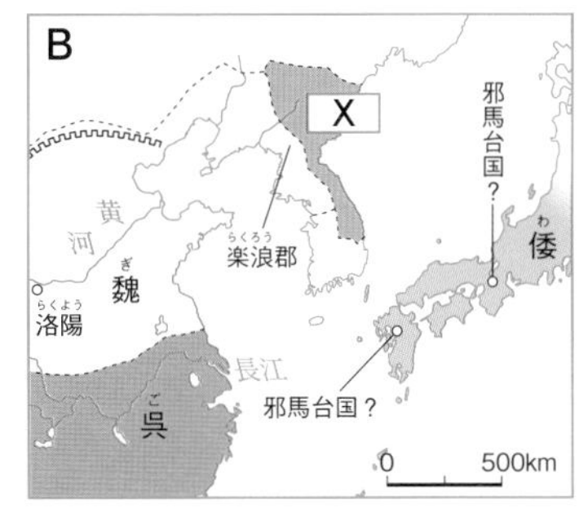

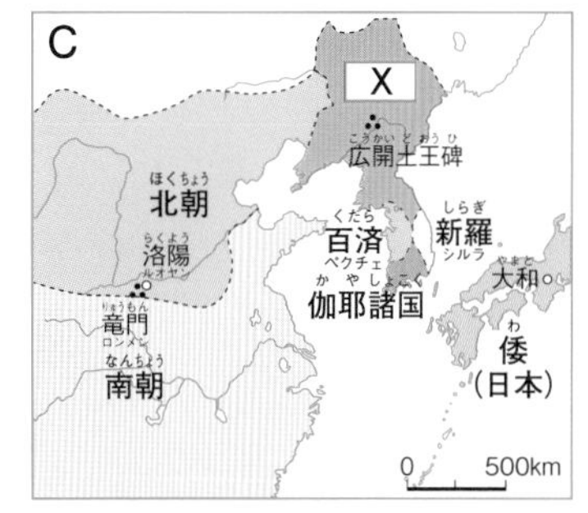

(1) A～Cに共通してあてはまるXの国名を書きなさい。

(2) Aについて，Yの場所でおこった，唐・新羅の連合軍との戦いを何といいますか。

(3) Cについて，次の問いに答えなさい。

① 日本に仏教を伝えた国を，地図中から選びなさい。

記述 ② このころ，何度も倭の王が中国に使いを送った理由を簡単に書きなさい。

(4) A～Cを，年代の古い順に並べなさい。

(1)		(2)		(3) ①	
(3) ②					
(4)	→ →				

4 右の資料を見て，次の問いに答えなさい。 5点×5（25点）

(1) Aについて，次の問いに答えなさい。

① Aなどとともに，聖武天皇が使用していた宝物などが納められている建造物を何といいますか。

よく出る ② このころの文化の特徴を，次から選びなさい。

- ア 唐の影響を受けた，国際色豊かな文化
- イ 日本で最初の仏教文化
- ウ 狩りや漁などで暮らしを営む文化
- エ 日本の風土や生活に合わせた文化

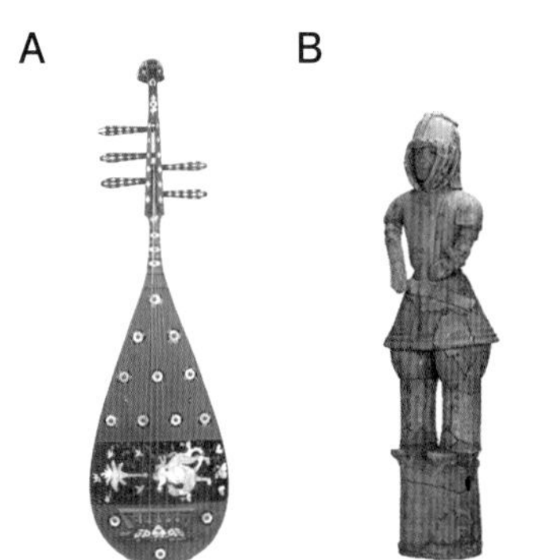

古墳文化	飛鳥文化	天平文化	国風文化
ア	イ	ウ	エ

(2) Bのような焼き物を何といいますか。

(3) A・Bは，右の表のア～エのうち，どこにあてはまりますか。それぞれ選びなさい。

(1) ①		②	
(2)		(3) A	B

資料活用・思考力問題編

こつこつ 解答 p.6

実力判定テスト ステージ3 第2章 原始・古代の日本と世界

30分 /100

1 右の資料を見て，次の問いに答えなさい。

7点×4(28点)

(1) 写真A・Bが示す建造物は，それぞれ右の地図中のどの文明で造られたものですか。

(2) 4つの文明が発達した地域に共通してみられる地理的な条件を，簡単に書きなさい。

(3) 4つの文明に共通してみられた社会の変化を，次から選びなさい。

ア 言葉の使用

イ 火の使用

ウ 太陽暦の使用

エ 農耕の発達

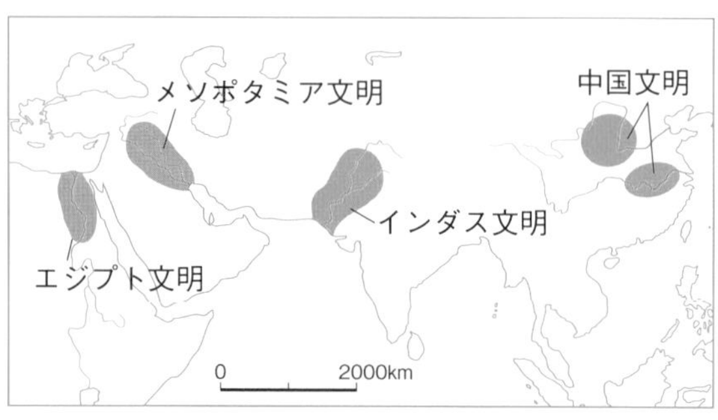

A

B

(1)	A	B
(2)		(3)

2 次の資料を見て，あとの問いに答えなさい。

6点×4(24点)

(A)時代の様子

(B)時代の様子

(1) 資料の2つの時代のちがいについて，次のことに注目して簡単に書きなさい。

① 建物の特徴に注目したちがい

② 食べ物について注目したちがい

(2) 小さなクニが生まれ，王や豪族が現れた時代を選び，時代名も書きなさい。

(1)	①	
	②	
(2)	記号	時代

資料を比較するときは，それぞれに共通している点，ことなっている点を探してみよう。

自分の得点まで色をぬろう!

がんばろう! もう一歩 合格!

0 60 80 100点

3 次の資料を見て，あとの問いに答えなさい。

8点×3（24点）

A

B
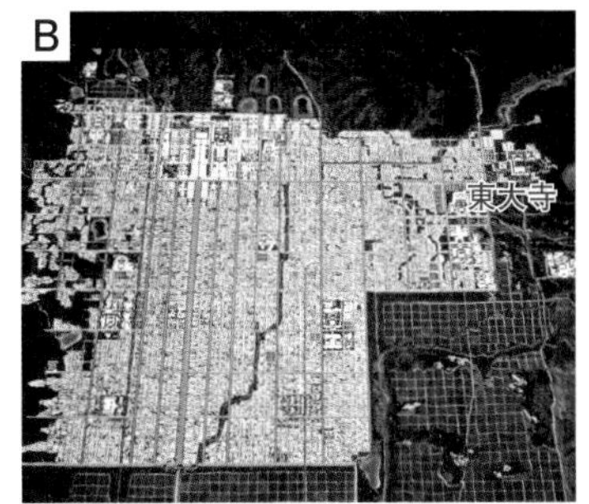

C
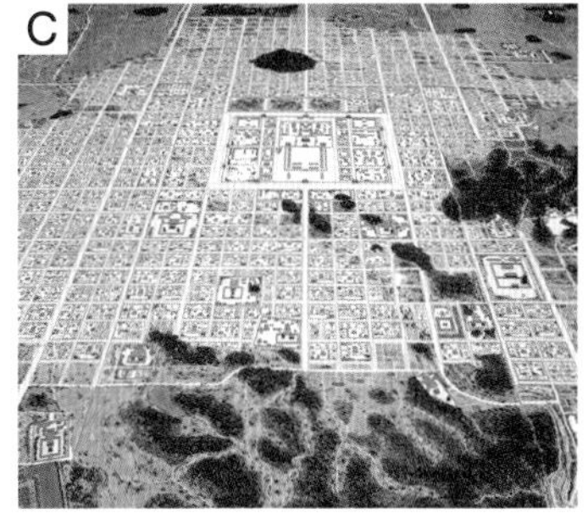

(1) A～Cは，藤原京・平城京・平安京のいずれかです。次の文を参考にして，平城京・平安京の模型をそれぞれ選びなさい。

① 平城京は奈良時代の都で，聖武天皇は仏教で国を守ろうとした。

② 平安京は中央を朱雀大路が通り，北のはしに中心となる宮が置かれている。

(2) 3つの都に共通してみられる特徴を，簡単に書きなさい。

(1)	平城京	平安京
(2)		

4 右の資料を見て，次の問いに答えなさい。

6点×4（24点）

(1) 大化の改新を中大兄皇子とともに進めた人物を，資料中から選びなさい。

(2) 摂政にも関白にもなっている人は，資料中に何人いますか。

(3) 藤原氏が朝廷の実権を握った理由を，「天皇」「娘」という語句を使って簡単に書きなさい。

(4) 次の歌は，資料中の「道長」がよんだものです。この歌の意味を，簡単に書きなさい。

この世をば　わが世とぞ思ふ
望月の　欠けたることも
なしと思へば

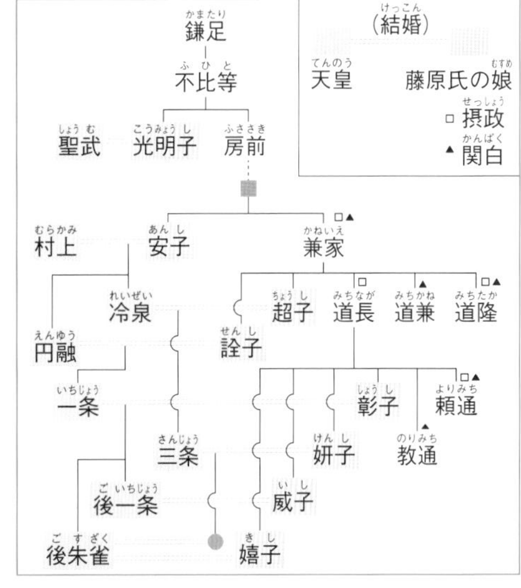

(1)		(2)	
(3)			
(4)			

予習・復習 こつこつ 解答 p.6

1節 武家政治の始まり①

教科書の要点 （ ）にあてはまる語句を答えよう。

1 武士の登場 教 p.62~63

● **武士のおこり** ▶10世紀になると，都や地方で**武士**が成長

◆一族の長が率いる（① ）が形成される。

● **朝廷と貴族につかえる武士/荘園と武士**

◆**平将門の乱**（関東）・**藤原純友の乱**（西国）▶朝廷は武士の力でしずめる。

→武士の力が認められ，勢力を伸ばす武士が現れる。

■（② ）▶**東北地方**の戦乱をおさめる。（東北では奥州藤原氏が栄えた）

■**平氏**▶12世紀に瀬戸内海の反乱をしずめる。

◆武士が，貴族や寺社の**荘園**を支配する権利をもつ。

2 貴族から武士へ 教 p.64~65

● **荘園と院政/中央の政治と武士**

◆**白河天皇**▶上皇となり，（③ ）を行う。

→中小貴族から多くの荘園が寄進される。

◆**保元の乱**・**平治の乱**→**平清盛**が勝利し，勢力を広げる。（平治の乱で源義朝を破る）

● **平氏政権の誕生/平氏の滅亡**

◆（④ ）が武士で初めて**太政大臣**となる。

■娘を天皇の后とし，一族で高い位や役職を占める。

■瀬戸内海の航路や**大輪田泊**（現在の神戸港）を整備▶**宋**と貿易を行う。

◆後白河上皇の皇子のよびかけに応じて，**源頼朝**らが挙兵する。

■**壇ノ浦の戦い** 1185年▶平氏が（⑤ ）らにほろぼされる。（頼朝の弟。後に兄と対立し，ほろぼされる）

3 いざ鎌倉 教 p.66~67

● **鎌倉幕府の成立**▶源頼朝が（⑥ ）を開く。

◆国ごとに守護，荘園・公領ごとに**地頭**（年貢の取り立てを行う）をおく 1185年。

◆（⑦ ）に任命される 1192年。

◆**封建制度**▶土地を仲立ちとした主従関係。

■将軍▶御恩　■御家人▶（⑧ ）

● **北条氏の執権政治** ▶源氏の将軍が絶えた後の幕府の政治。

◆北条氏が（⑨ ）の地位を独占し，政治を行う。

◆（⑩ ）▶幕府を倒すため**後鳥羽上皇**が挙兵。

■頼朝の妻**北条政子**らが御家人を結束させ，上皇の軍を破る。

→京都に**六波羅探題**設置。幕府の支配が西国まで広がる。

◆**北条泰時**が（⑪ ）（貞永式目）を制定する。（御家人の裁判の基準などを定める）

935	平将門の乱
939	藤原純友の乱
1086	白河上皇が院政を行う
1156	保元の乱
1159	平治の乱
1167	平清盛が太政大臣に
1185	平氏がほろぶ 守護・地頭の設置
1192	源頼朝が征夷大将軍に
1221	承久の乱
1232	御成敗式目の制定

↓武士団のしくみ

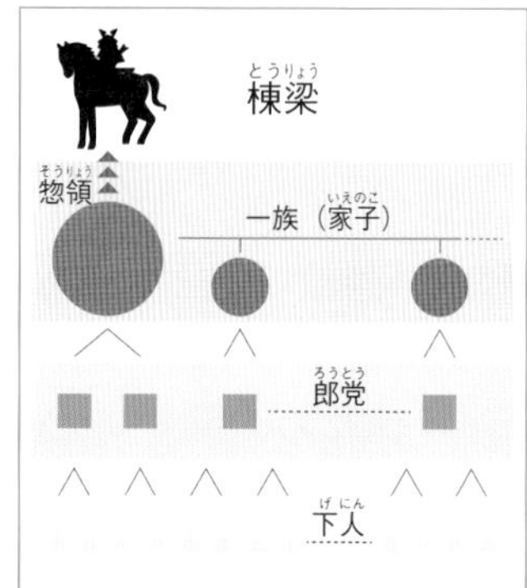

↓北条氏の系図と源氏の関係

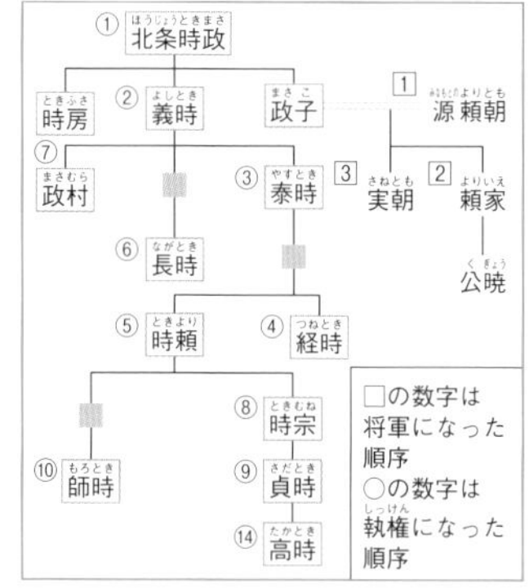

執権は，将軍の補佐を行う役職だよ。

まるごと暗記　院政 天皇を退いた後，上皇が行った政治　御恩 将軍が御家人に対して領地を保護したり，与えたりすること

教科書の資料　次の問いに答えよう。

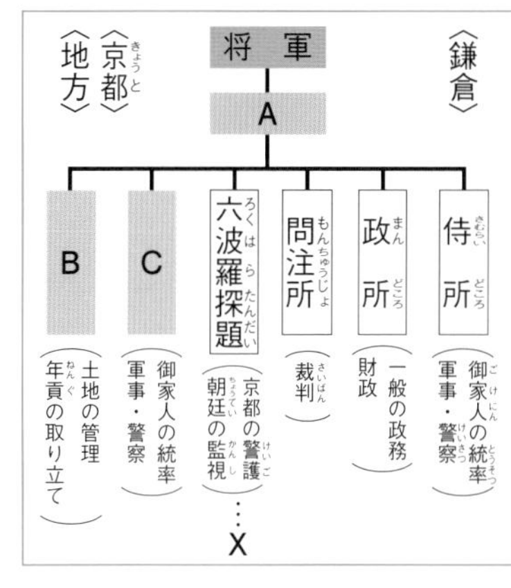

(1) 資料中のA～Cにあてはまる役職をそれぞれ書きなさい。

A（　　　　）
B（　　　　）
C（　　　　）

(2) 資料中のXについて，次の問いに答えなさい。

① Xはどこにおかれましたか。都市名を書きなさい。（　　　　）

② Xがおかれるきっかけとなったできごとを書きなさい。（　　　　）

③ ②を起こした人物はだれですか。（　　　　）

チェック 教科書一問一答　次の問いに答えよう。

/10問中

★は教科書の太字の語句

1 武士の登場

①935年に，関東地方でおこった反乱を何といいますか。　□①

②12世紀に瀬戸内海の海賊などの反乱をおさめ，西日本に勢力をのばした武士団は何氏ですか。　□②★

2 貴族から武士へ

③院政を始めた上皇はだれですか。　□③

④保元の乱と平治の乱に勝利して，武士として初めて太政大臣になったのはだれですか。　□④★

⑤1185年に，平氏がほろびた戦いを何といいますか。　□⑤

3 いざ鎌倉

⑥鎌倉幕府を開いたのはだれですか。　□⑥★

⑦将軍との間に土地を仲立ちとした主従関係を結んだ武士を何といいますか。　□⑦★

⑧将軍が御家人に新たな領地を与えたり，それまでもっていた領地を保護したりすることを何といいますか。　□⑧★

⑨代々，執権についた一族を何といいますか。　□⑨★

⑩武家政治の手本となった御成敗式目を定めたのはだれですか。　□⑩

知識の泉

白河上皇は，「自分の思い通りにならないことは，「賀茂川の水」「すごろく（さいころ）の目」「山法師（比叡山延暦寺の僧兵）」だけだ」と言うくらい，強い権力をもっていました。

予習・復習 こつこつ 解答 p.7

1節 武家政治の始まり②

教科書の要点 （　　）にあてはまる語句を答えよう。

1 弓馬の道

教 p.68~69

●**武士の暮らし**▶領主として領地を支配する。

◆武士は（①　　　　）や堀に囲まれた屋敷に暮らし，乗馬や弓矢の（②　　　　）の訓練にはげむ。

笠懸や流鏑馬

◆領地は惣領でない者にも（③　　　　）された。

武家の女性には土地を相続し，地頭になるものもいた

●**地頭の支配**

◆武士が公領や荘園の（④　　　　）となり，土地の管理や，（⑤　　　　）の取り立てを行う→荘園領主とたびたび争う→しだいに**地頭**の権利が強くなる。

◆農民▶領主と地頭の二重支配に苦しむ→地頭の横暴なふるまいを領主に訴え，暮らしを守る。

●**民衆と農業・商業**

◆農業▶かんがい整備，**牛馬や鉄製の農具**による農耕，**草木の灰**の肥料，米の収穫後に麦を栽培する（⑥　　　　）。

◆商業▶寺社の門前や交通の要所に問丸が現れる。

年貢や商品の輸送や取り引きを行う

■（⑦　　　　）▶宋銭を使った売買が行われる。

■京都や鎌倉では，銭を貸す高利貸しが現れる。

2 祇園精舎の鐘の声

教 p.70~71

●**鎌倉文化**▶力を伸ばした武士の気風を表した力強い文化。

◆建築▶東大寺，東大寺**南大門**

◆彫刻▶（⑧　　　　）・**快慶**らの**金剛力士像**

◆和歌集▶（⑨　　　　）らの『**新古今和歌集**』

◆軍記物▶**琵琶法師**が語る『（⑩　　　　）』

◆随筆▶**鴨長明**『**方丈記**』，**兼好法師**『**徒然草**』

●**新しい仏教**

開祖	宗派		教え・特色
法然	（⑪　　　　）		念仏を唱えれば救われる。
親鸞	浄土真宗（一向宗）		念仏を唱えれば悪人も救われる。
一遍	時宗		（⑫　　　　）で布教。
日蓮	日蓮宗（法華宗）		題目で人も国家も救われる。
栄西	禅宗	（⑬　　　　）	座禅で自ら悟りを開く。幕府の保護を受ける。
道元	禅宗	曹洞宗	

↓武芸の訓練

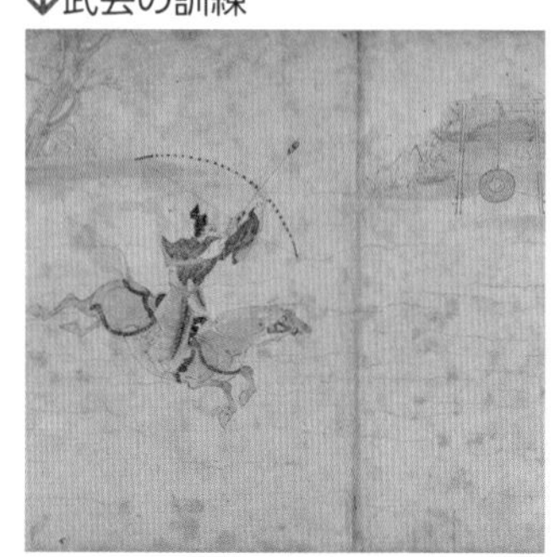

年貢も銭で納められるようになったよ。

↓『平家物語』

祇園精舎の鐘の声
諸行無常の響きあり
沙羅双樹の花の色
盛者必衰の理をあらはす
おごれる人も久しからず
ただ春の夜の夢のごとし
たけき者もつひにはほろびぬ
ひとへに風の前の塵に同じ

↓一遍の踊念仏

一遍は踊念仏で仏教を広めようとしたんだね。

まるごと暗記 二毛作 米の裏作に麦をつくる 定期市 月の決まった日に行われるようになった市

教科書の資料 次の問いに答えよう。

(1) 右の像を造った人物を，２人書きなさい。

(　　　　)(　　　　)

(2) 次の文中の□にあてはまる語句を，それぞれ書きなさい。

①(　　　　)

②(　　　　)

奈良時代に①が建てた東大寺は，源平の争乱で一度焼かれてしまった。右の像は，宋の様式を取り入れて再建された東大寺②に納められた。

(3) このころの文化は，どのような身分の人の気風を表しているか，次から選びなさい。(　　)

ア 天皇　イ 貴族　ウ 武士　エ 荘園領主

チェック 教科書一問一答 次の問いに答えよう。

/10問中

★は教科書の太字の語句

1 弓馬の道

①血縁による武士の一族において，その中心となる人物を何といいますか。　□①

②武士たちは，鎌倉で戦いが起こったときのために，何の訓練にはげんでいましたか。　□②

③鎌倉時代に，荘園は農民にとって，地頭と何の二重支配となっていましたか。　□③

④鎌倉時代に京都や鎌倉などの都市で行われた，銭を貸す商売を何といいますか。　□④

2 祇園精舎の鐘の声

⑤藤原定家らがまとめた和歌集を何といいますか。　□⑤

⑥仏師の運慶や快慶らがつくった，東大寺南大門に配置されている彫刻を何といいますか。　□⑥

⑦『平家物語』を後世に引きついでいくために，楽器を弾きながら語った盲目の僧を何とよびますか。　□⑦

⑧鴨長明が著した随筆を何といいますか。　□⑧

⑨「南無妙法蓮華経」という題目を唱えれば国家も人も救われると説いたのはだれですか。　□⑨

⑩鎌倉幕府の保護を受けていた，厳しい修行により自ら悟りを開くことを目ざす宗派をまとめて何といいますか。　□★⑩

「一生懸命」とは，「一所懸命」から出た言葉です。鎌倉の御家人たちが自分たちの土地を懸命に守ったことからよばれるようになり，「一生懸命」に変化しました。

こつこつ テスト直前 解答 p.7

1節 武家政治の始まり

1 武士の登場と院政 右の年表を見て，次の問いに答えなさい。

年	できごと	
935	（ A ）の乱 ～940	
939	（ B ）の乱 ～941	
960	［　　］がおこる	
1051	前九年合戦 ～1062	…あ
1083	後三年合戦 ～1087	…い
1086	（ C ）が院政を始める	…う
1156	保元の乱	
1159	平治の乱	
1167	平清盛が政治の実権を握る	…え
1185	（ D ）が壇ノ浦で平氏をほろぼす	…お
1189	（ D ）が奥州で自害する	…か

(1) 年表中のA～Dにあてはまる人物を，［　　］からそれぞれ選びなさい。

A（　　　　）
B（　　　　）
C（　　　　）
D（　　　　）

藤原純友　平忠盛　平将門
源義経　白河上皇　鳥羽上皇

(2) 年表中の［　　］にあてはまる，中国の王朝名を書きなさい。

（　　　　）

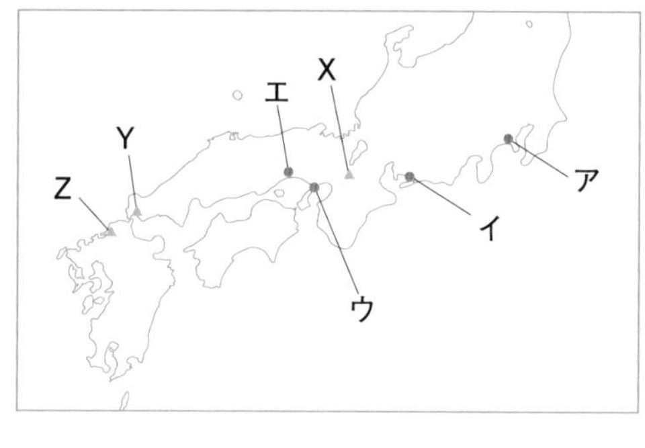

よく出る (3) 年表中のあ・いについて，これらの戦乱に勝利し，関東地方に勢力を広げた一族を書きなさい。（　　　　）

(4) 年表中のうについて，次の文中の［　　］にあてはまる語句を書きなさい。

①（　　　　）
②（　　　　）

Cは幼少の皇子に［①］の位をゆずった後も，住まいである［②］で，摂政や関白をおさえて政治を行った。

(5) 年表中のえについて，次の文を読んで，あとの問いに答えなさい。

平清盛は，武士として初めて（ a ）になり，娘を天皇の后にして，広大な公領や（ b ）を支配した。また，c大輪田泊を整備し，d中国と貿易を行った。

よく出る ① 文中のa・bにあてはまる語句を，それぞれ書きなさい。

a（　　　　）　b（　　　　）

② 下線部cの港の場所を，地図中のア～エから選びなさい。（　　）

③ 下線部dについて，このときに中国から大量に輸入されたものを，次から選びなさい。

ア 宋銭　イ 須恵器　ウ 絹織物　エ 経典（　　）

(6) 年表中のおについて，壇ノ浦の位置を地図中のX～Zから選びなさい。（　　）

(7) 年表中のかについて，平泉を中心に奥州で勢力を持っていた一族を何といいますか。（　　　　）

ヒントの森
(3)2つの戦乱は源義家がおさめました。
(6)現在の山口県下関。

2 鎌倉幕府　次の文を読んで，あとの問いに答えなさい。

源頼朝は，弟の義経をとらえることを口実にして，国ごとに（ A ）を，荘園や公領ごとに（ B ）をおくことを朝廷に認めさせた。また征夷大将軍に任じられ，鎌倉幕府を開いた。頼朝の死後，a北条氏が（ C ）として政治の実権を握っていたが，源氏の将軍が3代で絶えると，b承久の乱が起こった。

資料Ⅰ

頼朝公が朝廷の敵をたおし，幕府を開いて以来，官位や土地など，その［　］は山よりも高く海よりも深いものです。その［　］に報いる志が浅くてよいはずがありません。
（『吾妻鏡』より一部要約）

よく出る
(1) 文中のA～Cにあてはまる語句を答えなさい。
A（　　　）　B（　　　）　C（　　　）

(2) 下線部aについて，北条泰時が定めた，御家人の裁判の基準などを示すものを何といいますか。（　　　）

(3) 下線部bについて，次の問いに答えなさい。

① この乱を起こした人物はだれですか。（　　　）

② 資料Ⅰは，この乱のときに，頼朝の妻である北条政子が御家人らに訴えたものです。［　］にあてはまる語句を書きなさい。（　　　）

③ この乱後に，鎌倉幕府が朝廷を監視するために京都に置いた役所を何といいますか。（　　　）

ヒントの森
(2)武家社会の慣例として，長く手本とされました。
(3)②領地を与えたり，それまでの領地を保護してもらうことです。

3 鎌倉時代の社会・文化　右の資料を見て，次の問いに答えなさい。

(1) Aについて，次の文中の［　］にあてはまる語句を，それぞれ書きなさい。
a（　　　）
b（　　　）　c（　　　）

鎌倉時代には，［ a ］や馬，［ b ］製の農具を使った農耕が広まり，農業生産が高まった。米の収穫後に同じ畑で麦を栽培する［ c ］も行われた。

A

よく出る
(2) Aのころ，寺社の門前や交通の要所で開かれるようになった，ものの売り買いをする場を何といいますか。

（　　　）

B

(3) Bについて，次の問いに答えなさい。

① Bに描かれている，楽器を弾いている僧を何といいますか。（　　　）

② ①が弾きながら語っている，平家の滅亡までを描いた物語を何といいますか。（　　　）

③ ②のような，武士の活躍を描いた物語を何といいますか。（　　　）

ヒントの森
(3)②「祇園精舎の鐘の声　諸行無常の響きあり」で始まります。

2節　ユーラシアの動きと武家政治の変化①

教科書の要点　（　）にあてはまる語句を答えよう。

1 大陸をまたぐモンゴル帝国　教 p.72~73

● モンゴル帝国の出現

◆13世紀初めに，チンギス＝ハンが（①　　　）を築く→ユーラシア大陸をまたぐ広大な地域を支配。

◆5代皇帝のフビライ＝ハンは，中国の北部を治める。 南宋をほろぼす

■都を大都に移し，国号を（②　　　）とする。

■ベトナム，朝鮮半島の（③　　　）を従えて，日本にも朝貢と服属を求める。 936年に建国

● 東西交流の進展

◆フビライが大陸の交通路と，南の海の交通路を結びつける。

■イスラム世界から大都へ▶数学や医学，天文学

■大都から西方へ▶火薬や羅針盤

■大都を訪れたイタリア商人の（④　　　）は，旅行記『世界の記述（東方見聞録）』を著した。

1206	モンゴル帝国が成立
1271	フビライ＝ハンが国号を元と定める。
1274	文永の役
1281	弘安の役
1297	幕府が徳政令を出す
1299	『世界の記述』を出す

↓元軍の進路

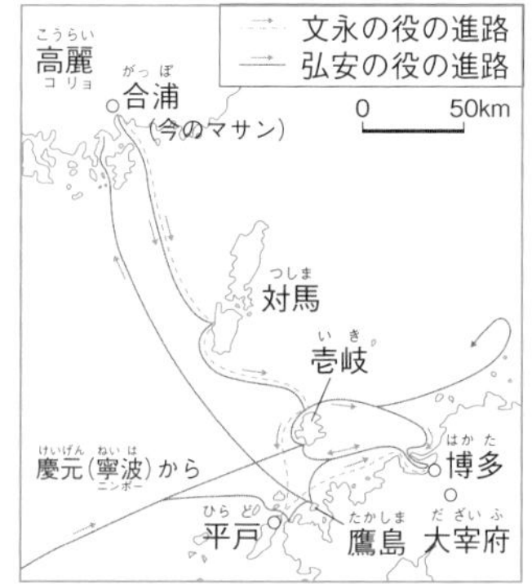

2 海から押し寄せる元軍　教 p.74~75

● 元軍との戦い

◆フビライの服属要求を，執権の（⑤　　　）が拒否。

■文永の役 1274年▶元と高麗の連合軍が博多湾に上陸する。集団戦法や（⑥　　　）で幕府軍を苦しめる。
→元軍の撤退後，博多湾沿岸に石垣（防塁）を築く。

■弘安の役 1281年▶暴風雨で元軍が撤退。

◆元軍による2度の襲来を（⑦　　　）という。

文永の役では約3万人，弘安の役では南宋の兵も加えた14万人ほどの勢力で攻めてきたよ。

● 幕府政治のおとろえ

◆元軍との戦いに対する恩賞が十分ではなかった。

◆困窮した御家人のため，幕府は（⑧　　　）を出す。 領地を売ったり質入れした　御家人にただで領地を取り戻させるため
→社会の混乱をまねく。

◆各地で悪党が市や港町を襲う▶取りしまりも御家人の負担。

◆北条氏一族が幕府の政治を独占する。

◆幕府に対する御家人の不満が高まり，幕府の力がおとろえる。

↓元寇防塁跡

● 鎌倉幕府の滅亡

◆（⑨　　　）が幕府打倒をよびかける→一度は失敗するが，有力な御家人の（⑩　　　）や新田義貞，新興の武士である楠木正成らが協力し，幕府を倒す。

奉公ばかりが多くなって，御恩がなくなってしまったんだね。

まるごと暗記　元寇 元軍が二度にわたって攻めてきたこと　徳政令 幕府が出した借金を帳消しにする法令

教科書の資料　次の問いに答えよう。

(1) A～Cの国名を書きなさい。

A（　　　　）
B（　　　　）
C（　　　　）

(2) A・Bの国を統一した人物をそれぞれ書きなさい。

A（　　　　）
B（　　　　）

(3) Bの国が，日本に２度攻めてきたことを何といいますか。

（　　　　）

13世紀ごろの世界

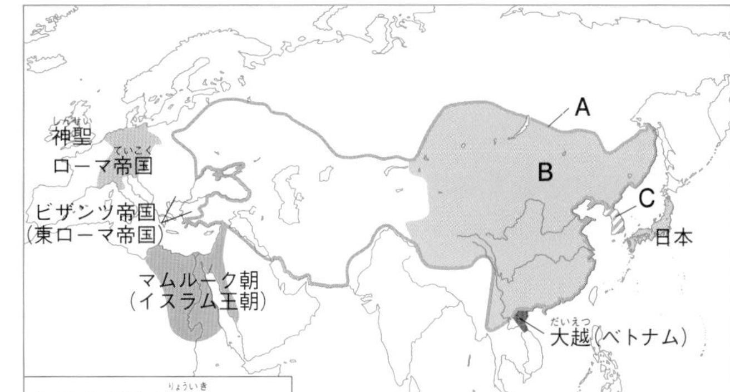

チェック 教科書一問一答　次の問いに答えよう。

/10問中

★は教科書の太字の語句

1 大陸をまたぐモンゴル帝国

①チンギス＝ハンがモンゴル帝国を築いたのは何世紀のことですか。　①＿＿＿＿

②フビライ＝ハンが元の都としたのはどこですか。　②＿＿＿＿

③モンゴル帝国から西方へ伝わった，方位や位置を知るための道具を何といいますか。　③＿＿＿＿

2 海から押し寄せる元軍

④1274年に，元と高麗の連合軍が攻めてきたことを何といいますか。　★④＿＿＿＿

⑤元軍は，幕府軍の御家人が単独で立ち向かったのに対して，どのような戦法をとりましたか。　⑤＿＿＿＿

⑥1281年に元軍が再び攻めてきたことを何といいますか。　★⑥＿＿＿＿

⑦幕府が出した徳政令（とくせいれい）は，御家人にただで何を取り戻させるための法令ですか。　⑦＿＿＿＿

⑧鎌倉時代後期に現れ，市や港町を襲撃（しゅうげき）した集団を何といいますか。　⑧＿＿＿＿

⑨元軍の襲来後，鎌倉幕府の政治を独占するようになった一族を何といいますか。　⑨＿＿＿＿

⑩足利尊氏（あしかがたかうじ）や新田義貞ら御家人とともに後醍醐天皇（ごだいごてんのう）に味方した，新興の武士はだれですか。　⑩＿＿＿＿

マルコ＝ポーロが『世界の記述』で日本を黄金の国ジパングとして紹介したのは，平泉の中尊寺金色堂のことだとする説があります。奥州は当時，金を多く産出しました。

予習・復習 こつこつ 解答 p.8

2節 ユーラシアの動きと武家政治の変化②

教科書の要点 （　）にあてはまる語句を答えよう。

1 このごろ都にはやるもの 教 p.76~77

● **建武の新政と南北朝の内乱/室町幕府の成立と守護大名**

◆鎌倉幕府の滅亡後，**後醍醐天皇**が（①　　　　）を始める→公家や一部の新興武士だけを重んじ，不満が高まる。

◆**足利尊氏**が京都に新たな天皇を立て（北朝），後醍醐天皇は奈良の吉野に逃れる（南朝）▶（②　　　　）の内乱→60年あまり，**南北朝時代**が続く。

◆足利尊氏が京都に（③　　　　）を開く。
この時代を室町時代という

■守護が力を強めて（④　　　　）となる。

◆３代将軍（⑤　　　　）が南北朝を合一。

■幕府が全国を統治する政権になる。

■室町に**御所**を建てる▶室町幕府の名前の由来。

■将軍の補佐役▶**管領**　■関東の支配▶**鎌倉府**

1334	建武の新政
1338	足利尊氏が幕府を開く
1368	明がおこる
1378	足利義満が幕府を室町に移す
1392	南朝が北朝に合一 朝鮮がおこる
1404	勘合貿易を始める
1429	琉球王国が成立
1457	コシャマインが蜂起

↓室町幕府のしくみ

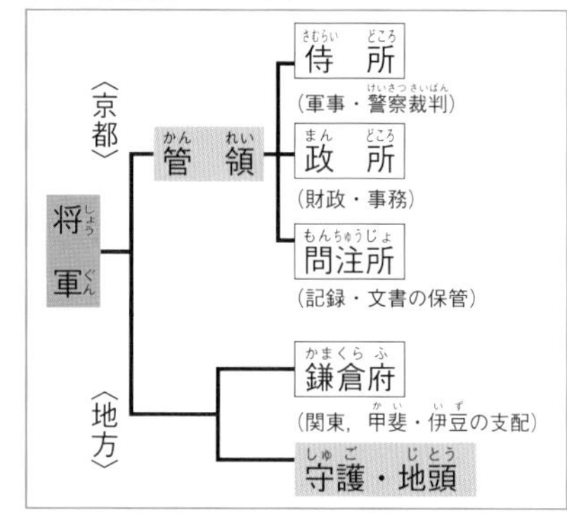

2 行き交う海賊船と貿易船 教 p.78~79

● **倭寇の出現**▶14世紀に，朝鮮半島や中国の沿岸を襲う（⑥　　　　）の活動が盛んになる。
日本人が中心で，中国人や朝鮮人もいた

● **明の成立と日明関係**

◆14世紀後半に漢民族が（⑦　　　　）を建国。

■**朱子学**を重んじる→朱子学を批判して**陽明学**が生まれる。

◆足利義満▶明の皇帝に「日本国王」と認められ，国交を開く。

■（⑧　　　　）▶勘合という合札を使った貿易。

■輸入▶銅銭・生糸・絹織物など　■輸出▶銅・刀剣など

● **朝鮮の成立と日朝関係**

◆14世紀に**李成桂**が（⑨　　　　）を建国する。

◆日本とは，対等な国交を結ぶ。
木綿や陶磁器，仏典を輸入し，銅などを輸出した

↓勘合

3 北と南で開かれた交易 教 p.80~81

● **琉球王国の成立**▶11世紀末ごろから各地に**グスク**ができ，15世紀初めに**尚巴志**が（⑩　　　　）を築く。

◆明に朝貢し，日本や東南アジアと**中継貿易**を行う。
東南アジアの香辛料や象牙を明に納めた

● **蝦夷地とアイヌ民族**

◆蝦夷地▶古くから（⑪　　　　）が住む。

◆14世紀，津軽半島の**十三湊**を拠点にした安藤氏と交易を行う。
鮭や昆布，毛皮などが京都へ

◆（⑫　　　　）を指導者として，和人と争う。

↓首里城（復元）

※2019年に焼失。

教科書の資料 次の問いに答えよう。

(1) 地図中のA・Bの国名を，[ ]からそれぞれ選びなさい。

A（　　　　）

B（　　　　）

元　宋　明　高麗　朝鮮

(2) 日本とAの国との貿易について，次のア～オを，日本が輸出したもの，輸入したものにわけなさい。

輸出（　　　　）

輸入（　　　　）

ア 銅銭　イ 銅　ウ 刀剣

エ 生糸　オ 絹織物

室町時代の海上交通

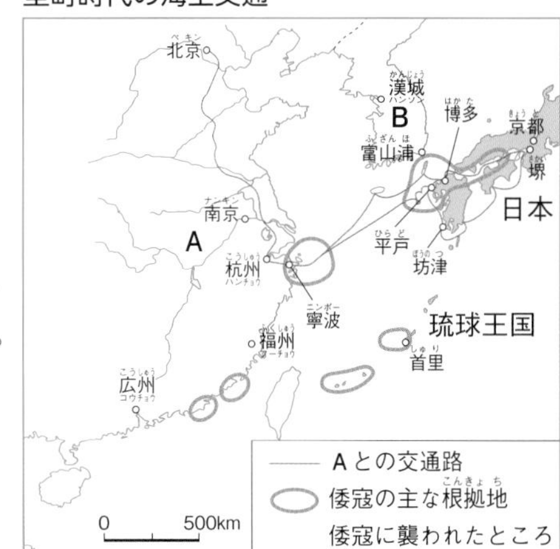

チェック 教科書一問一答 次の問いに答えよう。

/10問中

★は教科書の太字の語句

1 このごろ都にはやるもの

①建武の新政を行った天皇はだれですか。　①

②北朝から征夷大将軍に任じられ，京都に幕府を開いたのはだれですか。　②

③京都の北朝と，吉野の南朝の２つの朝廷が争った時代を何といいますか。　③

④室町幕府の将軍の補佐としておかれた役職を何といいますか。　★④

2 行き交う海賊船と貿易船

⑤明で生まれた，朱子学を批判して善良な心での実践を重んじる学問を何といいますか。　⑤

⑥明との貿易で，正式な貿易船にあたえられた合札を何といいますか。　⑥

⑦14世紀に朝鮮を建国した人物はだれですか。　⑦

3 北と南で開かれた交易

⑧琉球で11世紀ごろからつくられた，按司とよばれる支配者たちが築いた城を何といいますか。　⑧

⑨15世紀初めに琉球を統一し，琉球王国を建てた人物はだれですか。　⑨

⑩古くからアイヌ民族が住んでいた地を何といいますか。　⑩

知識の泉　足利義満が室町に建てた御所は，庭園に四季の花々がたくさん植えられたことから「花の御所」とよばれました。

こつこつ　テスト直前　解答 p.8

2節　ユーラシアの動きと武家政治の変化

1 モンゴル帝国と元寇　次の文を読んで，あとの問いに答えなさい。

13世紀の初めに，（ A ）がユーラシア大陸にまたがるモンゴル帝国を築いた。5代皇帝の（ B ）は，都を大都に移し，国号を元とした。元は，東南アジアや朝鮮半島にあった国を従え，日本も従えようとしたが，元の要求をa北条時宗が拒否したため，b二度にわたって日本に侵攻した。日本はこれを何とか撃退した。

モンゴル帝国が海にも進出したことで，c東西の交流がさらに深まった。イタリア商人の（ C ）も大都を訪れ，『世界の記述』を著した。

(1) 文中のA～Cにあてはまる人物を，それぞれ答えなさい。

A（　　　）B（　　　）C（　　　）

(2) 下線部aの人物は，このとき何という役職についていましたか。（　　　）

(3) 下線部bについて，右の地図は元軍の進路を示しています。これを見て，次の問いに答えなさい。

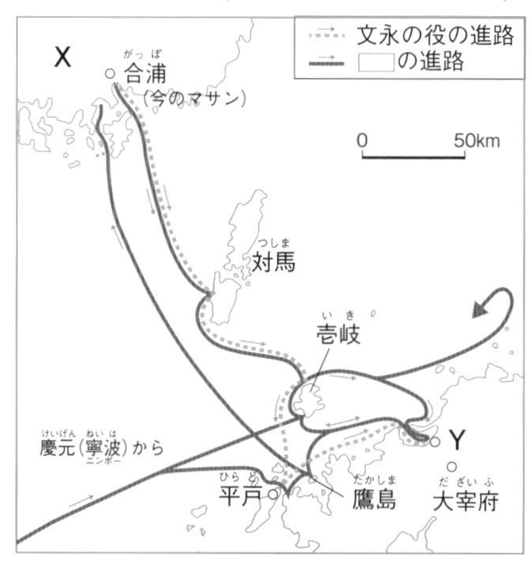

① 元に従っていた，地図中のXの国名を答えなさい。（　　　）

② 元が二度にわたって攻めてきたことを何といいますか。（　　　）

③ 地図中の□にあてはまる語句を答えなさい。（　　　）

④ 元軍が一度目の襲来で上陸した，地図中のYの地名を答えなさい。（　　　）

⑤ 右の写真は，一度目の襲来の後に④につくられたものです。これを何といいますか。（　　　）

⑥ 元軍の戦い方にあてはまるものを，次から2つ選びなさい。（　　）（　　）

ア 集団戦法をとった。　イ 一騎打ちをしかけた。

ウ 刀や弓矢といった武器で戦った。

エ 火薬を使った武器で戦った。

(4) 下線部cについて，次の文にあてはまるものを，□からそれぞれ選びなさい。

① 中国から西方に伝わったもの。（　　　）

② 西方から中国に伝わったもの。（　　　）

ぶどう　天文学　火薬　青銅器

(2)北条氏が独占していました。

(3)①936年，新羅のあとに建国されました。

(4)西方からは数学や医学も伝わりました。

2 建武の新政と室町幕府　右の年表を見て，次の問いに答えなさい。

よく出る

(1)　年表中のA～Cにあてはまる地名を，□から選びなさい。

A（　　　　）
B（　　　　）
C（　　　　）

十三湊　京都　室町　吉野

年	できごと
1334	後醍醐天皇が政治を行う　…あ
1336	後醍醐天皇が（ A ）に逃れる　…い
1338	足利尊氏が（ B ）に a 幕府を開く
1368	明がおこる
1378	足利義満が（ C ）に御所をつくる
1392	南朝が北朝に合一　…う
1404	b 勘合貿易を始める

(2)　年表中のあについて，次の文中の□にあてはまる語句を書きなさい。

①（　　　　）　②（　　　　）　③（　　　　）

①幕府の滅亡後，後醍醐天皇は②を始めた。公家と一部の新興③だけが重んじられたために不満をつのらせた③が挙兵し，新しい政治は２年で終わった。

(3)　年表中のいからうまでの，戦乱が続いた時代を何といいますか。（　　　　）

(4)　年表中の下線部aについて，右の図はこの幕府のしくみを示しています。これを見て，次の問いに答えなさい。

将軍
〈地方〉〈京都〉
X
Z 守護・地頭
Y（関東，甲斐・伊豆の支配）
問注所（記録・文書の保管）
政所（財政・事務）
侍所（軍事・警察裁判）

①　図中のX・Yにあてはまる語句をそれぞれ書きなさい。

X（　　　　）　Y（　　　　）

よく出る

②　図中のZについて，力を強め，国司に代わって国を支配するようになった守護を何といいますか。

（　　　　）

(5)　年表中の下線部bは，どこの国と行った貿易ですか。

（　　　　）

ヒントの森
(3)京都と吉野の２つの朝廷が争いました。

3 南と北との交易　右の地図を見て，次の問いに答えなさい。

(1)　地図中のA～Dの地域をそれぞれ何といいますか。次からそれぞれ選びなさい。

A（　　　　）　B（　　　　）
C（　　　　）　D（　　　　）

琉球王国　朝鮮　蝦夷地　明

15世紀ごろの東アジア

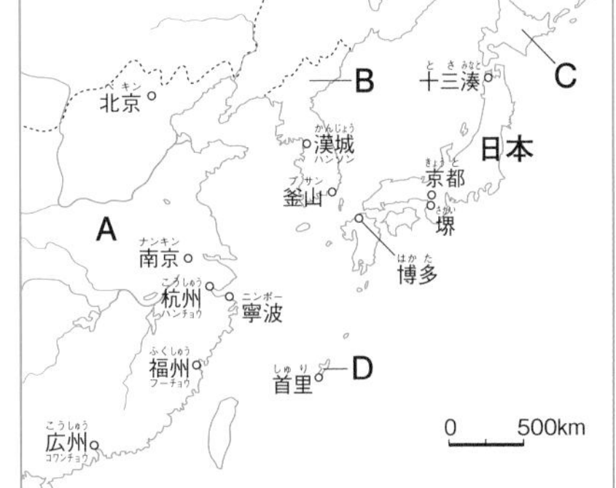

レベルUP

(2)　Cから京都に運ばれたものとして正しいものを，次から選びなさい。（　　　　）

ア　昆布　　イ　香辛料　　ウ　銅銭　　エ　木綿

(3)　Dについて，次の文中の□にあてはまる語句を書きなさい。

①（　　　　）　②（　　　　）

15世紀初め，尚巴志が①を王宮とするDを建国した。Dは東アジアと東南アジアを結ぶ②貿易を行い，栄えた。

(3)①一度焼失して再建されましたが，2019年再び焼失しました。

第3章

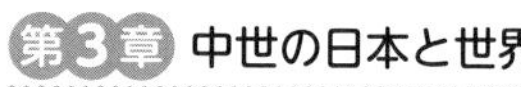

予習・復習 こつこつ 解答 p.9

確認のワーク ステージ1 3節 結びつく民衆と下剋上の社会

教科書の要点 （　）にあてはまる語句を答えよう。

1 団結する村，にぎわう町 教 p.82～83

1397	足利義満が金閣を建てる
1428	正長の土一揆
1467	応仁の乱
1485	山城の国一揆
1488	加賀の一向一揆
1489	足利義政が銀閣を建てる

● 産業や流通の発達
◆産業の発達 ▶ 農業，手工業，鍛冶・鋳物業，鉱山業など。
◆交通の発達 ▶ 港→問丸。（運送・保管） 陸上交通→馬借や車借。（物資を運ぶ）
◆市 ▶ 場所や回数が増加。宋銭や明銭の使用。

● 町の自治 ▶ 港町や門前町が栄える。
◆土倉とよばれる質屋や酒屋が金貸しを営む。
◆同業者組合の（①　　　　）が営業を独占。（公家や寺社に税を納め，保護してもらう）
◆堺や京都では（②　　　　）が自治を行う。（祇園祭を復活させる）

● 村の自治 ▶ 自治組織の（③　　　　）が発達
◆寄合を開いて，村のおきてを定める。

↓馬借

2 下剋上の世へ 教 p.84～85

● 土一揆 ▶ 幕府に徳政を求めて一揆が起こる。（正長の土一揆の碑文が残る）

● 応仁の乱と下剋上
◆守護大名らの争い（山名氏と細川氏） ▶（④　　　　）1467年
→幕府はおとろえ，武士や民衆が力を伸ばす。
◆一向一揆 ▶（⑤　　　　）（一向宗）の信者が守護大名を倒し，その後100年近く自治を行う。
◆（⑥　　　　）の風潮が社会全体に広がる。（下位の者が上位の者に打ち勝つ）

● 戦国大名の支配 ▶ 戦いが続いた時代を戦国時代という。
◆戦国大名 ▶ 領国を独自に支配し，戦いに備える。（大規模な治水やかんがいなども行う）
■（⑦　　　　）▶ 支配を強め，下剋上を防ぐ。
■（⑧　　　　）▶ 軍事や経済の中心として栄える。

↓応仁の乱開始時の対立関係

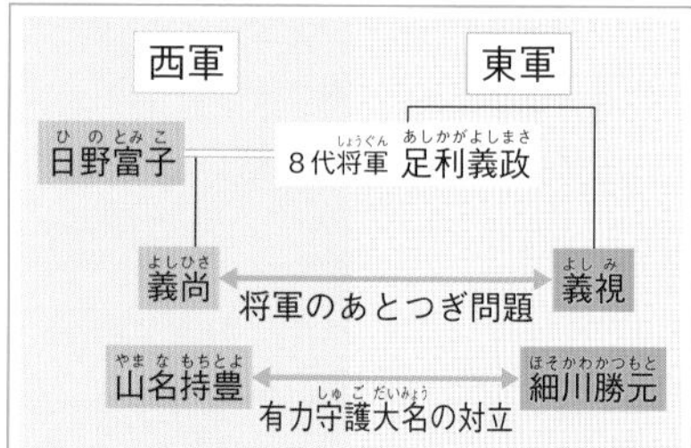

3 今につながる文化の芽生え 教 p.86～87

● とけ合う文化 ▶ 足利義満が北山に金閣を建てる→北山文化。
◆（⑨　　　　）▶ 観阿弥・世阿弥の親子が大成。その合間には（⑩　　　　）が演じられた。（民衆の生活を演じる）
◆（⑪　　　　）▶ 和歌の上の句と下の句をよみつなぐ。

● 禅宗と文化 ▶ 足利義政が東山に銀閣を建てる→東山文化。
◆（⑫　　　　）▶ 畳を敷いて床の間を設けた。
◆（⑬　　　　）▶ 雪舟が墨一色で自然を描く。
◆茶の湯 ▶ 鎌倉時代に伝わった茶を飲む習慣が広まる。（栄西が伝える）

● 民衆に広まる文化 ▶ 絵入りの物語のお伽草子が民衆に広まる。（『浦島太郎』や『ものぐさ太郎』など）

↓雪舟の『秋冬山水図』

まるごと暗記　座 室町時代の商工業者の同業者組織　惣 農村の自治組織　分国法 戦国大名が領地支配のためにしいた法

教科書の資料　次の問いに答えよう。

(1)　A・Bの建物をそれぞれ何といいますか。

A（　　　　　）
B（　　　　　）

(2)　A・Bの建物と関係の深い人物を，□からそれぞれ選びなさい。

A（　　　　　）
B（　　　　　）

A

B

後醍醐天皇　足利尊氏　足利義満　足利義政

(3)　A・Bが建てられた時期の文化を，それぞれ何といいますか。

A（　　　　　）　B（　　　　　）

チェック 教科書 一問一答　次の問いに答えよう。

/10問中

★は教科書の太字の語句

1 団結する村，にぎわう町

①室町時代に年貢などの物資を，馬を使って運んだ運送業者を何といいますか。　□★①＿＿＿＿

②室町時代に金貸しを営んだ酒屋や質屋を何といいますか。　□②＿＿＿＿

③惣では，村のおきてなどを定めるのに，何を開いて決めましたか。　□③＿＿＿＿

2 下剋上の世へ

④応仁の乱は，将軍のあとつぎ争いから起こりました。この将軍はだれですか。　□④＿＿＿＿

⑤浄土真宗の信者らが団結して起こした一揆を何といいますか。　□★⑤＿＿＿＿

⑥下剋上の風潮の中で実力を伸ばして領国を独自に支配するようになった大名を何といいますか。　□★⑥＿＿＿＿

3 今につながる文化の芽生え

⑦東求堂同仁斎に見られる，畳や床の間などがある建築様式を何といいますか。　□★⑦＿＿＿＿

⑧墨一色で自然を描く水墨画を日本で完成させたのはだれですか。　□★⑧＿＿＿＿

⑨室町時代に民衆に読まれた，絵入りの物語を何といいますか。　□★⑨＿＿＿＿

⑩鎌倉時代に伝わった茶を飲む習慣が広まり，何として流行しましたか。　□⑩＿＿＿＿

知識の泉　もともと自分のあとつぎ問題から起こった応仁の乱なのに，当の足利義政は趣味三昧の生活を送っていました。これには当時の天皇，後花園天皇もあきれて，注意の意味の漢詩を送りました。

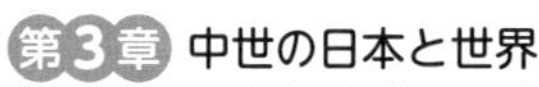

こつこつ テスト直前 解答 p.9

3節　結びつく民衆と下剋上の社会

1 室町時代の農村と都市　次の文を読んで，あとの問いに答えなさい。

　室町(むろまち)時代になると，二毛作(にもうさく)や牛馬耕(ぎゅうばこう)，肥料の使用，かんがいの技術の発達により，農業生産が高まった。16世紀には朝鮮半島(ちょうせんはんとう)から伝わった（ A ）の栽培(さいばい)も始まった。交通では，a 物資を運ぶ運送業者が活躍(かつやく)した。

　商工業者たちは，同業者ごとに（ B ）をつくり，公家(くげ)や寺社に（ C ）を納(おさ)めて保護を受け，営業を独占(どくせん)した。京都(きょうと)などの都市では有力な b 町衆(まちしゅう／ちょうしゅう)が自治を行い，村では自治組織の（ D ）が c 自治を行った。

資料Ⅰ

資料Ⅱ

資料Ⅲ　今堀惣の村おきて

一　□の知らせを２回行っても出席しない者は，50文(もん)の罰金(ばっきん)とする。
一　森林の苗木(なえぎ)を取ったり木を切ったりした者は，500文の罰金とする。

(1)　文中のA～Dにあてはまる語句を，それぞれ漢字１字で書きなさい。

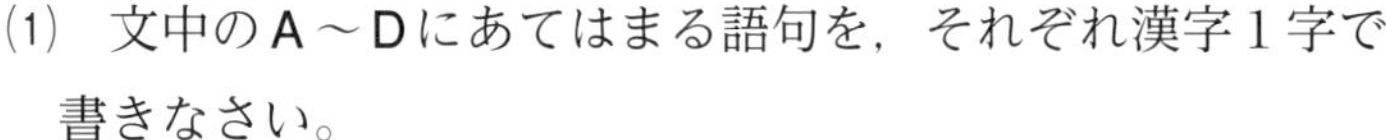
A（　　　　）　B（　　　　）

C（　　　　）　D（　　　　）

(2)　下線部aについて，**資料Ⅰ**を何といいますか。
（　　　　）

(3)　下線部bについて，彼らによって復興した，**資料Ⅱ**の祭りを何といいますか。
（　　　　）

(4)　下線部cについて，**資料Ⅲ**は村のおきてとして定められたものの一部です。□にあてはまる語句を書きなさい。
（　　　　）

(1)A麻や絹の仲間です。
(3)今も行われています。

2 下剋上の世の中　右の年表を見て，次の問いに答えなさい。

(1)　年表中のA・Bにあてはまる語句をそれぞれ書きなさい。
A（　　　　）
B（　　　　）

年	できごと	
1428	徳政を求める（ A ）が起こる	…a
1467	応仁の乱が起こる	…b
	●下剋上の風潮が高まる	
1485	山城の国一揆が起こる	
1488	加賀で（ B ）が起こる	
	●戦国大名の支配が強まる	

資料

正長元年ヨリ〔前〕サキ者カンヘ〔神戸〕四カンカウニヲヰメ〔負い目〕アルヘ〔べ〕カラス〔ず〕

レベルUP (2)　年表中のaについて，**資料**はそのときの記録です。傍線部は何を表していますか。
（　　　　）

(3)　年表中のbについて，次の問いに答えなさい。

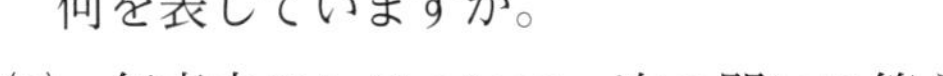

よく出る ①　この乱はだれのあとつぎ争いを原因として起こりましたか。
（　　　　）

②　この乱で争った守護大名(しゅごだいみょう)は何氏と何氏ですか。
（　　　　）（　　　　）

ヒントの森

(2)一揆によって「負い目」をなくしたことが記されています。
(3)①室町幕府の８代将軍です。

3 室町時代の文化　次の文を読んで，あとの問いに答えなさい。

●北山文化

a足利義満のころに栄えた文化。将軍や有力な守護大名が，（ A ）の文化に親しむようになって発達した。（ A ）と（ B ）の文化がとけ合うという特色が強く表れる。

●東山文化

足利義政のころに栄えた文化。義政が建てたb銀閣は，室町幕府が保護した（ C ）の影響を受けている。また，このころ民衆にも文化が広まり，c鎌倉時代におこった新しい仏教の信者も急速に増えた。

(1) 文中のA～Cにあてはまる語句を，□からそれぞれ選びなさい。　A（　　）

B（　　）　C（　　）

公家　武家　農民　禅宗　浄土真宗

(2) 下線部aの人物が保護した能について，次の問いに答えなさい。

① 能を大成した親子はだれですか。（　　）（　　）

レベルUP ② 次の文中のあ～うにあてはまる語句を，それぞれ書きなさい。

あ（　　）　い（　　）　う（　　）

能は，［あ］時代から民衆の間で行われていた芸能である，歌や踊りなどの［い］，こっけいな劇である［う］をもとにしている。

③ 能の合間に演じられた，民衆の生活の様子をよく表した喜劇を何といいますか。

（　　）

(3) 下線部bについて，右の写真を見て答えなさい。

よく出る ① この建築様式を何といいますか。

（　　）

② 写真にみられるものを，次から2つ選びなさい。

（　　）（　　）

ア 畳　イ 渡り廊下

ウ 中庭　エ 床の間

レベルUP (4) 下線部cについて，このころ京都や堺の町衆の間で信仰が広がった仏教の宗派を，次から選びなさい。（　　）

ア 浄土真宗　イ 日蓮宗　ウ 真言宗　エ 天台宗

(5) 次の文にあてはまるものを，□からそれぞれ選びなさい。

① 北山文化のころに広まった。（　　）

② 鎌倉時代に栄西が伝えた習慣がもとになった。

（　　）

③ 各地の僧や武士が足利学校をおとずれて学んだ。

（　　）

連歌　茶の湯　お伽草子　盆踊り　儒学

ヒントの森

(2)③当時の話し言葉が使われていました。

(3)②現代の和風建築のもととなりました。

(5)②③はどちらも東山文化のころです。

こつこつ　テスト直前　解答 p.10

実力判定テスト　ステージ3　総合問題編

第3章　中世の日本と世界

30分　/100

1 右の地図を見て，次の問いに答えなさい。　5点×8（40点）

(1) 次の文に関係の深い場所を，地図中のア～カからそれぞれ選びなさい。

① 平氏がほろんだ。

② 六波羅探題がおかれた。

③ 元軍の襲来に備えて，石垣を築いた。

④ 後醍醐天皇が南朝を開いた。

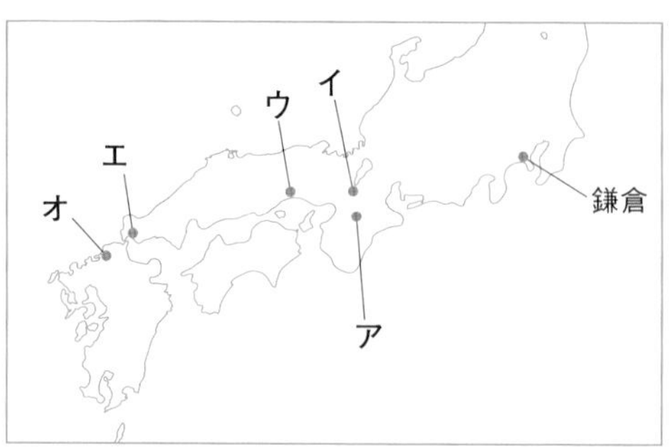

(2) 地図中の鎌倉に開かれた幕府について，**資料**を見て，次の問いに答えなさい。

① 北条泰時が定めたこの決まりを何といいますか。

② □にあてはまる語句を書きなさい。

③ この決まりが定められた目的を，「裁判」という語句を使って簡単に書きなさい。

資料

一　諸国の［A］の職務は，頼朝公の時代に定められたように，…謀反や殺人などの犯罪人を取りしまることである。

一　［B］は荘園の年貢を差しおさえてはならない。

(1)	①	②	③	④
(2)	①	② A	B	
	③			

2 次の問いに答えなさい。　5点×3（15点）

(1) 建武の新政について，次の問いに答えなさい。

① 建武の新政を始めた天皇はだれですか。

記述 ② この政治が失敗した理由を，「武士」「公家」という語句を使って簡単に書きなさい。

記述 (2) 室町幕府を示す資料を，A・Bから選びなさい。また，その資料を選んだ理由を，将軍を補佐する役職にふれながら，簡単に書きなさい。

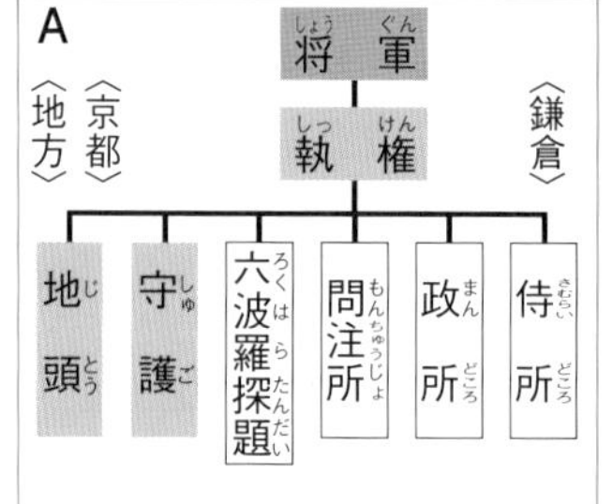

B
将軍
〈地方〉
〈京都〉
管領
守護・地頭
鎌倉府
問注所
政所
侍所

(1)	①	②
(2)	資料	理由

目標

- □鎌倉時代の政治についておさえる
- □中世の社会の様子をおさえる
- □鎌倉室町の文化の特徴をおさえる

自分の得点まで色をぬろう!

かんばろう! / もう一歩 / 合格!

0　60　80　100点

3 右の資料を見て，次の問いに答えなさい。

4点×5（20点）

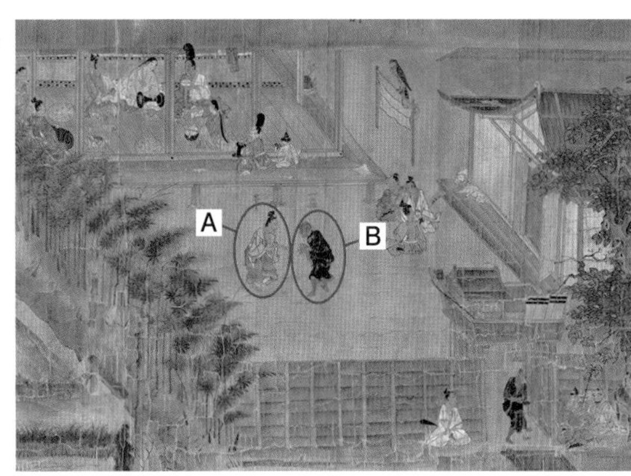

(1) Aの人物の身分を，次から選びなさい。

ア 貴族　イ 武士

ウ 農民　エ 町人

(2) Bの人物について，次の問いに答えなさい。

① 鎌倉時代に時宗を開いたBの人物はだれですか。

② 鎌倉時代に親鸞が開いた仏教の宗派を何といいますか。

③ 鎌倉時代に，①や②などの新しい仏教が生まれ，農民などの人々にも広まった理由を，簡単に書きなさい。

(3) このころの農村の様子としてあてはまるものを，次から選びなさい。

ア 惣とよばれる自治組織がつくられた。　イ 綿の栽培が広まった。

ウ 寄合を開いて村のおきてがつくられた。　エ 西日本を中心に二毛作が始まった。

(1)		(2) ①		②	
(2) ③				(3)	

4 右の資料を見て，次の問いに答えなさい。

5点×5（25点）

A

B

(1) A・Bをつくった人物を，それぞれ書きなさい。

レベルUP (2) Aがつくられたころのできごととして正しいものを，次から選びなさい。

ア 元寇　イ 南北朝の合一

ウ 建武の新政　エ 応仁の乱

(3) Aのころの文化の特徴を，「武家」「公家」という語句を使って，簡単に書きなさい。

(4) Bがつくられた時代に広まった物語を，次から選びなさい。

ア 『浦島太郎』　イ 『ものぐさ太郎』　ウ 『平家物語』　エ 『徒然草』

(1) A	B	(2)
(3)		(4)

こつこつ 解答 p.10

資料活用・思考力問題編

実力判定テスト ステージ3 第3章 中世の日本と世界

30分 /100

1 次の資料を見て，あとの問いに答えなさい。

7点×6（42点）

資料Ⅰ

資料Ⅱ

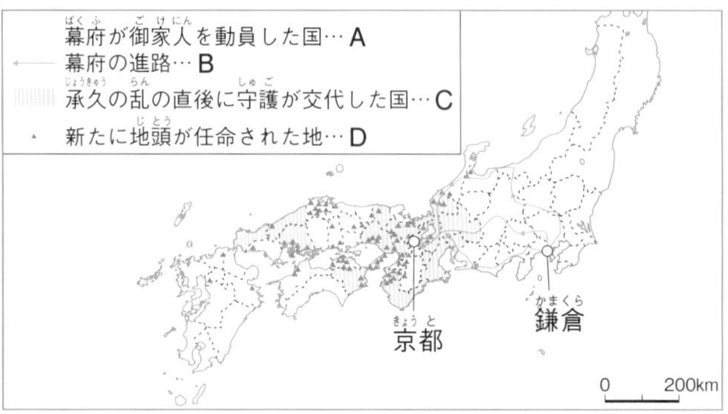

(1) **資料Ⅰ**は，鎌倉を空からみた風景です。源頼朝が鎌倉に幕府を開いた理由の１つに，鎌倉の地形が関係しています。資料からわかる地形の特徴を簡単に書きなさい。

(2) **資料Ⅱ**について，次の文中の［　］には地図中のA～Dのうち，あてはまる記号を，（　）にはあてはまる言葉を，それぞれ書きなさい。

［①］をみると，承久の乱の前，幕府の支配は（ あ ）ことがわかる。［②］・［③］をみると，承久の乱の後，幕府の支配は（ い ）ことがわかる。

(1)		(2)	①	②	③
(2)	あ		い		

2 次の資料を見て，あとの問いに答えなさい。

7点×2（14点）

資料Ⅰ

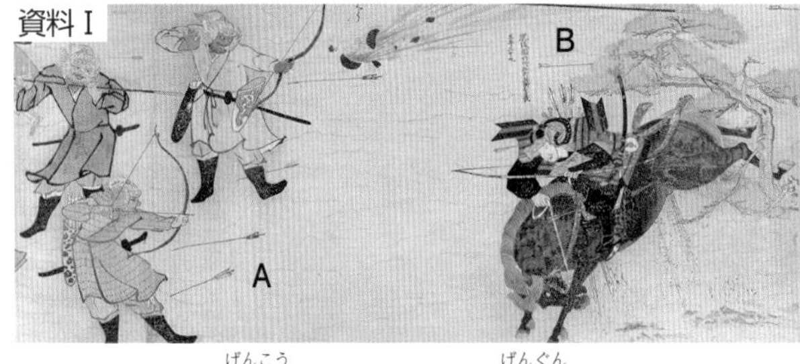

資料Ⅱ

(1) **資料Ⅰ**は元寇の様子です。元軍はA・Bのどちらですか。また，選んだ理由について，戦法に着目して書きなさい。

レベルUP (2) **資料Ⅱ**の竹崎季長は，**資料Ⅰ**の右側に描かれている御家人です。**資料Ⅱ**中のXにあてはまる台詞を，考えて書きなさい。

	記号	理由
(1)		
(2)		

資料を読み取るときは，資料中の情報だけでなく，その時代がどんな時代だったのかも大まかに思い出そう。

自分の得点まで色をぬろう!
がんばろう! もう一歩 合格!
0 60 80 100点

3 次の資料を見て，あとの問いに答えなさい。

7点×4（28点）

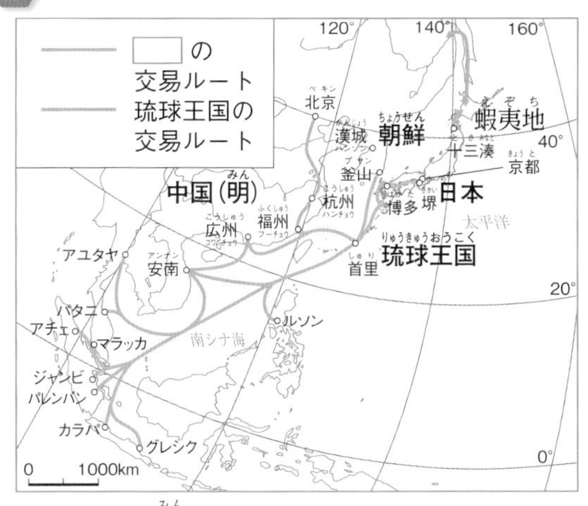

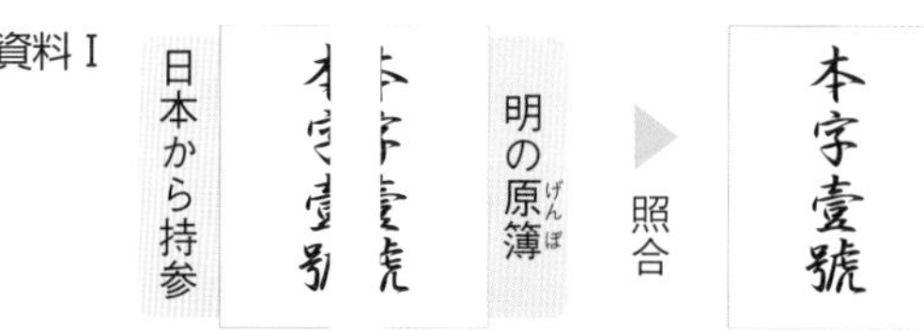

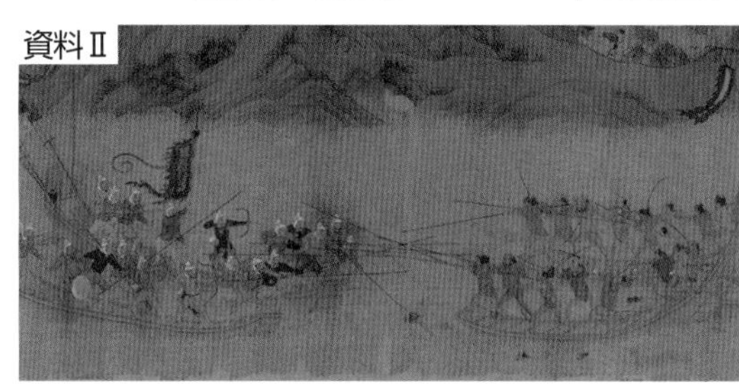

(1) 日本と明の貿易について，次の問いに答えなさい。

① **資料Ⅰ**のしくみで行われたことから，この貿易を何といいますか。

② **資料Ⅱ**を見て，明が日本に倭寇の取りしまりを求めた理由を，簡単に書きなさい。

(2) 地図中の□にあてはまる民族を書きなさい。

(3) 琉球王国が行った中継貿易とはどのようなものでしたか。地図を見て簡単に書きなさい。

(1)	①	②
(2)		(3)

4 次の資料を見て，あとの問いに答えなさい。

8点×2（16点）

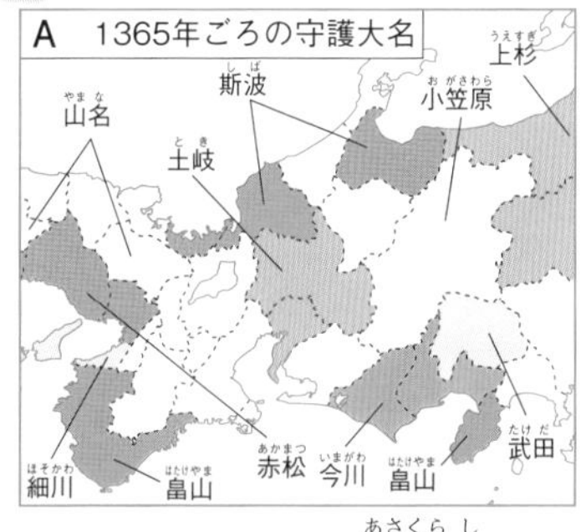

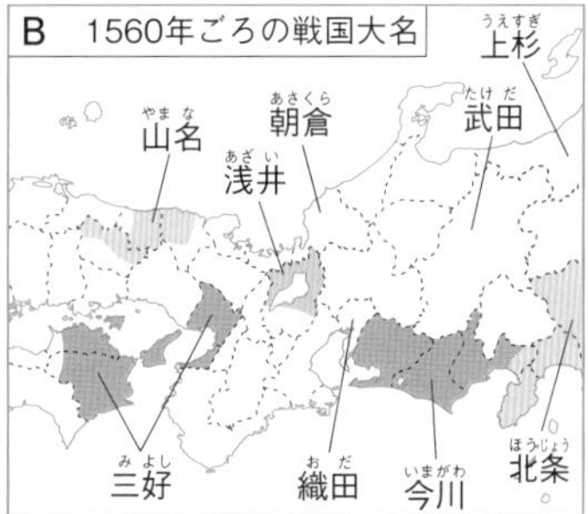

資料 武田氏の分国法

一 武田氏の許可を得ずに，他国へおくり物や手紙を送ることは禁止する。

一 けんかをした者は，どちらがよいか悪いかにかかわらず，処罰する。

(1) **B**の地図中の朝倉氏は，どのようにして戦国大名になったと考えられますか。**A**・**B**の地図を比較して，簡単に書きなさい。

(2) 戦国大名が**資料**のような分国法を定めた目的を，簡単に書きなさい。

(1)	
(2)	

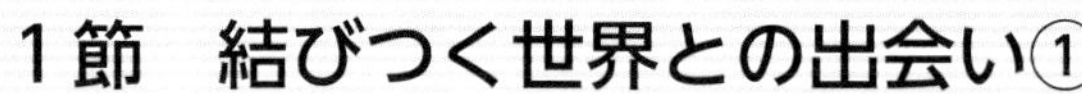

1節　結びつく世界との出会い①

教科書の要点　(　　)にあてはまる語句を答えよう。

395	ローマ帝国が東西分裂
1096	十字軍の派遣開始
1299	オスマン帝国の成立
14世紀	ルネサンスが始まる
1453	ビザンツ帝国滅亡
1517	ルターの宗教改革
1526	ムガル帝国の成立
1543	コペルニクスの地動説

1 教会と『コーラン』の教え　教 p.98～99

●**中世のヨーロッパとキリスト教**

◆4世紀末，**ローマ帝国**が東西に分裂→キリスト教が各地に広まる→中世，ローマ教皇を首長とする（①　　　　）が大きな影響力をもつ。

●**イスラム世界の発展**

◆8世紀の中ごろ，イスラム世界が勢力を広げる。

■都の（②　　　　）は国際都市。

■『（③　　　　）』をもとにイスラム法が整えられる。

◆文化▶アラビア数字，羅針盤などの改良。

●**十字軍**▶11世紀末，（④　　　　）からイスラム勢力を追い払うため，ローマ教皇が（⑤　　　　）を派遣。
キリスト教，イスラム教，ユダヤ教の聖地

→約200年間，イスラム勢力と対立。

↓十字軍の派遣

十字軍の主な進路　→第1回　…▶第2回　→第3回　…▶第4回
大西洋　イングランド王国　ロンドン　パリ　神聖ローマ帝国　フランス王国　ベネチア　ローマ　ビザンツ帝国　黒海　コンスタンティノープル　セルジューク朝　地中海　バグダッド　エルサレム　カイロ　0　500km
カトリック　正教会　イスラム教

2 中世からの脱却　教 p.100～101

●**ルネサンス**

◆イタリアは**ビザンツ帝国**やイスラム世界と交易→カトリックにとらわれない文化を求める→14世紀中ごろ，イタリアで（⑥　　　　）（文芸復興）がおこる。
人間らしい個性や自由を求める
古代ギリシャやローマを模範とする

■（⑦　　　　）▶「モナ＝リザ」

■**ミケランジェロ**▶「ダビデ」

■**コペルニクス，ガリレイ**▶地動説。
カトリック教会は天動説を唱えていた

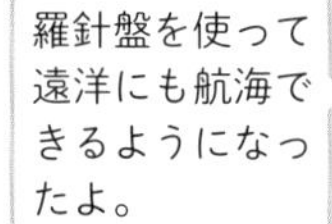

●**宗教改革**▶カトリック教会の腐敗を正そうとする動き

◆ドイツの（⑧　　　　）▶16世紀，免罪符の販売に抗議。聖書に基づく信仰を説く。
贖宥状

◆スイスの**カルバン**▶勤労を大切にする。

◆宗教改革の支持者▶（⑨　　　　）。
抗議する者という意味

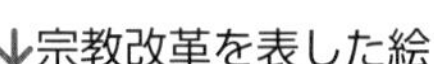
↓宗教改革を表した絵

●**広がるイスラム世界**

◆13世紀末，トルコに（⑩　　　　）ができる。

◆16世紀初めに，北インドに**ムガル帝国**ができる。

◆イスラム商人が，東西のアジアとヨーロッパとをつなぐ貿易を行う。

免罪符を買えば罪が許されるとされたんだ。

教科書の資料 次の問いに答えよう。

(1) Aの「モナ＝リザ」を描いた人物はだれですか。（　　）

(2) Bの「ダビデ」をつくった人物はだれですか。（　　）

(3) (1)や(2)などに代表される芸術家を生み出した，人間らしい個性や自由を求める新しい文化を何といいますか。（　　）

(4) (3)のころ，天文学で地動説を唱えたのは，コペルニクスとだれですか。（　　）

A

B

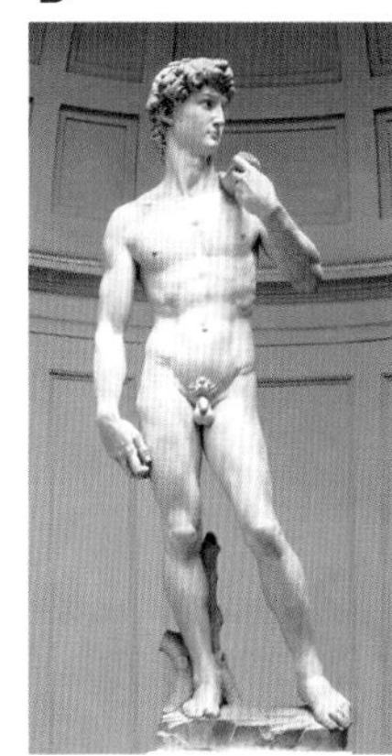

チェック 教科書一問一答 次の問いに答えよう。

/10問中

★は教科書の太字の語句

1 教会と『コーラン』の教え

①4世紀の末に東西に分裂した，地中海一帯を支配していた国を何といいますか。 □①

②カトリック教会の首長を何といいますか。 □②★

③イスラム世界でつくられた，現在も使われている数字を何といいますか。 □③

④東ローマ帝国のことを何といいますか。 □④

2 中世からの脱却

⑤14世紀ごろ，ルネサンスが始まった国はどこですか。 □⑤

⑥ルネサンスは，古代ローマやどこの文化を模範としましたか。 □⑥

⑦ルターが宗教改革を始めたとき，カトリック教会が何を販売したことに対して抗議しましたか。 □⑦

⑧スイスで宗教改革を進め，人は神の救いを信じて職業にはげむべきであると主張したのはだれですか。 □⑧

⑨繁栄したイスラム世界のうち，13世紀の末におこったオスマン帝国は，現在のどこの国を中心としましたか。 □⑨

⑩16世紀初めに北インドにできたイスラム教の国を何といいますか。 □⑩

レオナルド＝ダ＝ビンチは，建築家や科学者としても活躍した万能の人です。彼の描いた「モナ＝リザ」はその表情から「モナ＝リザの微笑み」といわれて，多くの人に愛されています。

予習・復習 こつこつ 解答 p.11

確認のワーク ステージ1 1節 結びつく世界との出会い②

教科書の要点 （　）にあてはまる語句を答えよう。

1 太陽の沈まない国

教 p.102~103

●**新航路の開拓**▶ヨーロッパからアジアへの航路。

◆目的▶イスラム商人を通さないで，（①　　　）を手に入れることや，**キリスト教**を布教すること。

◆ポルトガルとスペインが，新航路の開拓を競い合う。

カトリックの国

■（②　　　）▶アメリカ大陸付近の島に到達。

コロンブスはインドだと信じていた

■（③　　　）▶アフリカ南端を回りインド到達。

■マゼラン船隊▶世界一周を達成。

マゼランは途中でなくなり，弟子たちが世界一周をなしとげた

●**ヨーロッパ諸国の世界進出**

◆ポルトガル・スペイン▶世界各地に（④　　　）。

■カトリック系の（⑤　　　）などが各地で布教。

プロテスタントに対抗

■ポルトガル▶インドのゴアや東南アジアに進出。

■スペイン▶南北アメリカ大陸に進出。インカ帝国，アステカ帝国をほろぼす。「太陽の沈まない国」。

世界中に植民地をもったため

◆**オランダ**▶スペイン国王の支配から独立し，アジアに進出。

■東インド会社をつくり，東アジアでの貿易の実権を握る。

インドネシアのジャワを根拠地とする

1492	コロンブスがアメリカに到達
1498	バスコ＝ダ＝ガマがインドに到達
1517	ルターが宗教改革
1519	マゼランが世界周航に出発
1543	鉄砲が伝来
1549	キリスト教が伝来

中南アメリカで栄えていた文明がスペインによってほろぼされたよ。

2 戦国の世に現れた南蛮人

教 p.104~105

●**鉄砲の伝来**▶ポルトガル人が種子島に（⑥　　　）を伝える 1543年。

鹿児島県の島

◆戦国大名に広まり，**堺**や**国友**などでつくられる。

◆合戦で足軽の鉄砲隊が活躍。　◆鉄砲を備えた城づくり。

●**キリスト教の伝来**▶鹿児島に来た（⑦　　　）がキリスト教を伝える 1549年。

イエスス会の宣教師

◆宣教師たちが，各地に学校や病院などを建て，西日本を中心に（⑧　　　）が増加。

◆戦国大名の中にも貿易の利益を期待して，信者になる**キリシタン大名**が現れる。

大村氏は長崎をイエスス会に寄進

■４人の少年使節である（⑨　　　）を，ローマ教皇のもとに送る 1582年。

大友・大村・有馬の３氏が送った

●**南蛮貿易**▶16世紀後半から，**南蛮人**（スペイン人，ポルトガル人）と（⑩　　　）を行う。

長崎や平戸

◆輸入品▶中国産の生糸，鉄砲，ガラス製品など

◆輸出品▶銀

↓フランシスコ＝ザビエル

↓日本に来航した南蛮人

まるごと暗記　イエズス会 カトリック系。海外布教を積極的に行った　キリシタン キリスト教を信仰する人のこと

教科書の資料　次の問いに答えよう。

(1) 地図中の①～③の航路を開いた人物を，［　］から選びなさい。

①（　　　　）
②（　　　　）
③（　　　　）

コロンブス　マゼラン　バスコ＝ダ＝ガマ

①
②
③
日本
アステカ帝国
X
A
B

(2) 地図中のA・Bを植民地(しょくみんち)としていた国を，それぞれ書きなさい。

A（　　　　）　B（　　　　）

(3) 地図中のXにあり，スペインにほろぼされた帝国を書きなさい。（　　　　）

チェック 教科書一問一答　次の問いに答えよう。

/10問中

★は教科書の太字の語句

1 太陽の沈まない国

①ヨーロッパの国々は，香辛料(こうしんりょう)をどこの商人から手に入れていましたか。　□①

②ヨーロッパがアジアの国を目ざしたのは，香辛料を手に入れるためと，何を布教するためですか。　□②

③バスコ＝ダ＝ガマが発見したのは，どこに着く航路ですか。　□③

④スペイン国王の支配から独立を果たし，東インド会社を設立して東アジアで貿易を行った国はどこですか。　□④

2 戦国の世に現れた南蛮人

⑤鉄砲を日本に伝えたのはどこの国の人ですか。　□⑤

⑥鉄砲が最初に伝わった島はどこですか。　□⑥

⑦キリスト教を伝えたフランシスコ＝ザビエルは，何という会に属する宣教師ですか。　□★⑦

⑧キリスト教の信者となった大名を何といいますか。　□⑧

⑨16世紀の後半，スペイン人やポルトガル人は日本で何とよばれていましたか。　□⑨

⑩南蛮貿易で日本が主に輸出したものは何ですか。　□⑩

大陸発見はだれでもできると言われたコロンブスは卵を立ててみせ，「簡単に見えることでも最初に行うのは難しい」と返しました。これをコロンブスの卵といいます。

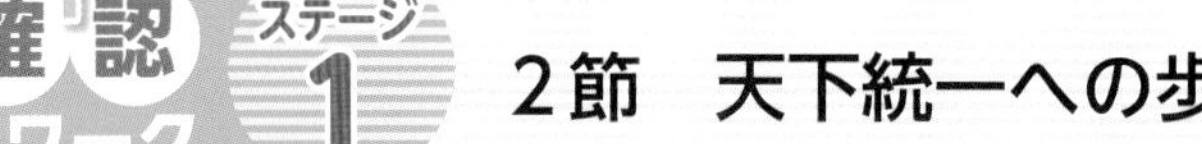

予習・復習 こつこつ 解答 p.12

確認のワーク ステージ1

2節 天下統一への歩み

教科書の要点 （　）にあてはまる語句を答えよう。

1 天下統一を目ざして

教 p.108~109

1560	桶狭間の戦い
1573	室町幕府滅亡
1575	長篠の戦い
1582	本能寺の変
	太閤検地が始まる
1588	刀狩が始まる
1590	秀吉が全国統一
1592	朝鮮侵略（文禄の役）
1597	朝鮮侵略（慶長の役）

● **信長の台頭と室町幕府の滅亡**

◆尾張の（① 　　　　）が力をのばす。

■ **桶狭間の戦い** ▶ **今川義元**を破る。（駿河の戦国大名）

■ **室町幕府**をほろぼす ▶ 足利義昭を京都から追放。

■ **長篠の戦い** ▶（② 　　　　）を使い武田氏を破る。

■ 仏教勢力をおさえる ▶（③ 　　　　）を焼き討ち。

● **信長の政治**

◆経済 ▶ **安土城**下に（④ 　　　　）。関所の廃止。（商工業の発展が目的）

◆家臣の**明智光秀**に攻められ，**本能寺**で自害。

● **秀吉の天下統一** ▶（⑤ 　　　　）が信長の後継者に。

◆大阪城　◆堺や博多などの都市，石見銀山などを支配。（莫大な利益を得た）

秀吉は関白になって，天下統一を実現させたんだね。

2 近世社会への幕開け

教 p.110~111

● **太閤検地と刀狩**

◆（⑥ 　　　　）▶ 田畑の面積や土地のよしあしを調査。（その土地の生産量を石高で表した）

◆**刀狩** ▶ 百姓から刀・やりなどの武器を取り上げる。（一揆を防ぐため）

→武士と百姓を区別する（⑦ 　　　　）が進む。

● **秀吉の外交と朝鮮侵略**

◆キリスト教の宣教師（バテレン）を国外追放。　◆南蛮貿易は歓迎。

◆**明**の征服を目的に，（⑧ 　　　　）を行う。

■ **文禄の役** ▶ 李舜臣（イスンシン）率いる水軍の反撃。　■ **慶長の役**

↓検地帳

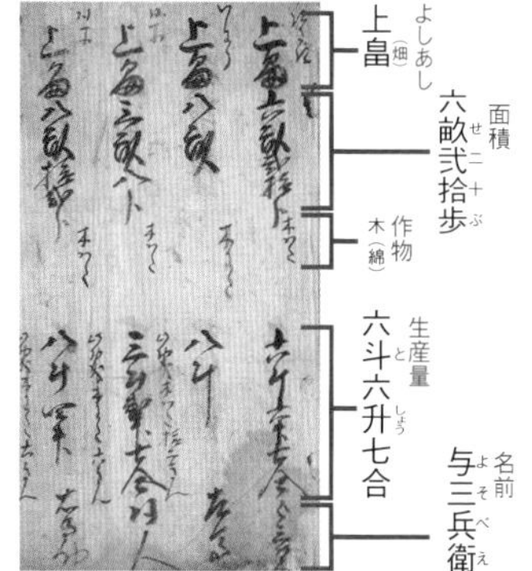

3 城と茶の湯

教 p.112~113

● **桃山文化** ▶ 戦国大名や豪商の，豪華で力強い気風を反映。

◆城 ▶ 雄壮な**天守閣**のそびえる**姫路城**など。（現在の兵庫県にある世界遺産）

◆屏風絵・ふすま絵 ▶ 狩野永徳ら。

◆茶の湯 ▶（⑨ 　　　　）が**侘び茶**を大成させる。

● **海外から流入する文化**

◆南蛮貿易により（⑩ 　　　　）が流入。（パンやカステラ，カルタなど）

◆朝鮮侵略 ▶ **有田焼**・薩摩焼・萩焼など。

◆中国の楽器が琉球で三線となり，日本で**三味線**となる。

● **民衆の文化**

◆**かぶき踊り** ▶ 出雲の**阿国**が始める→歌舞伎に成長。

◆浄瑠璃 ▶ 三味線に合わせて語られる→人形浄瑠璃に成長。

↓姫路城

まるごと暗記 楽市・楽座 座を廃止し税を免除した商工業の政策　兵農分離 武士と農民の身分の区別が明らかになったこと

教科書の資料　次の問いに答えよう。

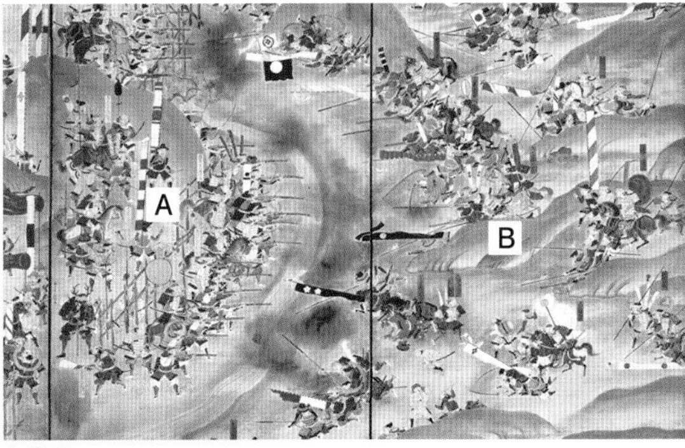

(1) 右の資料は，1575 年に起こった戦いの様子を描いたものです。この戦いを何といいますか。

(　　　　　　)

(2) 資料中の A・B はそれぞれ，織田・徳川連合軍と武田軍のどちらですか。

A (　　　　　　)

B (　　　　　　)

(3) 鉄砲が活用されたこの戦いは，鉄砲が種子島に伝来してから約何年後に起こりましたか。次から選びなさい。(　　　)

ア　約 10 年後　　イ　約 30 年後　　ウ　約 50 年後　　エ　約 100 年後

第4章

チェック 教科書一問一答　次の問いに答えよう。

/10問中

★は教科書の太字の語句

1 天下統一を目ざして

①織田信長が今川義元を破った戦いを何といいますか。 □①

②織田信長が焼き討ちにした，現在の滋賀県にある寺院を何といいますか。 □②

③織田信長が楽市・楽座の政策を出したとき，その拠点となった城を何といいますか。 □③

④織田信長を本能寺で自害に追い込んだ家臣はだれですか。 □④

⑤豊臣秀吉が直接支配した，島根県にある銀山を何といいますか。 □⑤

2 近世社会への幕開け

⑥豊臣秀吉が，一揆を防ぐために農民から武器をとりあげた政策を何といいますか。 □★⑥

⑦豊臣秀吉が，明を征服するために行った 1 度目の朝鮮侵略を何といいますか。 □⑦

3 城と茶の湯

⑧桃山文化を代表する，雄壮な天守閣をもち，世界遺産となっている城を何といいますか。 □⑧

⑨有田焼・薩摩焼・萩焼などは，どこから連れてこられた陶工によってつくられましたか。 □⑨

⑩かぶき踊りを始めた人物はだれですか。 □⑩

知識の泉

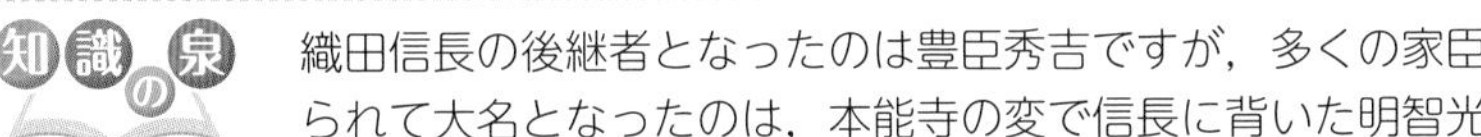

織田信長の後継者となったのは豊臣秀吉ですが，多くの家臣の中で，一番早く領地と城を与えられて大名となったのは，本能寺の変で信長に背いた明智光秀でした。

こつこつ テスト直前 解答 p.12

定着のワーク ステージ2 1節 結びつく世界との出会い 2節 天下統一への歩み

1 ルネサンス 次の文を読んで，あとの問いに答えなさい。

14世紀ごろ，（ A ）帝国（東ローマ帝国）や a イスラム世界との b 貿易で栄えた（ B ）の都市から，ルネサンスがおこった。ルネサンスは，古代の（ C ）やローマの文化を模範としていた。

(1) 文中のA～Cにあてはまる語句を書きなさい。

A（　　　　） B（　　　　） C（　　　　）

(2) 下線部aについて，次の文にあてはまる国を，□からそれぞれ選びなさい。

① 13世紀末にトルコの地域におこる。（　　　　）

② 16世紀初めに北インドにおこる。（　　　　）

ムガル帝国　インカ帝国　オスマン帝国　アステカ帝国

よく出る (3) 下線部bについて，15～16世紀にヨーロッパ人がアジアへの航路を開拓したのは，何を得るためですか。（　　　　）

ヒントの森
(2)①ビザンツ帝国をほろぼしました。
(3)イスラム商人を介して手に入れていたため，高価でした。

2 戦国の世に現れた南蛮人 右の地図を見て，次の問いに答えなさい。

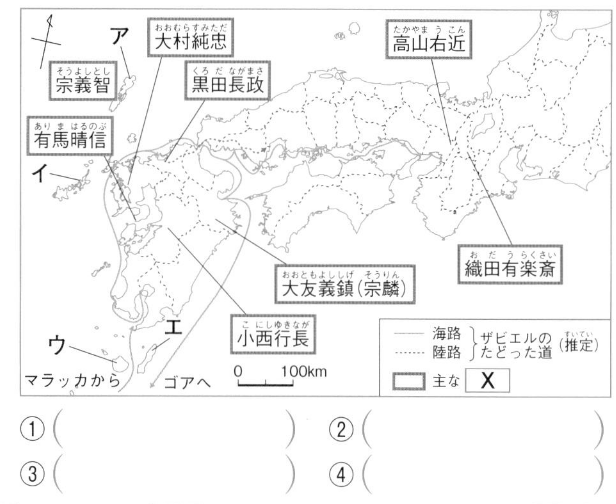

(1) 1543年に鉄砲が伝わった場所を，地図中のア～エから選びなさい。また，鉄砲を日本に伝えたのはどこの国の人ですか。

場所（　　　　）

国（　　　　）

よく出る (2) フランシスコ＝ザビエルが日本に来た理由について，次の文中の□にあてはまる語句を書きなさい。

①（　　　　） ②（　　　　）

③（　　　　） ④（　　　　）

16世紀の初めにルターが始めた ① によって，② とよばれる人々が台頭した。③ を首長とするカトリック教会は立て直しを行い，ザビエルが属する ④ は海外への布教活動を積極的に行った。

(3) 地図中のXにあてはまる，キリスト教の信者となった大名のことを何といいますか。（　　　　）

レベルUP (4) 宣教師たちが各地に建設したものとして，あてはまらないものを次から選びなさい。（　　　　）

ア 芝居小屋　　イ 教会　　ウ 学校　　エ 病院

ヒントの森
(2)①ルターは免罪符の販売に抗議しました。
(3)南蛮貿易の利益を目的にしていました。

3 天下統一を目ざして　右の年表を見て，次の問いに答えなさい。

(1)　年表中のA～Dにあてはまる人物を［　］からそれぞれ選びなさい。

A（　　　）
B（　　　）
C（　　　）
D（　　　）

足利義昭（あしかがよしあき）　今川義元（いまがわよしもと）
武田勝頼（たけだかつより）　明智光秀（あけちみつひで）

年	できごと	
1560	信長が桶狭間の戦いで（ A ）を破る	
1573	信長が（ B ）を京都から追放する	…a
1575	信長が長篠の戦いで（ C ）を破る	
1577	信長が楽市・楽座を行う	…b
1582	信長が（ D ）に攻められ自害する	…c
	秀吉が太閤検地を始める	…d
1588	秀吉が刀狩を始める	…e
1590	秀吉が全国を統一する	
1592・97	秀吉が朝鮮侵略を行う	…f

(2)　年表中のaによって滅（ほろ）びた幕府（ばくふ）を何といいますか。（　　　）

(3)　年表中のbについて，次の文中の［　］にあてはまる語句をそれぞれ書きなさい。

①（　　　）②（　　　）③（　　　）

楽市（らくいち）・楽座（らくざ）によって，それまで［①］がもっていた特権（とっけん）を取り上げ，市（いち）の［②］を免除（めんじょ）することで，自由な営業を認（みと）め，［③］を発展（はってん）させようとした。

(4)　年表中のcの事件が起こった寺を何といいますか。（　　　）

(5)　年表中のdについて，太閤検地（たいこうけんち）の内容にあてはまるものを，次から2つ選びなさい。

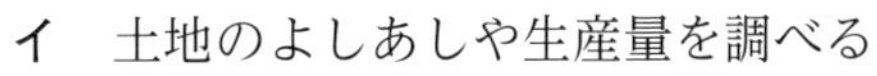

（　　）（　　）

ア　寺社や公家（くげ）の土地の権利（けんり）を認める。
イ　土地のよしあしや生産量を調べる。
ウ　土地を耕作しているものに年貢（ねんぐ）を課す。
エ　御恩（ごおん）として武士（ぶし）に土地を与（あた）える。

よく出る　(6)　年表中のdやeなどにより，武士と農民の身分の区別がついたことを何といいますか。（　　　）

(7)　右の**資料**は，年表中のd～fのどのときに使用されたものですか。（　　）

資料

ヒントの森

(2)足利尊氏が京都に開いた幕府です。
(7)米の量をはかるのに使われました。

4 城と茶の湯　右の資料を見て，次の問いに答えなさい。

(1)　右のA・Bは，それぞれ南蛮（なんばん）文化と桃山（ももやま）文化のどちらですか。A（　　　）
B（　　　）

(2)　Bの城（しろ）の名前を［　］から選びなさい。
（　　　）

大阪城（おおさかじょう）　安土城（あづちじょう）　姫路城（ひめじじょう）

(3)　桃山文化のころに侘（わ）び茶（ちゃ）を大成した人物はだれですか。（　　　）

(4)　出雲（いずも）の阿国（おくに）という人物が始めた芸能を何といいますか。
（　　　）

A

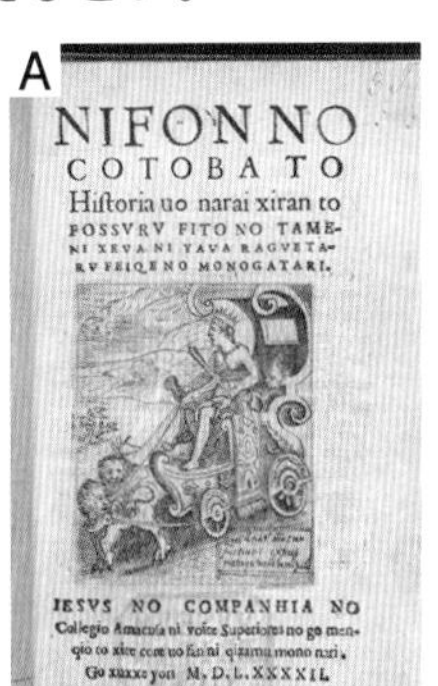

NIFON NO
COTOBA TO
Historia uo narai xiran to
FOSSVRV FITO NO TAME-
NI XEVA NI YAVA RAGVETA-
RV FEIQENO MONOGATARI.

IESVS NO COMPANHIA NO

B

ヒントの森

(1)スペイン人やポルトガル人を南蛮人とよびました。
(2)白鷺城ともいいます。
(3)秀吉に仕えました。

こつこつ　テスト直前　解答 p.13

実力判定テスト ステージ3　総合問題編

第4章　近世の日本と世界①

30分　/100

1 右の地図を見て，次の問いに答えなさい。　4点×5（20点）

(1)　地図中のXにあてはまる，コンスタンティノープルを首都とした帝国を何といいますか。

(2)　地図中のYの範囲に広まっていた，ローマ教皇を首長とするキリスト教の教会を何といいますか。

(3)　地図中のZにあてはまる，ローマ教皇が派遣した軍を何といいますか。

(4)　ユダヤ教・キリスト教・イスラム教の３つの宗教の聖地であるエルサレムの位置を，地図中のア～エから選びなさい。

記述 (5)　ローマ教皇が Z を派遣したのはなぜですか。宗教の名前を１つあげて，簡単に書きなさい。

(1)		(2)		(3)	
(4)		(5)			

2 右の資料を見て，次の問いに答えなさい。　5点×6（30点）

(1)　右は，南蛮船と南蛮人を描いた屏風の一部です。南蛮人とはどこの国の人のことですか。２つ書きなさい。

記述 (2)　南蛮人がもたらした鉄砲は，日本の合戦の様子をどのように変えましたか。「足軽」という語句を使って簡単に書きなさい。

(3)　資料の南蛮船との貿易で，①南蛮船がもたらしたもの，②日本から持ち帰ったものを，次から１つずつ選びなさい。

ア　銀　　イ　硫黄　　ウ　生糸　　エ　銅銭

記述 (4)　大名のなかに，キリスト教を信仰するようになった者がいたのはなぜですか。「南蛮」という語句を使って簡単に書きなさい。

(1)			(2)	
(3)	①	②	(4)	

目標
- □十字軍派遣の理由をおさえる
- □織田信長と豊臣秀吉の政策をおさえる
- □桃山文化の特色をおさえる

自分の得点まで色をぬろう!
がんばろう! | もう一歩 | 合格!
0 60 80 100点

3 右の地図を見て，次の問いに答えなさい。

4点×5（20点）

(1)　X・Yにあてはまる仏教勢力を，それぞれ書きなさい。

(2)　Zは自治都市でしたが，信長の要求を拒否したため，信長が直接支配するようになりました。この都市の名前を書きなさい。

(3)　織田信長が行った楽市・楽座によって特権を取り上げられた人々を，次から選びなさい。

ア　百姓　　イ　商工業者
ウ　武士　　エ　大名

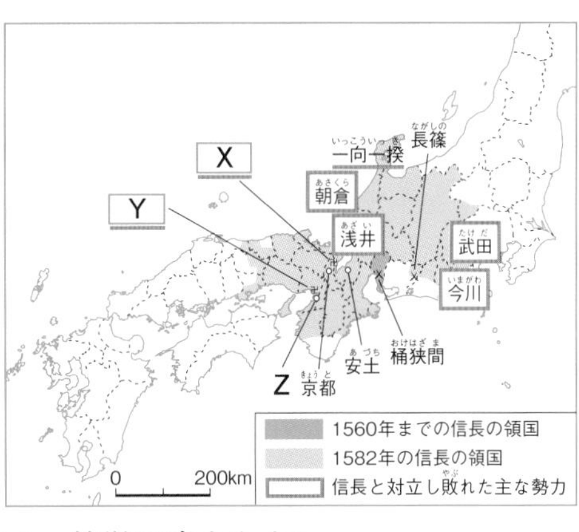

(4)　楽市・楽座によって公家の力がおとろえた理由を，簡単に書きなさい。

(1)	X	Y	(2)	
(3)		(4)		

4 右の資料を見て，次の問いに答えなさい。

5点×6（30点）

(1)　Aは大阪城です。この城を築いた人物はだれですか。

(2)　(1)の人物と関係の深い語句を，次から全て選びなさい。

ア　刀狩　　イ　征夷大将軍
ウ　石見銀山　　エ　弘安の役

(3)　Aの城に築かれた，城の中心となる高い建築物を何といいますか。

(4)　Bは『唐獅子図屏風』です。この絵を描いた人物はだれですか。

B

(5)　A・Bに代表される文化を何といいますか。また，このころの文化の特徴を次から選びなさい。

ア　公家と武家の文化が融合した文化
イ　日本の感情や風土に合わせて発達した文化
ウ　ヨーロッパの影響を受けた文化
エ　大名や豪商の力を反映した豪華で力強い文化

(1)		(2)		(3)	
(4)		(5)		特徴	

予習・復習　こつこつ　解答 p.13

3節　幕藩体制の確立と鎖国①

教科書の要点　(　　)にあてはまる語句を答えよう。

1 泰平の世の土台づくり　教 p.114~115

● **江戸幕府の成立** ▶ 約260年間を江戸時代という。

◆ 関ヶ原の戦いがおこる 1600年 → 徳川方が勝利。(豊臣方の大将は石田三成)

◆ (① 　　　　) が**征夷大将軍**になり江戸幕府を開く。(1615年に豊臣氏をほろぼす)

● **幕府の全国支配**

◆ **旗本**・御家人の領地を合わせ，全国の4分の1を支配。(将軍直属の家臣)

◆ 重要な都市や鉱山を支配，**五街道**を整備，関所を設ける。

◆ (② 　　　　) ▶ 幕府と，大名が支配する藩が全国を支配するしくみ。

■ **親藩** ▶ 徳川氏の一族。　■ **譜代大名** ▶ 古くからの家臣。

■ **外様大名** ▶ 関ヶ原の戦いのころから従った大名。

◆ 3代将軍 (③ 　　　　) のころ，しくみが整う。

● **大名や朝廷の統制**

◆ 大名を統制するために (④ 　　　　) を定める。(大名の築城や結婚を規制)

■ (⑤ 　　　　) の制度 ▶ 領地と江戸を往復させる。(妻子は江戸に住まわせた。)

◆ 天皇と公家に対しても法度を定めて統制する。

2 東南アジアに広がる日本町　教 p.118~119

● **朱印船貿易と日本町**

◆ **朱印船貿易** ▶ 徳川家康が日本の商船に (⑥ 　　　　) を与える → 東南アジアに (⑦ 　　　　) ができる。

◆ 平戸でオランダ・イギリスと貿易を始める。

● **禁教と貿易の制限/島原・天草一揆と鎖国**

◆ 幕府は初めはキリスト教を黙認 → 次第に弾圧。

■ ヨーロッパによる植民地化やキリシタンの抵抗を恐れた。(貿易の利益のため)

■ **禁教令** 1612年 ▶ 宣教師を国外に追放。

■ ヨーロッパ船の来航を長崎と平戸に制限 → スペイン船の来航を禁止 → 日本人が海外へ渡ることを禁止。

◆ (⑧ 　　　　) 1637年 ▶ キリシタンの多かった島原と天草で，**天草四郎**を大将にして起こった一揆。

→ 幕府はキリスト教禁止を徹底 ▶ **絵踏**・**宗門改め**。

◆ 貿易相手を中国とオランダに限る。

■ オランダ商館を (⑨ 　　　　) に移す 1641年。

■ 貿易を制限した状態を「(⑩ 　　　　)」とよぶ。

1600	関ヶ原の戦い
1603	江戸幕府を開く
1612	幕府領に禁教令を出す
1615	豊臣氏がほろびる 武家諸法度を制定する
1624	スペイン船の来航禁止
1635	日本人の海外渡航・帰国の禁止
1637	島原・天草一揆
1639	ポルトガル船来航禁止
1641	オランダ商館を出島に移す

↓江戸幕府のしくみ

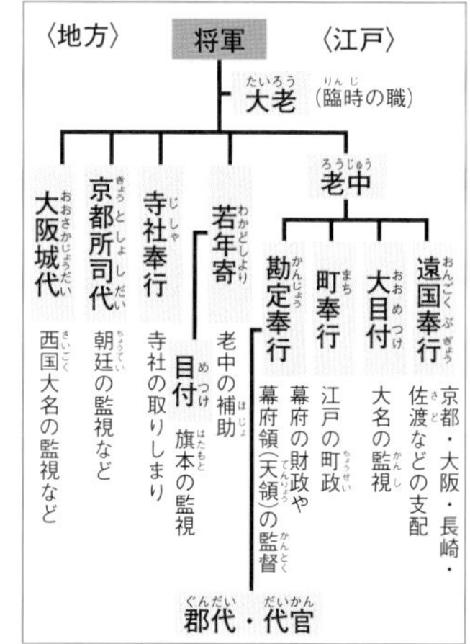

↓朱印船の航路と日本町

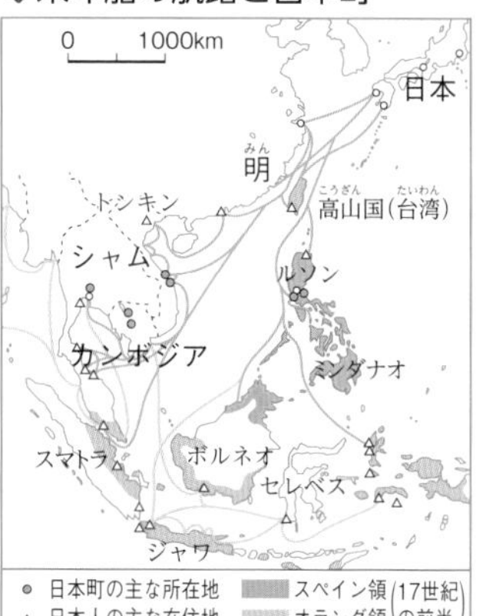

教科書の資料　次の問いに答えよう。

(1) 資料Ⅰは，資料Ⅱ中に示されているXです。これを何といいますか。
( )

(2) 資料Ⅱは何をしているところですか。
( )

資料Ⅰ

資料Ⅱ

(3) 資料Ⅱは，何を発見するために行われたことですか。( )

(4) 資料Ⅱにくわえて，幕府が寺院に人々が仏教徒（ぶっきょうと）であることを証明させたことを何といいますか。( )

第4章

チェック 教科書一問一答　次の問いに答えよう。

/10問中

★は教科書の太字の語句

1 泰平の世の土台づくり

①1603年に徳川家康が開いた幕府を何といいますか。　□①★

②大名が幕府から与えられた，領地とその支配の仕組みを何といいますか。　□②★

③江戸幕府が整備した東海道（とうかいどう）などの５つの道路を何といいますか。　□③

④徳川氏に古くから従っていた大名のことを何といいますか。　□④

⑤関ヶ原の戦いのころから，徳川氏に従った大名のことを何といいますか。　□⑤

⑥武家諸法度（ぶけしょはっと）は，どのような人々を統制するために出されましたか。　□⑥

2 東南アジアに広がる日本町

⑦徳川家康が朱印状（しゅいんじょう）を与えて，東南アジアと行った貿易を何といいますか。　□⑦★

⑧1612年に徳川家康が出した，キリスト教を禁止する法令を何といいますか。　□⑧

⑨島原・天草一揆で大将とされた少年はだれですか。　□⑨

⑩「鎖国（さこく）」の体制のもと，幕府が貿易を行ったヨーロッパの国はどこですか。　□⑩

知識の泉　関所では「入り鉄砲に出女」が警戒されました。江戸に持ち込まれる鉄砲と，江戸にいる大名の妻子が江戸から出ていくことで，ともに幕府への反抗の可能性があると考えられました。

予習・復習 こつこつ 解答 p.14

確認のワーク ステージ1

3節 幕藩体制の確立と鎖国②

教科書の要点 （　　）にあてはまる語句を答えよう。

1 開かれた窓口 教 p.120～121

● 「鎖国」のもとで開かれた窓口▶「長崎－オランダ・中国」「薩摩－琉球」「対馬－朝鮮」「松前－蝦夷地」の四つの窓口。

● 中国・オランダと長崎

◆（①　　　　）▶女真族が明をほろぼして建国。

■ 長崎に中国人が住むための**唐人屋敷**が設けられる。

◆オランダ▶キリスト教を布教しないため，貿易が認められる。

プロテスタントの国　門では身体検査が行われる

■ 長崎の**出島**のオランダ商館で貿易を行う。

◆幕府は中国に**唐船風説書**，オランダに（②　　　　）を提出させて，世界のできごとについての情報を独占。

● 朝鮮と対馬藩

◆対馬藩の（③　　　　）氏が朝鮮との国交を回復。

◆将軍の代替わりごとに（④　　　　）が派遣された。

秀吉の朝鮮侵略以来

↓長崎での貿易

	中国（清）	オランダ
場所	唐人屋敷	出島
面積	約29000㎡	約13000㎡
収容人数	約5000人	数十人
輸入品	生糸，絹織物，毛織物，砂糖，薬品，香木など	
輸出品	金，銀，銅，俵物（干しあわび，ふかのひれなどの海産物）	
年間来航数	最大192隻	最大10隻

2 琉球・蝦夷地を通じた国際関係 教 p.122～123

● 琉球王国と薩摩藩

◆薩摩藩の（⑤　　　　）氏が琉球王国を征服→将軍の代替わりに**慶賀使**，琉球国王の代替わりに**謝恩使**を送る。

◆琉球王国は独立した国として，中国にも朝貢。

● アイヌ民族と松前藩

◆（⑥　　　　）民族▶**蝦夷地**で暮らしていた民族。

■ **松前藩**と交易→アイヌからは鮭や昆布，ラッコの毛皮。

■ 不利な交易に不満をもち，（⑦　　　　）を中心に立ち上がるが，松前藩に敗れる→さらに厳しい支配。

↓長崎の出島

沖縄では独自の文化が発達したよ。

3 身分ごとに異なる暮らし 教 p.124～125

● 武士と百姓・町人/村・町に住む人々の暮らし

◆（⑧　　　　）▶名字を名のり，帯刀の権利。

「家」の制度が重んじられる

◆百姓▶人口の大部分を占める。

■ 土地をもつ**本百姓**ともたない（⑨　　　　）。

■ 有力な本百姓は，名主（庄屋）などの**村役人**となる。

■ 年貢納入などに連帯責任を負わせる（⑩　　　　）。

◆町人▶**城下町**に住む。町役人が町奉行のもとで町を運営。

● **身分による差別**▶えた・ひにんなどの身分とされた人々は，服装や職業，住む場所などで差別をされた。

↓身分別の人口の割合

公家，神官，僧など 約1.5%
町人 約6%
えた・ひにんの身分とされた人々 約1.5%
武士 約7%
総人口 約3200万人
百姓 約84%

まるごと暗記　通信使 将軍の代がわりごとに朝鮮から派遣　五人組 百姓の統制のための組織

教科書の資料　次の問いに答えよう。

(1)「鎖国」下で日本の窓口となったA～Cの藩を，[　　]からそれぞれ選びなさい。　A（　　　）

B（　　　）　C（　　　）

薩摩藩　　松前藩　　対馬藩

(2) 中国・オランダとの貿易を行っていた，Dにあてはまる地名を書きなさい。（　　　）

(3) Xに住んでいた民族を何といいますか。（　　　）

(4) 将軍の代替わりごとに，Yの行路をたどった使節を何といいますか。（　　　）

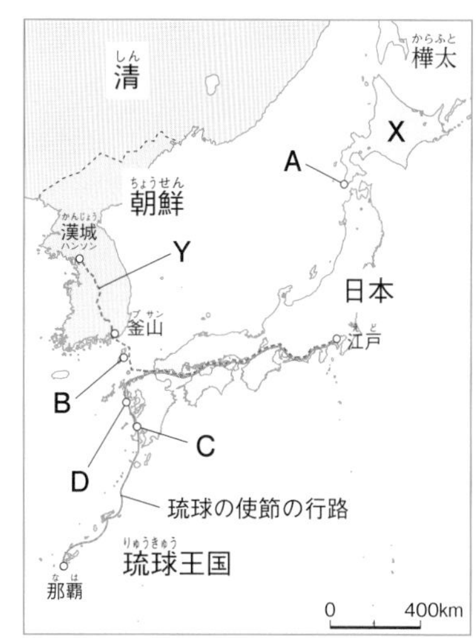

チェック 教科書一問一答　次の問いに答えよう。

/10問中

★は教科書の太字の語句

1 開かれた窓口

①中国との貿易のために長崎に建てられた，中国人の居留地を何といいますか。　□①

②オランダの商館が建てられていたのは長崎のどこですか。　□②

③幕府が中国から提出させた，海外の情報をまとめた報告書を何といいますか。　□③

④朝鮮と正式な国交を回復することに成功したのは，何藩ですか。　□④

2 琉球・蝦夷地を通じた国際関係

⑤琉球王国を征服したのは何藩ですか。　□⑤

⑥琉球から，将軍の代替わりごとに送られてきたお祝いのための使節を何といいますか。　□⑥

⑦アイヌが狩りや漁を行いながら暮らしてきた土地はどこですか。　□⑦

3 身分ごとに異なる暮らし

⑧百姓の中でも，土地をもつ百姓のことを何といいますか。　□⑧

⑨有力な百姓が任命された，名主（庄屋）や組頭，百姓代などを何といいますか。　□⑨

⑩町人がおもに住んでいた場所はどこですか。　□⑩

知識の泉　出島が扇形をしている理由には，「将軍家光が持っていた扇を見本にした」「もともと土砂が堆積してできた地形を利用した」「波をよけるためにカーブをかけた」の３つの説があります。

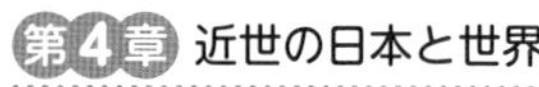

こつこつ テスト直前 解答 p.14

3節 幕藩体制の確立と鎖国

1 泰平の世の土台づくり 次の文を読んで，あとの問いに答えなさい。

a 1600年に豊臣方の石田三成を破った徳川家康は，1603年に江戸幕府を開いた。幕府は b 大名を，徳川氏の一族である（ A ），古くからの家臣の（ B ），新たに従った（ C ）に分けて配置した。c 江戸幕府のしくみは，d 3代将軍家光のころに整った。

(1) 文中のA～Cにあてはまる語句を書きなさい。

A（　　） B（　　） C（　　）

よく出る (2) 下線部aの戦いを何といいますか。（　　）

(3) 下線部bが治めた領地と支配のしくみを何といいますか。（　　）

(4) 下線部cについて，将軍を補佐するために常に置かれた役職を何といいますか。（　　）

(5) 下線部dについて，次は家光が武家諸法度に追加した法令の一部です。あ・いにあてはまる語句を書きなさい。

あ（　　） い（　　）

一．諸国の大名は，領地と（ あ ）に交替で住むこと。毎年4月中に（ あ ）へ（ い ）すること。

ヒントの森
(2)現在の岐阜県で戦いました。
(5)参勤交代の制度です。大名の妻子は人質とされました。

2 東南アジアに広がる日本町 右の年表を見て，次の問いに答えなさい。

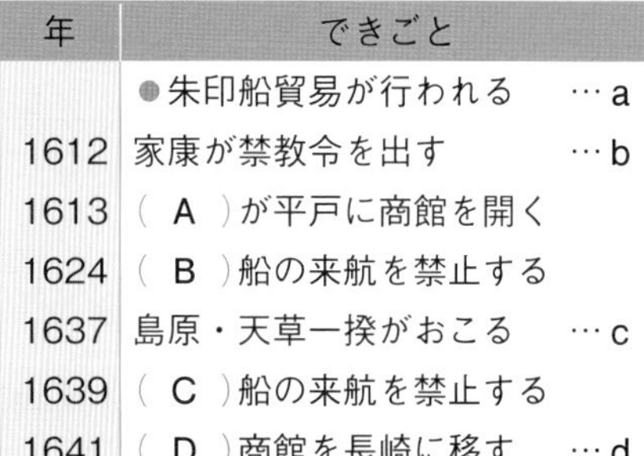

年	できごと	
	●朱印船貿易が行われる	…a
1612	家康が禁教令を出す	…b
1613	（ A ）が平戸に商館を開く	
1624	（ B ）船の来航を禁止する	
1637	島原・天草一揆がおこる	…c
1639	（ C ）船の来航を禁止する	
1641	（ D ）商館を長崎に移す	…d

(1) 年表中のA～Dにあてはまる国名をそれぞれ書きなさい。

A（　　） B（　　）
C（　　） D（　　）

(2) 年表中のaについて，朱印船貿易によって東南アジアに日本人が移住してできた町を何といいますか。（　　）

(3) 年表中のbについて，このとき禁止した宗教を何といいますか。（　　）

(4) 年表中のcについて，この一揆が起こった理由を述べた次の文中の□にあてはまる語句を書きなさい。

①（　　） ②（　　）

[①]の多かった島原と天草では，領民に重い[②]を課し，[①]を厳しく弾圧したから。

資料

よく出る (5) 年表中のdについて，資料は長崎につくられた人工島です。これを何といいますか。（　　）

(1)B C南蛮貿易を行っていた国です。
(3)(4)①同じ宗教です。

3 鎖国下の国際関係　次の文を読んで，あとの問いに答えなさい。

四つの国（地域）との貿易
- a 中国・b オランダ…長崎で貿易を行う。
- 朝鮮…（ A ）藩が行う。朝鮮からは c 将軍の代替わりごとに使節が派遣された。
- 琉球王国…（ B ）藩が行う。琉球王国は中国にも朝貢した。
- d 蝦夷地との交易…（ C ）藩が行う。

(1) 文中のA～Cにあてはまる藩を書きなさい。

A（　　　　）　B（　　　　）

C（　　　　）

(2) 下線部a・bについて，次の問いに答えなさい。

① 17世紀中ごろに中国に女真族が建てた国を何といいますか。（　　　　）

② Xは，長崎に置かれた中国人の住む屋敷です。これを何といいますか。（　　　　）

③ 幕府が中国とオランダに提出させた，世界のできごとについての報告書をそれぞれ何といいますか。

中国（　　　　）

オランダ（　　　　）

④ 中国やオランダからの輸入品としてあてはまるものを，次から選びなさい。（　　）

ア 金　イ 俵物　ウ 昆布　エ 生糸

(3) 下線部cについて，Yの使節を何といいますか。

（　　　　）

(4) 下線部dについて，蝦夷地で狩りや漁を行いながら暮らしていた民族を何といいますか。（　　　　）

ヒントの森
(2)①明のあとにつくられた国です。
(4)蝦夷地とは現在の北海道です。

4 身分ごとに異なる暮らし　右のグラフを見て，次の問いに答えなさい。

(1) グラフ中のXにあてはまる，民衆を支配するとされた身分を何といいますか。（　　　　）

(2) 下線部aについて，次の問いに答えなさい。

① 有力な本百姓が選ばれる村役人としてあてはまるものを，次から選びなさい。（　　）

ア 奉公　イ 徒弟　ウ 名主　エ 足軽

よく出る
② 年貢の未納や犯罪に対して連帯で責任を負わせるためにつくられた組織を何といいますか。（　　　　）

(3) 下線部bについて，町人が住んだのはどこですか。

（　　　　）

↓身分別の人口の割合

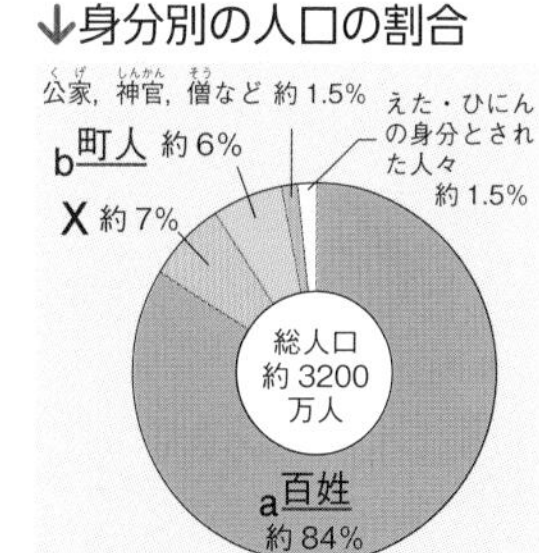

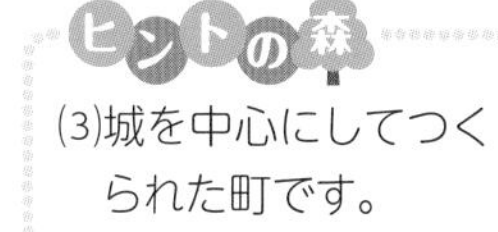

(3)城を中心にしてつくられた町です。

予習・復習 こつこつ 解答 p.15

確認のワーク ステージ1

4節 経済の成長と幕政の改革①

教科書の要点 （ ）にあてはまる語句を答えよう。

1 将軍のおひざもと，天下の台所 教 p.126〜127

●新田開発と農業
◆年貢を増やすため，（① ）が進む。
◆備中ぐわ（深く耕すことができる），千歯こき，唐箕などの新しい農具。

●産業と流通の発達
◆林業・水産業（九十九里浜のいわし，土佐のかつおなど）の発達。塩田による塩の生産。
◆鉱山の開発が進む→貨幣（寛永通宝など）がつくられ，全国に流通。
◆西まわり航路，東まわり航路などが開かれる。

●にぎわう都市▶江戸・大阪・京都を三都とよぶ。
◆江戸▶「将軍のおひざもと」
◆大阪▶「天下の台所」。諸藩の（② ）が並ぶ。（年貢や特産物を保管）
◆京都▶西陣織などの手工業が発達。
◆都市で（③ ）（同業者組織）が営業を独占。

↓江戸時代の農具の進歩

綿・菜種・藍などの栽培も広まったよ。

2 花開く町人文化 教 p.130〜131

●綱吉と白石の政治
◆５代将軍（④ ）▶儒学を重んじる。
■生類憐みの令を出し，貨幣の質を落とす（物価があがり，生活が苦しくなった）。
◆新井白石▶貨幣の質を戻す。長崎での貿易を制限（金銀の海外流出をおさえるため）。

●元禄文化▶上方（京都や大阪）を中心に発達した町人文化を元禄文化という。
◆（⑤ ）▶井原西鶴が町人の姿を小説に書く。
◆人形浄瑠璃▶（⑥ ）の脚本（「曽根崎心中」）。 ◆歌舞伎
◆俳諧▶（⑦ ）が『おくのほそ道』を書く。
◆装飾画▶俵屋宗達（「風神雷神図屏風」），尾形光琳 ◆浮世絵▶菱川師宣（「見返り美人図」）

●民衆の暮らし▶衣服に木綿が普及。１日３食に。

	●元禄文化が栄える
1680	徳川綱吉が将軍となる
	●生類憐みの令
1709	新井白石の改革
1716	享保の改革
1742	公事方御定書

3 連判状にまとまる人々 教 p.132〜133

●享保の改革▶８代将軍（⑧ ）が行う。
◆参勤交代をゆるめて大名に米を献上させる（上げ米の制）。
◆目安箱（庶民の意見を聞く）を設置。 ◆（⑨ ）を定める。

●貨幣経済の広まり▶（⑩ ）（綿，紅花，藍など）の栽培→現金収入。
◆問屋が道具を貸し，製品を買いとる問屋制家内工業が始まる。
◆土地を買い集めて（⑪ ）となる者が現れる。（土地を売ったものは小作人となった）

●百姓一揆と打ちこわし▶困窮した百姓や町人が団結。
◆農村▶百姓一揆（年貢の引き下げなどを求める） ◆都市▶（⑫ ）（米商人などを襲う）

↓傘連判状

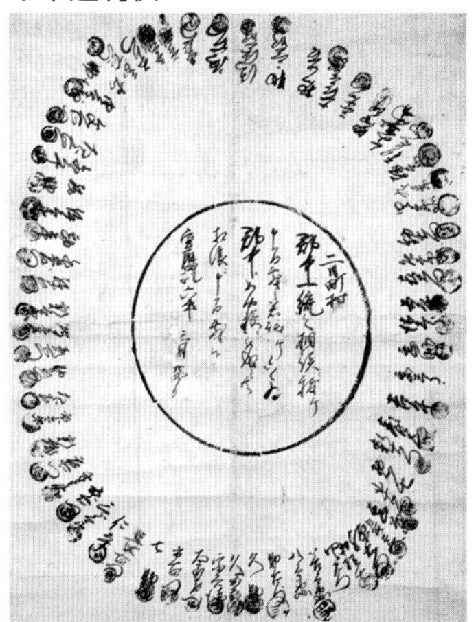

だれか首謀者かわからないようにしたよ。

まるごと暗記　元禄文化 17世紀末から上方で栄えた町人文化　享保の改革 徳川吉宗が行った財政改革

教科書の資料　次の問いに答えよう。

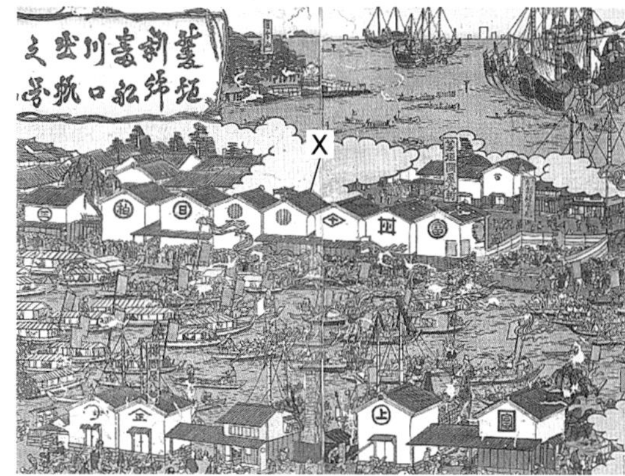

(1) 右の絵に描かれている都市を，次から選びなさい。（　　　　）

江戸　大阪　京都

(2) この都市は，商業の中心地であったことから何とよばれましたか。（　　　　）

(3) Xの建物を何といいますか。（　　　　）

(4) 日本海側を通ってこの都市に向かう水上の輸送路を何といいますか。（　　　　）

チェック 教科書一問一答　次の問いに答えよう。

/10問中

★は教科書の太字の語句

2 花開く町人文化

①徳川綱吉が出した動物愛護令を何といいますか。　□①

②江戸幕府の6代・7代将軍に仕え，長崎貿易で金銀の流出を防ぐなどの政治を行った人物はだれですか。　□★②

③元禄文化において，町人の姿を生き生きと浮世草子に描いた人物はだれですか。　□③

④近松門左衛門は何の脚本を書きましたか。　□④

⑤『風神雷神図屏風』などの装飾画を描いた人物はだれですか。　□⑤

⑥『見返り美人図』などの浮世絵を描いた人物はだれですか。　□⑥

3 連判状にまとまる人々

⑦徳川吉宗が行った政治改革を何といいますか。　□★⑦

⑧徳川吉宗が，大名に参勤交代をゆるめるかわりに米を献上させた政策を何といいますか。　□⑧

⑨問屋が農民に道具や原料などを貸し出し，製品を買い取るようになった工業の形態を何といいますか。　□⑨

⑩農村で，百姓が年貢の引き下げなどを求めて起こした運動を何といいますか。　□★⑩

知識の泉　水戸光圀は日本中に家臣を派遣して資料を集め，『大日本史』を編纂しました。この資料集めのための行動から「水戸黄門」さまの全国周遊で悪を懲らしめる物語ができました。

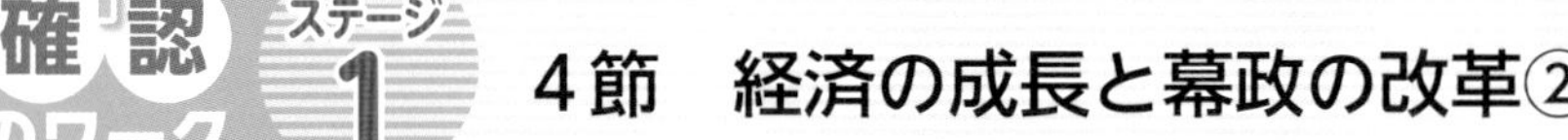
予習・復習 こつこつ 解答 p.15

確認のワーク ステージ1 4節 経済の成長と幕政の改革②

教科書の要点 （ ）にあてはまる語句を答えよう。

1772	田沼意次が老中になる
1782	天明の飢饉
1787	寛政の改革
1792	ラクスマンが来航
1808	間宮林蔵が樺太探検
1825	異国船打払令
1833	天保の飢饉
1837	大塩平八郎の乱
1839	蛮社の獄
1841	天保の改革

1 繰り返される政治改革 教 p.134〜135

- **田沼の政治**▶老中（①　　　）が政治を行う。
  - ◆**株仲間**を奨励して営業税をとる→わいろ政治の横行。
- **寛政の改革**▶老中（②　　　）が寛政の改革を行う。
  - ◆厳しい質素・倹約。 ◆凶作に備え米を蓄えさせる。
  - ◆朱子学を重んじる。（湯島の聖堂の学問所（のちの昌平坂学問所）をつくる） ◆札差からの借金を帳消しにする。
- **財政難と藩政改革**▶18世紀後半，諸藩でも財政難となる。
  - ◆藩政改革で財政の立て直しを図る。（質素・倹約，新田開発，専売制など）

2 内と外の危機 教 p.136〜137

- **外国船の接近**▶ロシアの**ラクスマン**が根室に来航。
  - ◆幕府が（③　　　）を出す 1825年。
  - →これを批判した**渡辺崋山**や**高野長英**ら（蘭学者）を処罰▶**蛮社の獄**。

- **変動する社会と民衆の闘い**
  - ◆働き手が分担して作業を行う（④　　　）。
  - ◆（⑤　　　）が大阪で挙兵 1837年。
  - ◆岡山藩でえたの身分の人々が渋染一揆を起こす。

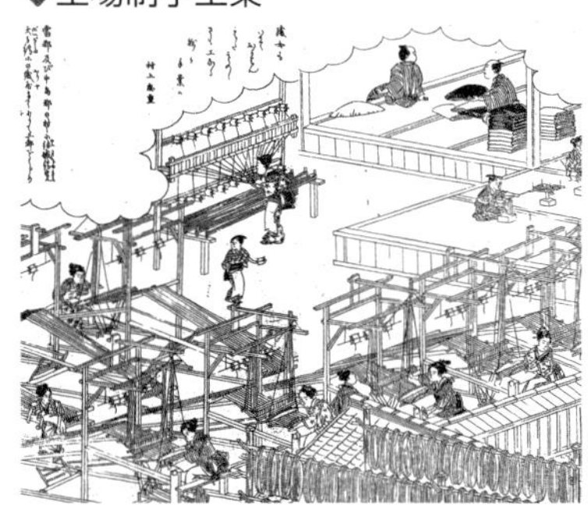
↓工場制手工業

- **天保の改革と藩政改革**
  - ◆老中（⑥　　　）が天保の改革を行う。
    - ■風紀や出版を統制し，ぜいたくを禁止。
    - ■株仲間の解散。 ■江戸の農民を農村に返す。
    - ■江戸・大阪周辺を直接の支配地にしようとし，失敗。
  - ◆長州藩・薩摩藩・肥前藩などで財政の立て直しと軍事化。（藩政改革に成功し，力をもつ）

3 「読み・書き・そろばん」の習い 教 p.138〜139

- **新しい学問と思想**
  - ◆国学▶（⑦　　　）が『**古事記伝**』を著す。
  - ◆蘭学▶（⑧　　　）らが『**解体新書**』を出版。
  - ◆**伊能忠敬**が正確な日本地図を作る。

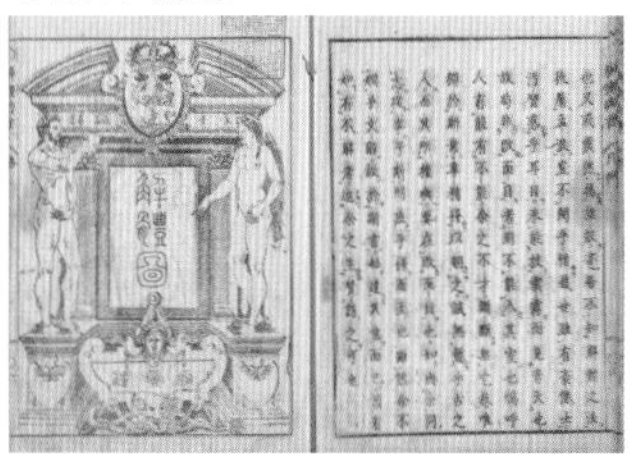
↓解体新書

- **化政文化**▶江戸で栄えた，こっけいを楽しむ町人文化。
  - ◆文学▶十返舎一九『**東海道中膝栗毛**』，曲亭（滝沢）馬琴『**南総里見八犬伝**』，（⑨　　　）や与謝蕪村の俳諧。
  - ◆浮世絵▶多色刷りの**錦絵**が人気を集める。
    - ■喜多川歌麿（美人画），東洲斎写楽（役者絵），葛飾北斎，歌川（安藤）広重（風景画）
- **地方の文化と教育**▶（⑩　　　）や**藩校**（武士の子弟）で学ぶ。

「読み・書き・そろばん」

まるごと暗記　寛政の改革 老中松平定信が行った政治改革。　天保の改革 老中水野忠邦が行った政治改革。

教科書の資料　次の問いに答えよう。

(1)　資料は，江戸時代の町や村の子どもたちが学んでいる様子を表しています。この場所を何といいますか。
（　　　　　　）

(2)　(1)ではどのようなことが学ばれていましたか。３つ書きなさい。
（　　　　　　）
（　　　　　　）
（　　　　　　）

(3)　同じように，各地の藩でも教育施設が設立されました。この施設を何といいますか。
（　　　　　　）

チェック 教科書一問一答　次の問いに答えよう。

/10問中

★は教科書の太字の語句

1 繰り返される政治改革

①老中田沼意次が営業税をとるために，結成を奨励した同業者組合を何といいますか。　□①

②老中松平定信（まつだいらさだのぶ）が行った政治改革を何といいますか。　□★②

③特産物を専売制（せんばいせい）にするなどの，米沢藩（よねざわ）や熊本藩（くまもと）などが藩の財政を立て直すために行った改革を何といいますか。　□③

2 内と外の危機

④1792年にロシアから根室に来航した人物はだれですか。　□④

⑤老中水野忠邦（みずのただくに）が行った政治改革を何といいますか。　□★⑤

3 「読み・書き・そろばん」の習い

⑥本居宣長（もとおりのりなが）が大成した，日本古来の精神を明らかにしようとする学問を何といいますか。　□★⑥

⑦西洋（せいよう）の学問をオランダ語で研究する学問を何といいますか。　□★⑦

⑧全国を測量して正確な日本地図を作成した人物はだれですか。　□★⑧

⑨19世紀初めに江戸の町人の好みを反映して生まれた文化を何といいますか。　□★⑨

⑩錦絵で優（すぐ）れた風景画を描（えが）いた人物は，歌川（安藤）広重ともう一人はだれですか。　□★⑩

知識の泉　19世紀後半にヨーロッパで見られた日本文化への趣味をジャポニスムといいます。印象派のゴッホや，フランスで流行したアールヌーボーなどにその影響がみられます。

こつこつ テスト直前 解答 p.16

定着のワーク ステージ2

4節 経済の成長と幕政の改革

1 新田開発と農業，貨幣経済の広まり 次の文を読んで，あとの問いに答えなさい。

幕府や藩が a 新田開発を進め，b 農具の進歩もあって農業生産が高まった。やがて c 商品作物の栽培が盛んになると農村にも（ A ）経済が広まり、問屋が道具や原料を農民に貸して布を織らせて製品を買いとる（ B ）が行われるようになった。19世紀には働き手を一つの仕事場に集めて作業を分担させる（ C ）が始まった。

(1) 文中のA～Cにあてはまる語句を書きなさい。
A（　　） B（　　）
C（　　）

(2) 下線部aについて，江戸幕府が新田開発を行ったのは，何を多くとるためですか。（　　）

よく出る (3) 下線部bについて，右のX・Yの農具の名前を書きなさい。
X（　　） Y（　　）

X
Y

(4) 下線部cについて，商品作物にあてはまらないものを，次から選びなさい。（　　）
ア 茶　イ 綿　ウ 藍　エ 麦

ヒントの森
(2)幕府の財政を豊かにするためです。

2 繰り返される政治改革 右の年表を見て，次の問いに答えなさい。

(1) 年表中のA～Cにあてはまる人物を，□からそれぞれ選びなさい。
A（　　）
B（　　）
C（　　）

田沼意次　新井白石　徳川綱吉

年	できごと
1680	（ A ）が5代将軍となる
	●生類憐みの令が出される
1709	（ B ）の政治改革
1716	徳川吉宗が X を行う
1772	（ C ）が老中となる
1787	松平定信が Y を行う

よく出る (2) Cの人物が奨励した商工業者の業者組合を何といいますか。
（　　）

(3) 年表中のX・Yについて，次の問いに答えなさい。
① X・Yにあてはまる改革の名前を，それぞれ書きなさい。
X（　　） Y（　　）
② X・Yの改革で行われたこととして正しいものを，次からそれぞれ選びなさい。
X（　　） Y（　　）
ア 銅などの輸出をうながし，長崎での貿易を活発にした。
イ 裁判の基準となる公事方御定書を定めた。
ウ 凶作に備え，各地の倉に米を蓄えさせた。
エ 長崎での貿易を制限して，金・銀の海外流出をおさえた。

ヒントの森
(3)②一つは新井白石が，一つは田沼意次が行ったことです。

3 内と外の危機　右の地図を見て，次の問いに答えなさい。

レベルUP

(1) 地図は，外国船の接近を示したものです。A～Cにあてはまる国名を書きなさい。
A（　　　　）
B（　　　　）
C（　　　　）

(2) ラクスマンが来航したXにあてはまる港を書きなさい。（　　　　）

(3) 外国船が多く日本近海に現れたことから，江戸幕府が1825年に出した法令を何といいますか。（　　　　）

(4) (3)を批判した蘭学者らが処罰されたできごとを何といいますか。
（　　　　）

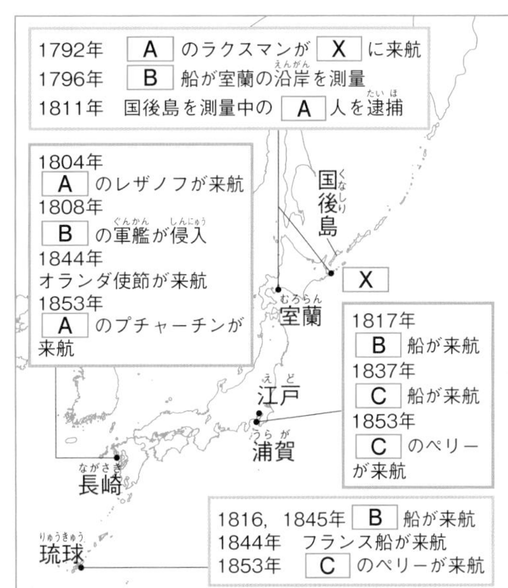

(5) 1830年代の国内の危機について，次の問いにこたえなさい。
① 天保の飢饉をきっかけに，民衆を救うために大阪で挙兵した陽明学者はだれですか。（　　　　）
② 1841年から天保の改革を始めた老中はだれですか。
（　　　　）

ヒントの森
(3)砲撃して打ち払えという方針を示しました。
(5)大阪町奉行所の①元役人でした。

4 花開く町人文化と化政文化　右の資料を見て，次の問いに答えなさい。

(1) Aの芸能を何といいますか。
（　　　　）

(2) Bを描いた人物はだれですか。
（　　　　）

(3) 『東海道中膝栗毛』などの小説を書いた人物を次から選びなさい。（　　）
ア 十返舎一九　　イ 松尾芭蕉
ウ 葛飾北斎　　エ 近松門左衛門

A

B
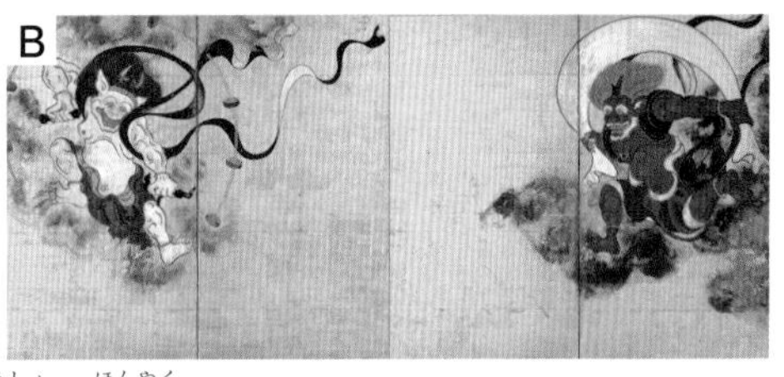

(4) 江戸時代の新しい学問について，次の問いに答えなさい。
① 『古事記伝』を著し，国学を大成した人物はだれですか。（　　　　）

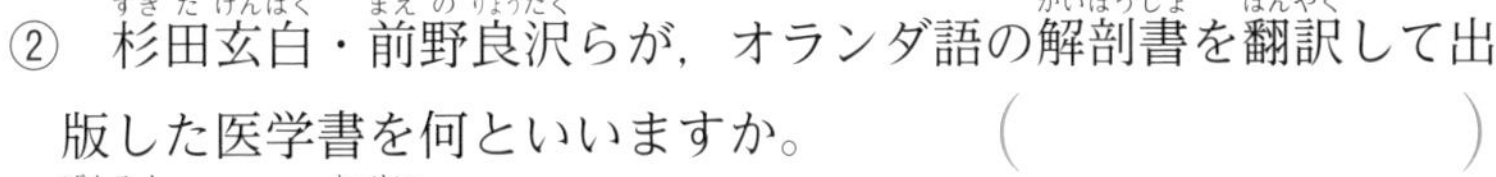

② 杉田玄白・前野良沢らが，オランダ語の解剖書を翻訳して出版した医学書を何といいますか。（　　　　）

(5) 元禄文化と化政文化が栄えた場所を，それぞれ選びなさい。
元禄文化（　　）　化政文化（　　）
ア 江戸　　イ 京都・大阪　　ウ 奈良　　エ 長崎

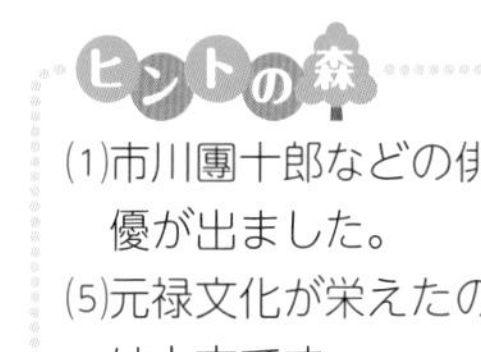

ヒントの森
(1)市川團十郎などの俳優が出ました。
(5)元禄文化が栄えたのは上方です。

第4章

こつこつ　テスト直前　解答 p.16

実力判定テスト ステージ3　総合問題編

第4章　近世の日本と世界②

30分　/100

1 右の資料を見て，次の問いに答えなさい。

4点×6（24点）

(1) 徳川家康が日本の商船に資料Ⅰを与えて行っていた貿易を何といいますか。

資料Ⅰ

自日本到安南国商船也
右
慶長拾壹年丙午八月六日

(2) 資料Ⅱは(1)の貿易の航路です。地図中のXにあてはまる語句を書きなさい。

資料Ⅱ

(3) この貿易で日本が輸出したものを，次から選びなさい。

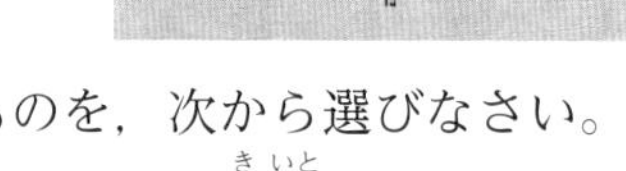

ア 金　イ 銀　ウ 銅銭　エ 生糸

記述 (4) この貿易が始められた当初，幕府がキリスト教を黙認していた理由を簡単に書きなさい。

(5) 1612年以降，キリスト教が禁止されていった理由について，次の文中の□にあてはまる言葉を書きなさい。

幕府が，ヨーロッパの①となることや，②が団結して幕府の支配に抵抗することをおそれたから。

(1)		(2)		(3)	
(4)		(5) ①		②	

2 右の資料を見て，次の問いに答えなさい。

3点×5（15点）

よく出る (1) A・Bの都市の名前を，次の文を参考にして書きなさい。

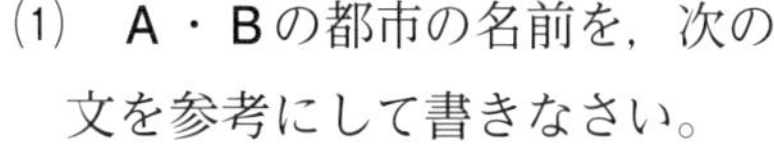

A 「天下の台所」とよばれていた。

B 「将軍のおひざもと」とよばれていた。

(2) Aについて，次の文中の□にあてはまる語句を書きなさい。

Aには，諸藩の①や特産物を保管する倉庫をかねた，②とよばれる邸宅がある。

(3) 江戸時代の産業や流通の発達としてあてはまらないものを，次から選びなさい。

ア 備中ぐわが使われるようになった。

イ 東まわり航路や西まわり航路が開かれた。

ウ 物資を運ぶ馬借や車借が活躍した。

エ 三都を中心に両替商が増えた。

(1) A		B		(2) ①		②		(3)	

目標
- □江戸時代の都市の発達をおさえる
- □元禄・化政文化の特徴をおさえる
- □江戸時代の政治改革をおさえる

自分の得点まで色をぬろう!
かんばろう! もう一歩 合格!
0 60 80 100点

3 右の資料を見て，次の問いに答えなさい。

(5)6点，他4点×5（26点）

A

B

(1) A・Bの浮世絵(うきよえ)を描(えが)いた人物を，次からそれぞれ選びなさい。

ア 雪舟(せっしゅう)　イ 狩野永徳(かのうえいとく)
ウ 菱川師宣(ひしかわもろのぶ)　エ 歌川広重(うたがわひろしげ)

(2) 浮世絵のなかでも，Aのような多色刷りの版画を何といいますか。

(3) Bと同じころの作家を，次から選びなさい。

ア 井原西鶴(いはらさいかく)　イ 曲亭馬琴(きょくていばきん)　ウ 与謝蕪村(よさぶそん)　エ 本居宣長(もとおりのりなが)

(4) Bのころの文化を何といいますか。

記述 (5) Aのころに蘭学(らんがく)が発達するきっかけとなったできごとを，「徳川吉宗(とくがわよしむね)」という語句を使って，簡単に書きなさい。

(1)	A	B	(2)		(3)	
(4)		(5)				

4 次の表を見て，あとの問いに答えなさい。

5点×7（35点）

江戸時代の政治改革

改革	享保(きょうほう)の改革	田沼意次(たぬまおきつぐ)の政治	寛政(かんせい)の改革	天保(てんぽう)の改革
人物	（ A ）	田沼意次	松平定信(まつだいらさだのぶ)	（ B ）
内容	●米を献上(けんじょう)させるかわりに参勤交代(さんきんこうたい)を軽減 ● あ を定める ● a 目安箱(めやすばこ)の設置	● い の奨励(しょうれい) ●印旛沼(いんばぬま)の干拓(かんたく) ●長崎(ながさき)貿易を振興(しんこう)	●都市に出かせぎにきていた農民を帰らせる ● b 倉に米を蓄(たくわ)えさせる ●朱子学(しゅしがく)を重んじる	●ぜいたくを禁じる ● い を解散させる ●都市に出て来ていた農民を帰らせる

よく出る (1) 表中のA・Bにあてはまる人物を，それぞれ書きなさい。

(2) 表中の□にあてはまる語句を書きなさい。

(3) 右は，ある時期の政治についてよんだ狂歌(きょうか)です。「白河(しらかわ)」が示している人物はだれですか。

> 白河の
> 清きに魚のすみかねて
> もとの濁(にご)りの田沼恋しき

記述 (4) 表中の下線部a・bの政策が行われた理由を，それぞれ簡単に書きなさい。

(1)	A	B	(2)	あ	い
(3)		(4)	a		
(4)	b				

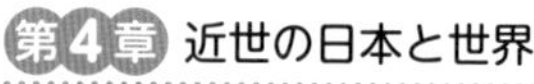

解答 p.17

/100

資料活用・思考力問題編

第4章　近世の日本と世界

1 右の地図を見て，次の問いに答えなさい。

5点×4（20点）

レベルUP

(1)　スペインが「太陽の沈(しず)まない国」とよばれた理由を，植民地(しょくみんち)という語句を使って，簡単に書きなさい。

(2)　次の問いに答えなさい。

①　ヨーロッパが直接アジアから手にいれようとしたものを何といいますか。

②　バスコ＝ダ＝ガマの航路を，地図中のア～ウから選びなさい。

③　バスコ＝ダ＝ガマらが①を直接手に入れようと海路でアジアに向かった理由を，アジアとヨーロッパまでの陸の道のりを考え，簡単に書きなさい。

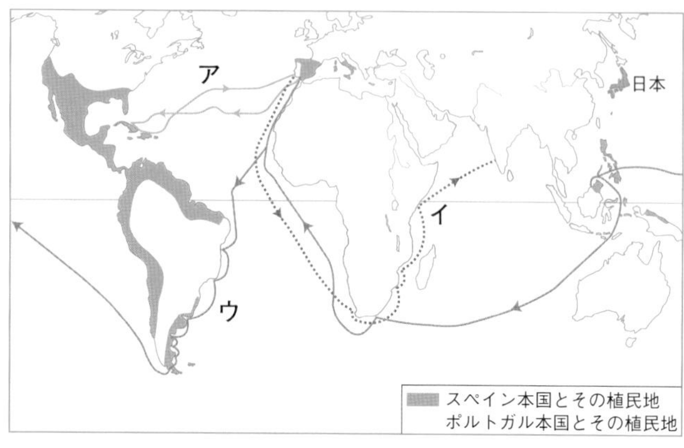

(1)		(2) ①	
(2) ②		③	

2 右の資料を見て，次の問いに答えなさい。

7点×5（35点）

(1)　資料Ⅰを見て，次の問いに答えなさい。

①　この絵は，何を調査している様子ですか。

②　この調査によって，百姓の立場はどのように変化しましたか。「権利(けんり)」「責任」という語句を使って，簡単に書きなさい。

(2)　資料Ⅱを読んで，次の問いに答えなさい。

①　□にあてはまる語句を書きなさい。

②　刀狩令(かたながりれい)が出された目的について，資料から読み取れることを，簡単に書きなさい。

(3)　資料Ⅰ・Ⅱの政策により，社会のしくみはどのように変化しましたか。身分を２つあげて，簡単に書きなさい。

資料Ⅰ

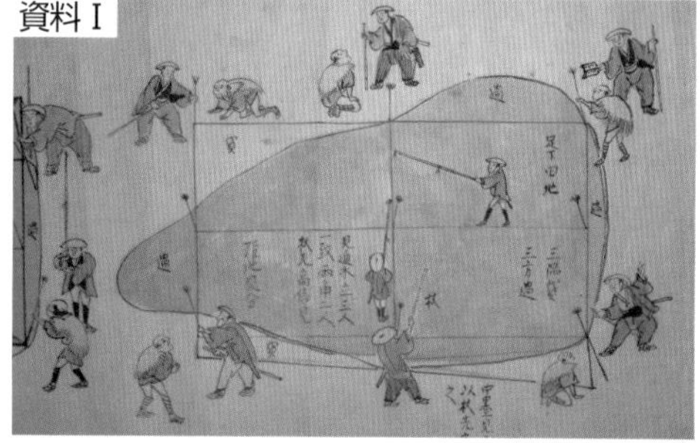

資料Ⅱ　刀狩令

一　諸国(しょこく)の百姓(ひゃくしょう)が，刀・わきざし・弓・やり・鉄砲(てっぽう)を持つことを固く禁止する。不要な武具を蓄(たくわ)え，□や雑税を納(おさ)めず，一揆(いっき)をくわだて，……者はもちろん罰(ばっ)する。

(1) ①	②
(2) ①	②
(3)	

命令やきまりは，だれが何のために定めたのか，背景に注目しよう。グラフを見るときは，変化が大きい年に注目しよう。

自分の得点まで色をぬろう!

がんばろう! もう一歩 合格!
0 60 80 100点

3 次の問いに答えなさい。

6点×4（24点）

(1) 右のグラフは，松江藩の1年間の支出を示しています。次の文を参考にして，松江藩の参勤交代にかかる費用は，藩の1年間の支出の何％にあたるかを書きなさい。

参勤交代の制度の下，大名は1年おきに大名行列を組んで江戸に向かい，江戸で生活した。

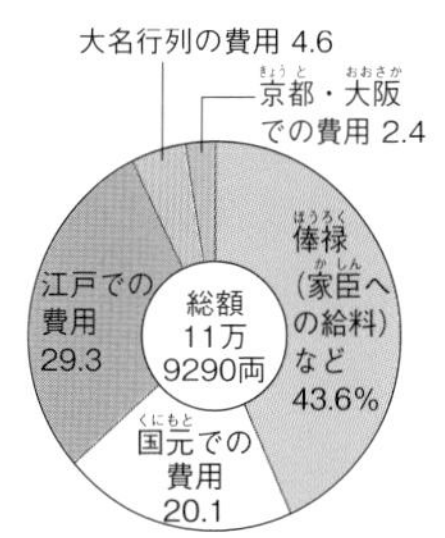

(2) 参勤交代にはどのような効果があったか，グラフを見て，簡単に書きなさい。

(3) 江戸幕府は大名をどのように配置しましたか。右の地図を参考に，大名の種類にふれながら簡単に書きなさい。

(4) 外様大名と譜代大名では，どちらのほうが参勤交代にかかる費用が大きかったと考えられますか。

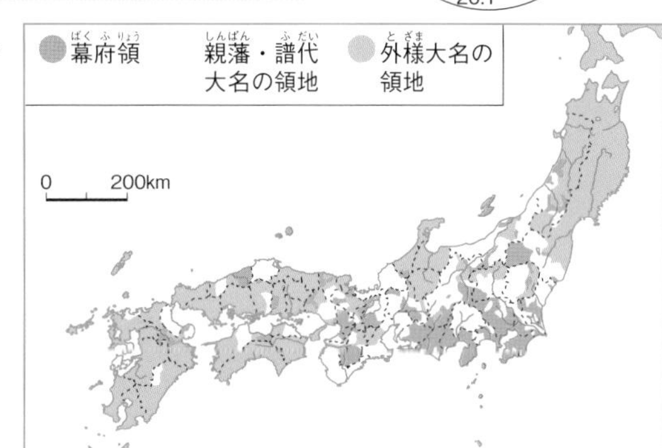

(1)	％	(2)	
(3)		(4)	

4 右の資料を見て，次の問いに答えなさい。

7点×3（21点）

(1) **資料Ⅰ**中の□にあてはまる，都市でのできごとを何といいますか。

(2) **資料Ⅰ**中の□の時期に(1)と百姓一揆がともに増加した理由を，簡単に書きなさい。

(3) **資料Ⅱ**は，ある一揆の参加者の署名です。署名がだ円形である理由を簡単に書きなさい。

資料Ⅰ　百姓一揆・□の発生件数

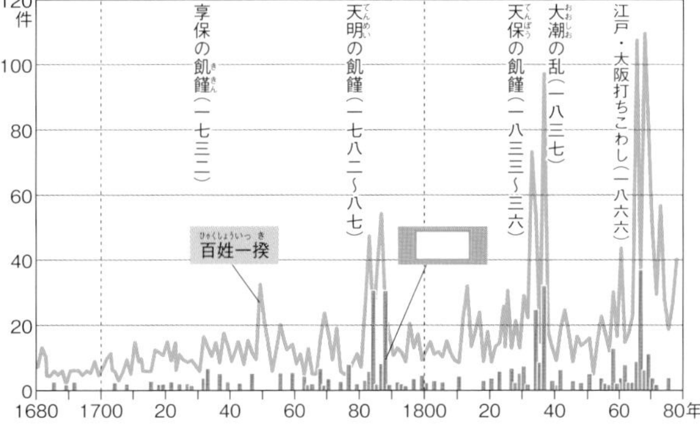

資料Ⅱ

(1)		(2)	
(3)			

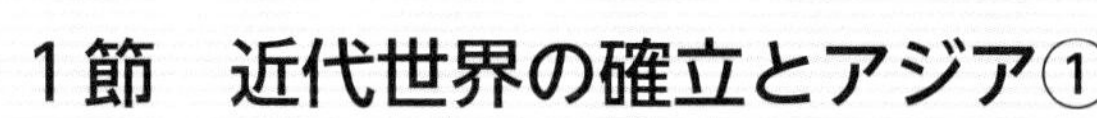

確認のワーク ステージ1 1節 近代世界の確立とアジア①

教科書の要点 （ ）にあてはまる語句を答えよう。

1 王は君臨すれども統治せず

教 p.148~149

イギリスの台頭と革命

◆16世紀のイギリス▶国王が主導し，プロテスタント系の（①　　）を立てる。（前半に宗教改革）

◆女王（②　　）▶海外発展の土台を築く。

■スペインの艦隊（かんたい）を破り，東インド会社を設立。（当時，無敵といわれた）

◆国王の（③　　）に議会が反対する。（専制政治を行った）

■（④　　）1642年▶議会はクロムウェルを指導者として国王を処刑（しょけい）し，共和政（きょうわせい）を樹立。（主権をもつ国民が行う政治）

■（⑤　　）1688年▶王政を復活させた国王を追放。権利の章典（しょうてん）により，立憲君主政（りっけんくんしゅせい）と議会政治の確立。（憲法により，君主が一定の制限を受けて行う政治）

フランスの絶対王政（ぜったいおうせい）と啓蒙（けいもう）思想

◆17世紀後半のフランス▶ルイ14世が絶対王政を行う。

◆18世紀の啓蒙思想▶アメリカの独立やフランス革命に影響（えいきょう）。（理性を重視し，非合理的な政治を批判）

■ロック（イギリス）▶社会契約説（けいやくせつ）と抵抗権（ていこうけん）を説く。

■（⑥　　）▶三権分立（さんけんぶんりつ）を主張。『法の精神』。

■（⑦　　）▶人民主権（じんみんしゅけん）を唱える。『社会契約論（けいやくろん）』。

1588	イギリスがスペインの無敵艦隊を破る
1642	ピューリタン革命
1661	ルイ 14 世の絶対王政
1688	名誉革命
1689	権利の章典の発布
1775	アメリカ独立戦争
1776	アメリカ独立宣言
1789	フランス革命 人権宣言
1804	ナポレオンが皇帝に

↓ベルサイユ宮殿

2 代表なくして課税なし

教 p.150~151

アメリカの植民地（しょくみんち）/アメリカ合衆国（がっしゅうこく）の成立

◆大航海時代以降のアメリカ大陸▶ヨーロッパから多く移住。

◆北アメリカ東部▶イギリスによって13の植民地ができる。

■本国（イギリスのこと）の議会に代表を送る権利がない。　■不当な課税。（同意なく一方的に行われた）

◆独立戦争 1775年▶13植民地が独立を求める。

■総司令官は（⑧　　）。（アメリカ合衆国の初代大統領）

■（⑨　　）を発表 1776年。

■イギリスに勝利し，アメリカ合衆国建国。

◆合衆国憲法（けんぽう）▶近代の民主的（みんしゅてき）憲法のモデル。

フランス革命（かくめい）

◆フランス▶国王と貴族中心の政治が続く。

◆聖職者（せいしょくしゃ）・貴族・平民（へいみん）からなる議会が開かれる。

→平民が国民議会をつくり，国王が武力でおさえようとする。（自分たちこそが国民の代表と主張）

→（⑩　　）が始まる 1789年。

◆（⑪　　）▶国民議会が発表。自由と平等を宣言。

↓独立当時のアメリカ合衆国

絶対王政 国王が強い権力を持って行う政治　人権宣言 フランス革命で出され，自由や平等の権利をうたった宣言

教科書の資料　次の問いに答えよう。

(1) □にあてはまる語句を，それぞれ書きなさい。
a（　　　）
b（　　　）
c（　　　）

(2) A～Cはそれぞれどの国で出されましたか。
A（　　　）
B（　　　）
C（　　　）

(3) Aによって確立された，君主の権力が法などによって制限を受ける政治体制を何といいますか。（　　　）

A　権利の章典
第１条　国王の権限によって，［a］の同意なく，法律を停止することは違法（いほう）である。

B　独立宣言
…すべての人は［b］につくられ，…その中には，生命，［c］および幸福の追求が含（ふく）まれる。

C　人権宣言
第１条　人は生まれながらにして，［c］で［b］な権利をもつ。
第３条　あらゆる主権の根源は，本来的に国民にある。

チェック 教科書一問一答　次の問いに答えよう。

/10問中

★は教科書の太字の語句

1 王は君臨すれども統治せず

①エリザベス１世（せい）の時代にイギリスが破った，当時無敵といわれていた艦隊はどこの国のものですか。　□①＿＿＿＿

②ピューリタン革命で，議会側の指導者となった人物はだれですか。　□②＿＿＿＿

③名誉革命ののちに発布（はっぷ）された，君主と議会の権限を確認（かくにん）した文書を何といいますか。　□③＿＿＿＿

④フランスで17世紀後半に絶対王政を行った王はだれですか。　□④＿＿＿＿

⑤イギリスの啓蒙思想家で，社会契約説と抵抗権を唱えた人物はだれですか。　□★⑤＿＿＿＿

⑥三権分立を唱えたモンテスキューの著書（ちょしょ）を何といいますか。　□⑥＿＿＿＿

⑦社会契約説と人民主権を唱えたルソーの著書を何といいますか。　□⑦＿＿＿＿

2 代表なくして課税なし

⑧18世紀の中ごろ，イギリスがアメリカ大陸につくった植民地はいくつですか。　□⑧＿＿＿＿

⑨1775年，アメリカの植民地がイギリスからの独立を求めて起こした戦争を何といいますか。　□⑨＿＿＿＿

⑩⑨の結果，建国された国を何といいますか。　□★⑩＿＿＿＿

イギリスがスペインの無敵艦隊に勝利できたのは，それまでのガレー船より船隊が細長く速度が出て，砲撃の装備を備えたガレオン船を主に使用したからだといわれています。

予習・復習　こつこつ　解答 p.18

1節　近代世界の確立とアジア②

教科書の要点　(　)にあてはまる語句を答えよう。

1 「世界の工場」の光とかげ　教 p.152~153

● イギリスの産業革命(さんぎょうかくめい)/産業革命の広がり

◆18世紀後半のイギリス▶蒸気機関の改良→工業生産力向上。
石炭を燃料とする　「世界の工場」に

◆工業化による社会の変化＝(①　　　　)

◆ヨーロッパ諸国・アメリカ合衆国(がっしゅうこく)・ロシア・日本が続く。

● 資本主義(しほんしゅぎ)と社会主義

◆(②　　　　)▶資本家が労働者をやとう。

■社会問題の発生→労働組合の結成につながる。

◆(③　　　　)▶生産手段を共有する。
マルクスが『資本論』を著す

● 参政権(さんせいけん)の拡大▶ヨーロッパ各地で国民が権利の拡大を求める。

2 強大な国家を目ざして　教 p.154~155

● アメリカ合衆国の発展

◆独立後のアメリカ▶西部を開拓(かいたく)し，領土を拡大。

◆奴隷(どれい)制度をめぐる南部と北部の対立→(④　　　　)
南部は奴隷による農業，北部は奴隷制反対

が起こる→(⑤　　　　)大統領(だいとうりょう)率いる北部が勝利。

● ロシア帝国(ていこく)の改革/イタリアとドイツの統一/近代化と列強(れっきょう)の成立

◆先進国を手本に，各国で(⑥　　　　)が進む。
改革を進め，統一国家に

◆ロシア▶皇帝(こうてい)の専制(せんせい)→クリミア戦争に敗戦。農奴(のうど)解放令。
ロシアの南下を警戒するイギリス・フランスと戦う

◆イタリアやドイツで，分立していた国々が統一される。

■イタリア▶サルデーニャ王国を中心に，イタリア王国統一。

■ドイツ▶プロイセン王国の(⑦　　　　)首相のもと，ドイツ帝国成立→富国強兵(ふこくきょうへい)を進め，工業が発展(はってん)。

◆(⑧　　　　)▶軍事力や経済力が高い国々。
イギリス・フランス・アメリカ・ドイツ・イタリアなど

3 国をゆるがす綿とアヘン　教 p.156~157

● インド大反乱

◆イギリスの安価な綿織物→インドの綿織物業に打撃(だげき)。

◆(⑨　　　　)の後，イギリスが植民地(しょくみんち)化。

● アヘン戦争/太平天国(たいへいてんごく)の運動/東南アジアの植民地化

◆中国(ちゅうごく)(清(しん))▶イギリスとインドと三角貿易。

■アヘンを取りしまる→(⑩　　　　)が起こる→清が敗れ，(⑪　　　　)を結ぶ。

◆戦争の負担→洪秀全(こうしゅうぜん/ホンシウチュワン)が(⑫　　　　)建国。
清が倒す

◆ヨーロッパ諸国による東南アジアの植民地化が進む。

1840	アヘン戦争
1842	南京条約
1851	太平天国の運動
1853	クリミア戦争
1857	インド大反乱
1861	南北戦争
1870	イタリアの統一
1871	ドイツの統一

↓アメリカ合衆国の領土拡大

↓イギリスとインドの綿織物の輸出額の移り変わり

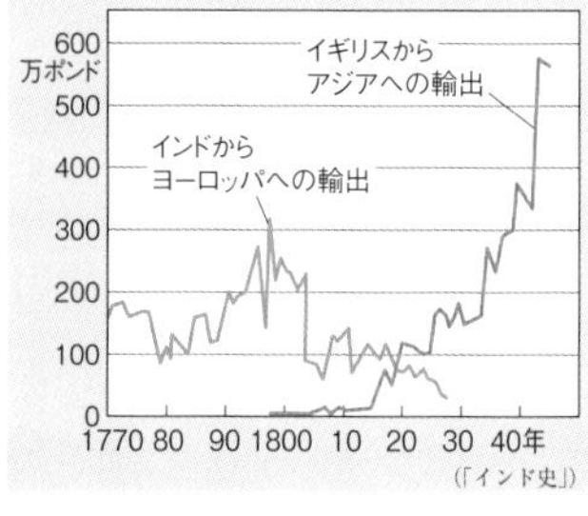

↓19世紀中ごろのアジア

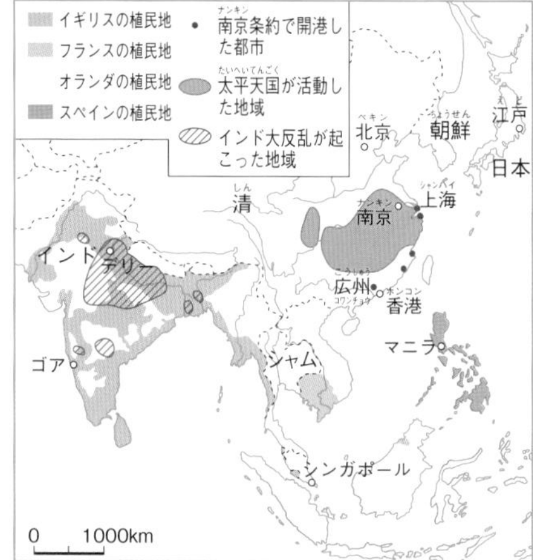

産業革命 工業化による社会の変革　南北戦争 奴隷制度をめぐって起こったアメリカの内戦

教科書の資料　次の問いに答えよう。

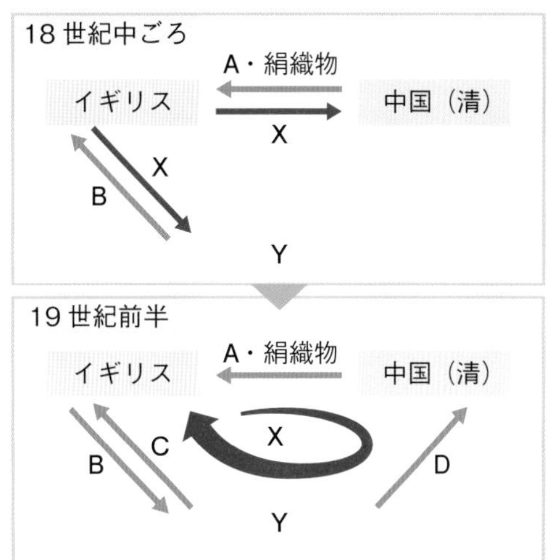

(1) A～Dにあてはまるものを，[　]からそれぞれ選びなさい。

A（　　　）
B（　　　）
C（　　　）
D（　　　）

綿花　アヘン　綿織物　茶

(2) Xにあてはまる品の代金として支払われたものを何といいますか。（　　　）

(3) Yにあてはまる国を何といいますか。（　　　）

チェック 教科書一問一答　次の問いに答えよう。

/10問中

★は教科書の太字の語句

1 「世界の工場」の光とかげ

①世界で最初に産業革命がおこり，「世界の工場」とよばれた国はどこですか。　①

②資本主義で，資金や機械などの生産手段をもつ，労働者をやとう人を何といいますか。　②

③『資本論』を著(あらわ)し，社会主義を理想の社会と唱えた人物はだれですか。　③

2 強大な国家を目ざして

④ロシアが地中海(ちちゅうかい)に出ようとして，イギリスやフランスと戦った戦争を何といいますか。　④

⑤サルデーニャ王国を中心に，1870年に統一されてできた国を何といいますか。　⑤

⑥プロイセン王国が，1871年にビスマルク首相を中心につくった帝国を何といいますか。　⑥

⑦ドイツのビスマルク首相が進めた，国を富ませて，兵を強くする政策を何といいますか。　⑦

3 国をゆるがす綿とアヘン

⑧インド大反乱は，どこの国に対する反乱ですか。　⑧

⑨インド大反乱が起こったのは，インドの伝統的な何の産業がおとろえたことが原因ですか。　⑨

⑩1851年に，清で太平天国の運動を行った指導者はだれですか。　⑩

ビスマルクは「ドイツの問題は鉄（兵器）と血（兵士）で解決される」と演説し，鉄血宰相とよばれました。卵が好きだったことから，目玉焼きをのせたピザをビスマルクといいます。

予習・復習 こつこつ 解答 p.18

2節 開国と幕府政治の終わり

教科書の要点 （ ）にあてはまる語句を答えよう。

1 たった四はいで夜も眠れず 教 p.160～161

● ペリーの来航/日本の開国

◆アヘン戦争（清がイギリスに敗北）▶江戸幕府は（①　　　）を改める。

◆浦賀に（②　　　）が来航し，開国を求める。

◆（③　　　）1854年▶下田と函館の開港。（中国との貿易船の寄港地として）

● 不平等な通商条約

◆大老井伊直弼が，ハリス（アメリカ総領事）と（④　　　）を結ぶ。

■ 5港（神奈川(横浜)，函館，長崎，新潟，兵庫(神戸)）を開き，自由な貿易を認める。

■（⑤　　　）を認め，関税自主権がない。（不平等条約）

2 新たな政権を目ざして 教 p.162～163

● 開港の影響▶主にイギリスを相手に貿易を行う。（アメリカは南北戦争の影響で少ない）

◆安価な綿織物・綿糸を輸入→国内生産地への打撃。

◆生糸を輸出→国内の品不足，生活用品の値上がり。

◆日本の金貨が海外に流出→物価が不安定になる。

● 安政の大獄▶井伊直弼が長州藩の吉田松陰ら攘夷論者を処刑。

→（⑥　　　）▶井伊直弼が暗殺される。

● 攘夷運動の高まり

◆（⑦　　　）▶朝廷を推し立てて欧米勢力を排斥しようとする運動。長州藩が中心。（公武合体策を支持する薩摩藩と対立）

● 倒幕への動き→外国の力を見て，攘夷の不可能を知る。

◆薩摩藩（西郷隆盛・大久保利通ら）←薩英戦争（生麦事件の報復）

◆長州藩（高杉晋作・木戸孝允ら）←四国連合艦隊の下関砲撃。

◆土佐藩坂本龍馬らの仲立ちで（⑧　　　）を結ぶ。

3 御政事売り切れ申し候 教 p.164～165

● 社会不安と世直しへの願い

◆開国と内戦の影響→社会不安が広がる。

■ 困窮からの救済を目ざす（⑨　　　）への願望。

■ 打ちこわしや「ええじゃないか」と踊る騒ぎが起こる。

● 幕府の滅亡と新政府の誕生

◆明治天皇が即位1867年→薩摩藩，長州藩が倒幕を目指す。

◆15代将軍徳川慶喜が（⑩　　　）を行う。

→（⑪　　　）が出され，新しい政府が成立。

◆戊辰戦争▶旧幕府軍が新政府と戦い，敗れる。（鳥羽・伏見の戦いで始まり，五稜郭の戦いで終わる）

年	できごと
1853	ペリーが浦賀に来航
1854	日米和親条約
1858	日米修好通商条約
1860	桜田門外の変
1863	薩英戦争
1864	四国連合艦隊が下関砲撃
1866	幕府が再び長州を攻める
1867	大政奉還 王政復古の大号令
1868	戊辰戦争

↓開国後の貿易品の割合（1865年）

輸出 1849万ドル	輸入 1514万ドル
その他 10.1	その他 7.1
茶 10.5	綿糸 5.8
生糸 79.4%	艦船 6.3
	武器など 7.0
	綿織物 33.5
	毛織物 40.3%

四国は，イギリス・フランス・アメリカ・オランダだよ。

↓ええじゃないか

まるごと暗記　領事裁判権　罪を犯した外国人を国内で裁く権利　尊王攘夷　天皇と朝廷を推し立てて，外国勢力の排除を目ざす

教科書の資料　次の問いに答えよう。

(1) 右の資料は，江戸幕府が政権を朝廷に返還したときのものです。このことを何といいますか。
（　　　　　　　　）

(2) 資料中のXの人物はだれですか。
（　　　　　　　　）

(3) (1)のできごとの後に出された，天皇中心の政治にもどすとした宣言を何といいますか。
（　　　　　　　　）

(4) このできごとが起こったときの天皇はだれですか。（　　　　　　　　）

チェック 教科書一問一答　次の問いに答えよう。

/10問中

★は教科書の太字の語句

第5章

1 たった四はいで夜も眠れず

①日米和親条約で開いた2港のうち，下田ともう1港はどこですか。　①＿＿＿＿

②日米修好通商条約を結んだ江戸幕府の大老はだれですか。　★②＿＿＿＿

③日米修好通商条約は，領事裁判権を認め，何の権利がない不平等条約でしたか。　★③＿＿＿＿

2 新たな政権を目ざして

④開国したのちに，尊王攘夷運動の中心となった藩はどこですか。　④＿＿＿＿

⑤安政の大獄で処刑された，長州藩で攘夷論を唱えた人物はだれですか。　⑤＿＿＿＿

⑥倒幕の中心となった薩摩藩の中心人物は西郷隆盛とだれですか。　★⑥＿＿＿＿

⑦薩摩藩が倒幕を目ざすきっかけとなった，イギリスに攻められたできごとを何といいますか。　⑦＿＿＿＿

⑧薩長同盟の仲立ちをした，土佐藩出身の人物はだれですか。　⑧＿＿＿＿

3 御政事売り切れ申し候

⑨新しい世の中への期待と不安を抱えた民衆は，何といいながら踊り騒ぎましたか。　⑨＿＿＿＿

⑩王政復古の大号令の後，旧幕府軍が新政府軍に対して起こした戦いを何といいますか。　★⑩＿＿＿＿

知識の泉　坂本龍馬は1865年に亀山社中とよばれる組織をつくり，政治的な活動や海運業，貿易などを行いました。日本でつくられた初めての商社とも言われています。

こつこつ　テスト直前　解答 p.19

定着のワーク ステージ2　1節 近代世界の確立とアジア　2節 開国と幕府政治の終わり

1 絶対王政と啓蒙思想　次の表を見て，あとの問いに答えなさい。

ロック（aイギリス）	モンテスキュー(フランス)	（ A ）(フランス)
人民との契約で国家が成り立つとする社会契約説を唱え，人民は圧政に対し（ B ）権をもつとした。	1つの機関に権力が集中するのを防ぐ，立法・行政・司法の（ C ）を唱えた。	社会契約説と人民主権を主張。bフランス革命に大きな影響を与えた。

(1) 表中のAにあてはまる人物名，B・Cにあてはまる語句を書きなさい。

A（　　　）　B（　　　）　C（　　　）

(2) 下線部aについて，次の問いに答えなさい。

Ⅰ

Ⅱ

① 16世紀のイギリスで海外発展の土台を築いたⅠの人物はだれですか。（　　　）

② ピューリタン革命で議会側の指導者となった，Ⅱの人物はだれですか。（　　　）

③ 1689年に権利の章典が発布された革命を何といいますか。（　　　）

④ イギリスの政治体制について，次の図中のX～Zにあてはまる語句を書きなさい。

X（　　　）
Y（　　　）
Z（　　　）

［X］…国王が絶対的な権力を持って政治を行う
↓
ピューリタン革命：主権をもつ国民が政治を行う［Y］を樹立
↓王政が復活
1688年，君主の権力が法などにより制限される［Z］がしかれる

ヒントの森
(3)③国王を追放してなされたので，無血革命ともいわれます。

よく出る (3) 下線部bについて，このときに国民議会が発表した宣言を何といいますか。（　　　）

2 アメリカ合衆国の発展　右の地図を見て，次の問いに答えなさい。

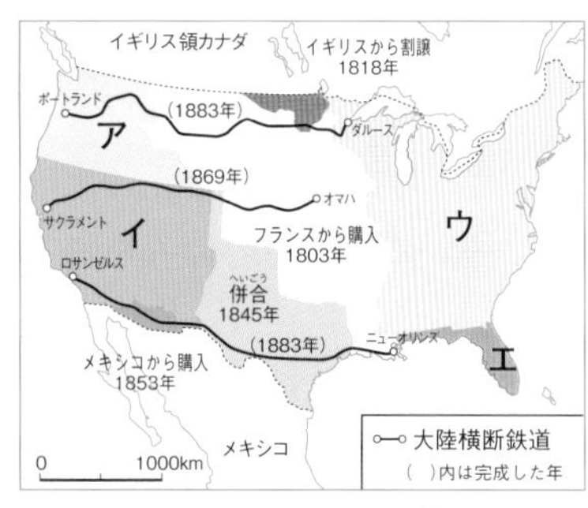

(1) 独立当時のアメリカ合衆国の領土を，地図中のア～エから選びなさい。（　　　）

(2) 次の文中の①・②について，正しい語句を選びなさい。また，X・Yにあてはまる語句を書きなさい。

①（　　　）　②（　　　）
X（　　　）　Y（　　　）

1861年，アメリカでは，綿花栽培など大農場での農業が発達し奴隷制度が必要な①｛南部　北部｝と，工業が発達し，奴隷制度に反対する②｛南部　北部｝との間で［X］が起こった。［Y］大統領は奴隷解放を宣言し，②が勝利した。

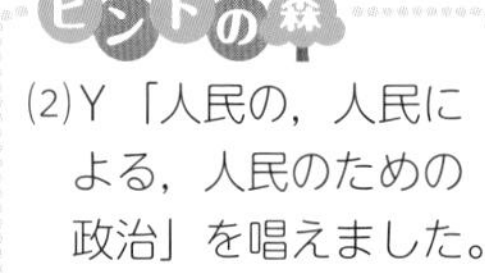
ヒントの森
(2)Y「人民の，人民による，人民のための政治」を唱えました。

3 アヘン戦争　次の資料を見て，あとの問いに答えなさい。

資料Ⅰ　19世紀中ごろのアジア

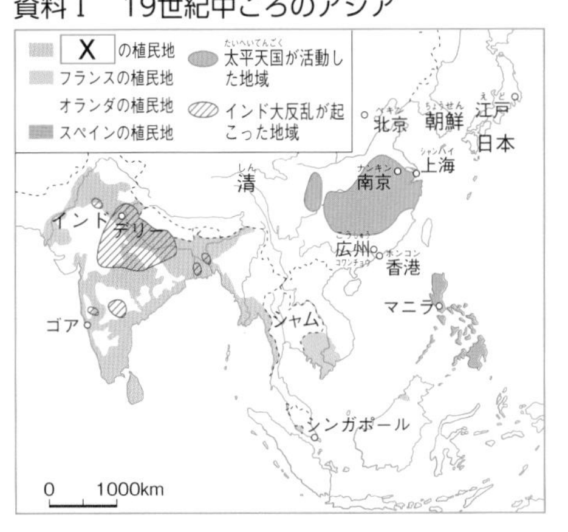

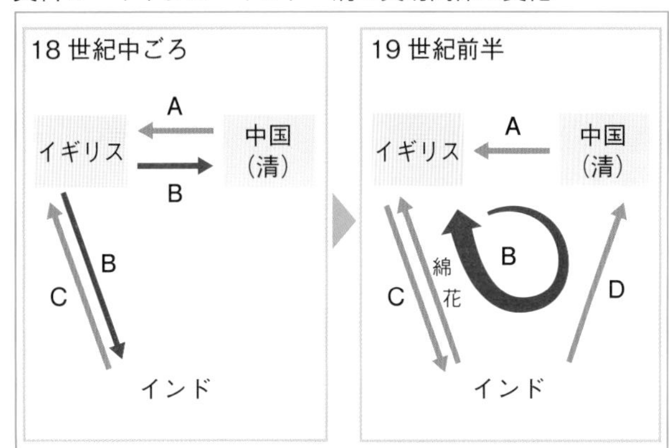

(1)　**資料Ⅰ**中の X にあてはまる国を書きなさい。（　　　　）

(2)　**資料Ⅱ**中のインド大反乱の影響でほろんだ，イスラム教の国を書きなさい。（　　　　）

よく出る (3)　**資料Ⅱ**のA～Dから，アヘンを示しているもの，銀を示しているものを，それぞれ選びなさい。　アヘン（　　）　銀（　　）

(4)　アヘン戦争の講和条約を書きなさい。（　　　　）

(5)　(4)によって中国からイギリスに譲渡された場所を，次から選びなさい。（　　）

ア　香港　　イ　北京　　ウ　南京　　エ　上海

(6)　洪秀全を指導者としてつくられた国を書きなさい。（　　　　）

(3)清はアヘンを取り締まりました。

4 江戸幕府の滅亡　右の年表を見て，次の問いに答えなさい。

年代	できごと	
1854	日米和親条約を結ぶ	…a
1858	（ A ）を結ぶ	
	安政の大獄が起こる	b
1860	桜田門外の変が起こる	
1866	薩長同盟が結ばれる	…c
1867	大政奉還	…d
	王政復古の大号令	
1868	（ B ）が起こる	

(1)　A・Bにあてはまる語句を書きなさい。

A（　　　　）　B（　　　　）

よく出る (2)　年表中のaについて，このとき開いた港を2つ書きなさい。（　　　　）（　　　　）

(3)　開国した後の日本の様子としてあてはまらないものを，次から選びなさい。（　　）

ア　各地で一揆や打ちこわしが起こった。

イ　輸入品により，国内の品不足が解消された。

ウ　困窮からの救済を目ざす世直しへの期待が高まった。

エ　民衆が「ええじゃないか」と踊りまわる騒ぎが起こった。

(4)　年表中のa～dに関係の深い人物を，［　］からそれぞれ選びなさい。

a（　　　　）　b（　　　　）

c（　　　　）　d（　　　　）

徳川慶喜　　井伊直弼　　坂本龍馬　　ペリー

ヒントの森

(1)B旧幕府軍が明治新政府軍に対して起こしました。

(4)b幕府が朝廷に無断で条約を結んだことを批判した吉田松陰らが処罰されました。

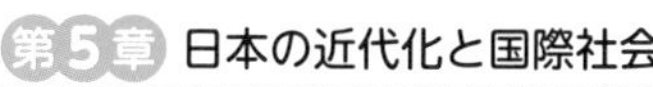

予習・復習 こつこつ 解答 p.19

確認のワーク ステージ1

3節 明治維新と立憲国家への歩み①

教科書の要点

（　）にあてはまる語句を答えよう。

1 万機公論に決すべし

教 p.168~169

● **新政府の出発** ▶ 一連の改革を（①　　　　　）という。

◆（②　　　　　）▶ 新政府の新しい政治の方針。

◆年号を明治，江戸を**東京**とし，**一世一元の制**を定める。
天皇ひとりにつき，元号は一つ

● **廃藩置県** ▶ 幕藩体制の解体と中央集権国家の形成。

◆太政官を設け，政治を運営。

■倒幕の中心となった藩が政治を行う**藩閥政治**。

◆**版籍奉還** ▶ 大名に版（領地）と籍（領民）を返上させる。

◆（③　　　　　）▶ すべての藩を廃止して県をおく。
各県に中央から県令を派遣
東京・大阪・京都には府知事

● **身分制の廃止と四民平等**

◆身分制度の改革 ▶「（④　　　　　）」の理念。

■皇族・公家を**華族**，武士を**士族**，百姓・町人を**平民**とする。

■えた・ひにんの身分を廃止する**解放令**を出す。

2 学問は身を立てるの財本

教 p.170~171

● **富国強兵** ▶ 西洋の列強に対抗できる国づくりのため。

◆学制・兵制・税制改革で「（⑤　　　　　）」を目ざす。

● **小学校の誕生**

◆学制 ▶ 6歳以上の男女を小学校に通わせる。
子どもは労働力であり，就学率は高くなかった

● **軍隊の組織**

◆（⑥　　　　　）▶ 満20歳以上の男子に兵役を課す。
士族・平民の区別なし

● **租税を金納に**

◆（⑦　　　　　）▶ 土地の値段（地価）を定め，地価の3％を地租として，現金で納めさせる→2.5％に引き下げる。
政府の収入が安定　負担が大きく，反対一揆が起きたため

3 ザン切り頭をたたいてみれば

教 p.172~173

● **殖産興業**

◆（⑧　　　　　）▶ 近代産業の育成。

■（⑨　　　　　）▶ **富岡製糸場**など。
群馬県。生糸を生産

■**鉄道**の開通，**郵便制度**，電信網の整備
新橋・横浜間で初　前島密が立案

● **文明開化** ▶ 西洋風の生活様式への変化を（⑩　　　　　）という。
『学問のすゝめ』を著す

◆（⑪　　　　　）や中江兆民が，人間の自由や権利を尊重する思想を紹介する。

◆洋装，町には**ガス灯**や馬車，**太陽暦**の採用。

1868	五箇条の御誓文
1869	版籍奉還
1871	廃藩置県 「解放令」
1872	学制の公布
1873	徴兵令 地租改正

↓五箇条の御誓文

一　広ク会議ヲ興シ万機公論ニ決スヘシ
一　上下心ヲ一ニシテ盛ニ経綸ヲ行フヘシ
一　官武一途庶民ニ至ル迄各其志ヲ遂ケ人心ヲシテ倦マサラシメン事ヲ要ス
一　旧来ノ陋習ヲ破リ天地ノ公道ニ基クヘシ
一　智識ヲ世界ニ求メ大ニ皇基ヲ振起スヘシ

↓人口の割合

華族・士族など 183.9万人（5.5％）
僧尼・旧神官 29.3万人（0.9％）
総人口 3313.2万人
平民 3100万人 93.6％

↓洋風化する町並み

まるごと暗記　富国強兵 国力の充実や近代化のための諸改革　殖産興業 西洋の知識や技術を取り入れ，近代産業を育成

教科書の資料　次の問いに答えよう。

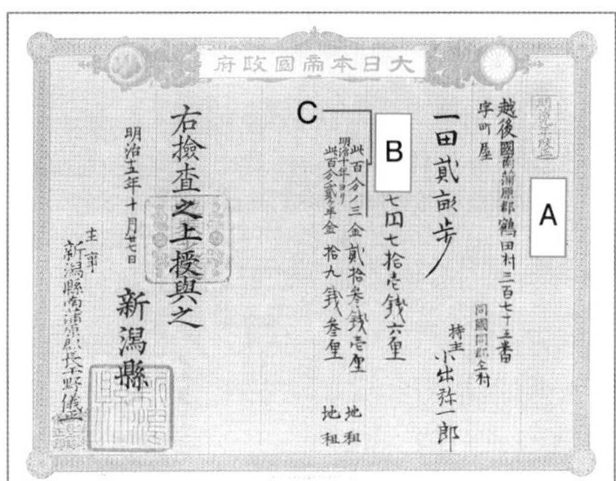

(1) 右の資料は，地租改正(かいせい)で土地の所有者に発行されたものです。 A にあてはまる語句を書きなさい。（　　　　　）

(2) B にあてはまる，土地の値段という意味の語句を書きなさい。（　　　　　）

(3) 傍線部Cは，何％のことを指していますか。（　　　　　％）

(4) 地租は年貢(ねんぐ)として納めていた米ではなく，何で納めさせましたか。（　　　　　）

(5) 地租改正反対一揆(いっき)が各地で起きると，政府は地租を何％に引き下げましたか。（　　　　　％）

チェック 教科書一問一答　次の問いに答えよう。

/10問中

★は教科書の太字の語句

1 万機公論に決すべし

①明治維新(めいじいしん)によって，江戸は何と改称(かいしょう)されましたか。　□① ＿＿＿＿

②倒幕の中心となった薩摩藩(さつま)や長州藩(ちょうしゅう)などの出身者たちによって行われる政治を何といいますか。　□②★ ＿＿＿＿

③1869年に，藩主(はんしゅ)であった大名に，領地と領民を朝廷(ちょうてい)に返上させたことを何といいますか。　□③★ ＿＿＿＿

④新たな身分制度では，公家と大名は何に分類されましたか。　□④ ＿＿＿＿

⑤えたやひにんの身分を廃止し，四民平等の理念によって平民とするとした法令を何といいますか。　□⑤★ ＿＿＿＿

2 学問は身を立てるの財本

⑥満６歳以上の男女すべてを小学校に通わせるとした制度を何といいますか。　□⑥★ ＿＿＿＿

⑦徴兵令(ちょうへいれい)では，満何歳以上の男子に兵役の義務が課されましたか。　□⑦ ＿＿＿＿

3 ザン切り頭をたたいてみれば

⑧群馬県(ぐんま)につくられた，生糸(きいと)を生産するための官営模範(かんえいもはん)工場を何といいますか。　□⑧ ＿＿＿＿

⑨前島密(まえじまひそか)が整備した，江戸時代の飛脚(ひきゃく)に代わる制度を何といいますか。　□⑨ ＿＿＿＿

⑩1873年から使われるようになった暦(こよみ)を何といいますか。　□⑩ ＿＿＿＿

知識の泉　ザン切り頭とは，以前のちょんまげを切った髪形のことです。文明開化の象徴として，「ザン切り頭をたたいてみれば文明開化の音がする」といわれました。

第5章

予習・復習　こつこつ　解答 p.20

3節　明治維新と立憲国家への歩み②

教科書の要点　（　）にあてはまる語句を答えよう。

1 智識を世界に求めて

教 p.174~175

国際関係の変化

◆アジア▶中国を中心として周辺諸国が朝貢を行う。

◆欧米▶国と国が条約を結び，近代的な関係を結ぶ。

→日本は欧米の近代的な関係を受け入れる。

岩倉使節団の派遣

◆岩倉具視を大使とする（①　　　）を欧米に派遣。大久保利通，木戸孝允，山口尚芳，伊藤博文らが同行

■不平等条約の改正を目的とするが失敗。近代的な制度や文化を学んで帰国

中国・朝鮮との外交

◆清▶対等な（②　　　）を結び，国交を開く。

◆朝鮮▶鎖国しており，国交を開かず。

武力で開国させようとする（③　　　）…西郷隆盛（薩摩藩）・板垖退助（土佐藩）ら
↓
敗れて政府を去る

対立

欧米視察から帰国した大久保利通（薩摩藩）・木戸孝允（長州藩）らが反対

■（④　　　）1875年▶日本が朝鮮を破る。

→朝鮮にとって不平等な（⑤　　　）を結ぶ。日本に治外法権を認める

1871	日清修好条規 岩倉使節団が出発
1872	琉球藩を置く
1875	樺太・千島交換条約 江華島事件
1876	日朝修好条規 小笠原諸島を領有
1879	琉球処分
1895	尖閣諸島の領有を宣言
1905	竹島の領有を宣言

↓女子留学生

2 形づくられる日本

教 p.176~177

国境・領土の画定

◆ロシアと（⑥　　　）を結ぶ1875年。

■樺太をロシア領，千島全島を日本領とする。

◆小笠原諸島，（⑦　　　）（沖縄県），竹島（島根県）を日本の領土と確認。

北海道の開拓とアイヌの人たち

◆蝦夷地を（⑧　　　）とし，開拓使設置。

■（⑨　　　）が中心となり開拓。職を失った士族

◆先住民族のアイヌの人たちに対する同化政策。

→北海道旧土人保護法1899年→差別は続く。アイヌ人たちの保護が目的

琉球処分と琉球の人たち

◆琉球王国の尚泰を藩王として琉球藩を設置1872年。

◆琉球の人が殺害された事件を理由に台湾に出兵。

→沖縄県を設置1879年▶（⑩　　　）。武力で首里城を占拠

↓日本の領土

教科書の資料　次の問いに答えよう。

(1) 右の写真は，1871 年に欧米に派遣された使節団です。この使節団を何といいますか。
（　　　　　）

(2) Aの大使，Bの長州藩出身の人物，Cの薩摩藩出身の人物名をそれぞれ書きなさい。

A（　　　　　）
B（　　　　　）
C（　　　　　）

(3) この使節が欧米に派遣された目的について，次の文中の□にあてはまる語句を書きなさい。（　　　　　）

幕末に結んだ□の改正を目的としたが，達成はできなかった。

チェック 教科書一問一答　次の問いに答えよう。

/10問中

★は教科書の太字の語句

1 智識を世界に求めて

①征韓論によって，日本が開国させようとした国はどこですか。 □①

②征韓論を唱えたのは，板垣退助とだれですか。 □②

③江華島事件は，どこの国から砲撃を受けて，日本がどこの国の砲台を占拠した事件ですか。 □③

④日朝修好条規は不平等条約でした。この条約で朝鮮が日本に認めていた権利を何といいますか。 □④

2 形づくられる日本

⑤樺太・千島交換条約でロシア領とされたのはどこですか。 □⑤

⑥1895年に島根県への編入が宣言された島を何といいますか。 □⑥

⑦北海道を開拓するために置かれた役所を何といいますか。 □⑦

⑧北海道の先住民族を何といいますか。 □⑧

⑨琉球王国の国王で，琉球藩の設置のときに藩王とされた人物はだれですか。 □⑨

⑩琉球処分によって，琉球に置かれた県を何といいますか。 □⑩

西郷隆盛らによって唱えられた征韓論は，特権をとりあげられた士族の不満をそらす意図もあったといわれています。

予習・復習　こつこつ　解答 p.20

3節　明治維新と立憲国家への歩み③

（　）にあてはまる語句を答えよう。

1 民撰議院を開設せよ　教 p.178～179

自由民権運動の始まり

◆（①　　　　）らが**民撰議院設立建白書**を政府に提出→**立憲政治**の実現を要求▶（②　　　　）運動。

士族の反乱▶特権をうばわれた士族らが全国で反乱をおこす。

◆鹿児島で**西郷隆盛**を中心に（③　　　　）が起こる。→徴兵制で集められた新しい軍隊がしずめる。（近代的な軍隊）

国会開設への動き

◆民権派が大阪で**国会期成同盟**を結成する。

◆国会開設をめぐり政府内で意見が分かれる→早期開設を唱えた（④　　　　）が政府を去る。（岩倉具視と対立）

■政府は，1890年に国会を開くことを約束。

政党の誕生

◆**板垣退助**が（⑤　　　　）をつくる。

◆**大隈重信**が（⑥　　　　）をつくる。

◆政府の取りしまりなどにより，民権派の勢力が弱まる。

■民権派による**激化事件**→自由民権運動は一時おとろえる。

2 憲法の条規により之を行う　教 p.180～181

内閣制度の確立/大日本帝国憲法の発布

◆（⑦　　　　）らがヨーロッパに派遣される。

▶君主権の強いドイツなどで立憲政治を研究。（ほかにオーストリアなど）

→近代的な（⑧　　　　）をつくる 1885年。

伊藤博文は，初代**内閣総理大臣**（**首相**）となる。

◆（⑨　　　　）発布 1889年▶天皇が国の元首，国民は法律の範囲内で権利をもつ。（憲法案は枢密院で審議された）

◆（⑩　　　　）▶**衆議院**と**貴族院**の二院制。（天皇が任命した議員など）

◆忠君愛国などを示した（⑪　　　　）が発布される。

民法と「家」の制度

◆**民法**，刑法の制定および地方自治のしくみが整備される。

■民法▶「家」を中心とする制度。家長の権限が強い。

帝国議会の開設▶1890年，第1回**帝国議会**が開かれる。

◆衆議院議員選挙の選挙権は，直接国税を15円以上納める満（⑫　　　　）歳以上の男子に限られた。（当時の国民の人口の約1.1％）

1874	民撰議院設立建白書
1877	西南戦争
1880	国会期成同盟
1881	国会を1890年に開くと政府が約束する 自由党が結成
1882	立憲改進党が結成
1885	内閣制度の創設
1889	大日本帝国憲法発布
1890	教育勅語が出される 第1回帝国議会

↓自由民権運動の演説会の様子

政府が言論や集会を取りしまったよ。

↓大日本帝国憲法

第1条　大日本帝国ハ万世一系ノ天皇之ヲ統治ス

第3条　天皇ハ神聖ニシテ侵スヘカラス

第4条　天皇ハ国ノ元首ニシテ統治権ヲ総攬シ此ノ憲法ノ条規ニ依リ之ヲ行フ

第11条　天皇ハ陸海軍ヲ統帥ス

第29条　日本臣民ハ法律ノ範囲内ニ於テ言論著作印行集会及結社ノ自由ヲ有ス

まるごと暗記　自由民権運動 国会を開設し，立憲政治を目ざす運動　大日本帝国憲法 天皇を元首とする日本で初めての憲法

教科書の資料　次の問いに答えよう。

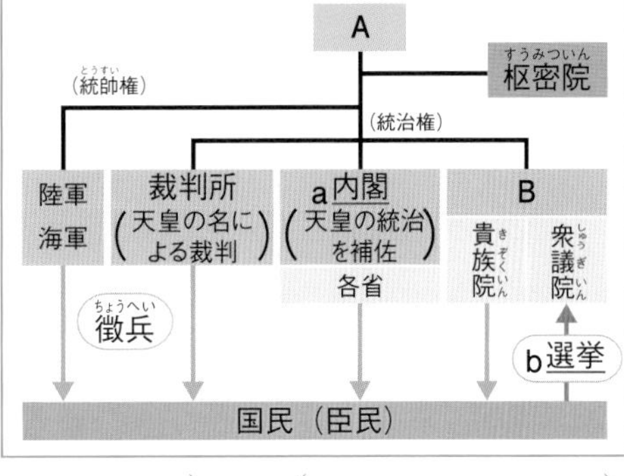

(1) 資料は，大日本帝国憲法下の国家のしくみを示したものです。A・Bにあてはまる語句を書きなさい。
A（　　　　）
B（　　　　）

(2) 下線部aについて，初代内閣総理大臣はだれですか。（　　　　）

(3) 下線部bについて，次の文中の□にあてはまる語句を，それぞれ書きなさい。
①（　　　　）　②（　　　　）　③（　　　　）

選挙権は，直接国税を［①］円以上納める満［②］歳以上の［③］に限られた。

チェック 教科書一問一答　次の問いに答えよう。

/10問中

★は教科書の太字の語句

1 民撰議院を開設せよ

①板垣退助らが，国会開設を求めて政府に提出したものを何といいますか。　□①

②西南戦争を起こした中心人物はだれですか。　□②

③民権派の代表者たちが，1880年に大阪でつくった組織を何といいますか。　□③

④自由党をつくった人物はだれですか。　□④★

⑤立憲改進党をつくった人物はだれですか。　□⑤

⑥民権派の一部の人たちが全国で起こした事件を何といいますか。　□⑥

2 憲法の条規により之を行う

⑦伊藤博文が憲法をつくるとき，主に参考にした君主の権限の強い国は，オーストリアやどこですか。　□⑦

⑧大日本帝国憲法では，国民の権利は何の範囲内で認められましたか。　□⑧

⑨帝国議会の二院のうち，天皇から任命された議員などで構成される議院を何といいますか。　□⑨

⑩「家」を中心とする制度を定めた法律を何といいますか。　□⑩

大日本帝国憲法の発布の日は，「紀元節」という祝日にあたる2月11日が選ばれました。この日は「初代天皇が即位した」とされた日で，戦後に建国記念の日と改められました。

こつこつ テスト直前 解答 p.20

定着のワーク ステージ2 第3節 明治維新と立憲国家への歩み

1 明治維新 次の文を読んで，あとの問いに答えなさい。

明治(めいじ)新政府は，1868年に a 新しい政治の方針を発表した。新政府では，b 江戸幕府の倒幕(とうばく)の中心となった藩(はん)の人々が重要な役職についた。1869年には c 版籍奉還(はんせきほうかん)を行い，さらに中央集権を徹底(てってい)させるため，1871年に（ A ）を行った。

また，政府は，西洋の列強(れっきょう)諸国に対抗(たいこう)できる国にするため，（ B ）をスローガンに掲(かか)げ，d 学制(がくせいこうふ)公布，e 地租改正(ちそかいせい)，f 徴兵令(ちょうへいれいはっぷ)発布などの改革を行った。

(1) 文中のA・Bにあてはまる語句を，それぞれ書きなさい。
A（　　　） B（　　　）

(2) 下線部aについて，右の資料を何といいますか。（　　　）

> 一．広ク会議ヲ興(おこ)シ万機(ばんき)公論(こうろん)ニ決スヘシ
> 一．上下(しょうか)心ヲ一(いつ)ニシテ盛(さかん)ニ経綸(けいりん)ヲ行フヘシ

(3) 下線部bのように行われる政治を何といいますか。（　　　）

(4) 下線部bの藩にあてはまらないものを，次から選びなさい。（　　　）
ア 水戸(みと)藩　イ 長州(ちょうしゅう)藩　ウ 土佐(とさ)藩　エ 薩摩(さつま)藩

(5) 下線部cの「版」と「籍」はそれぞれ何を表していますか。
版（　　　） 籍（　　　）

(6) 下線部d～fについて，文中のX～Zにあてはまる数字を書きなさい。また，①・②にあてはまる語句を選びなさい。 X（　　　） Y（　　　） Z（　　　）
①（　　　） ②（　　　）

- 学制… X 歳(さい)以上の① { 男子　女子　男女 } すべてに小学校に通うように定めた。
- 地租改正…地価(ちか)の Y %を地租として現金で納めさせた。
- 徴兵令…満 Z 歳以上の② { 男子　女子　男女 } に兵役(へいえき)を義務づけた。

ヒントの森
(1)A 中央から県令を派遣しました。
(6) Y のちに2.5%になりました。

2 殖産興業 右の資料を見て，次の問いに答えなさい。

(1) 右の資料のような，政府がつくった工場を何といいますか。（　　　）

(2) この工場で生産されているものを何といいますか。（　　　）

(3) この工場をつくったこと以外で，殖産興業(しょくさんこうぎょう)の政策としてあてはまるものを，次から選びなさい。（　　　）

ア 太陽暦(たいようれき)の採用　イ 鉄道の開通
ウ 1週間7曜制　エ 解放令(かいほうれい)による四民平等(しみんびょうどう)

ヒントの森
(3)近代産業の育成を目指す政策です。

3 国境・領土の画定　右の地図を見て，次の問いに答えなさい。

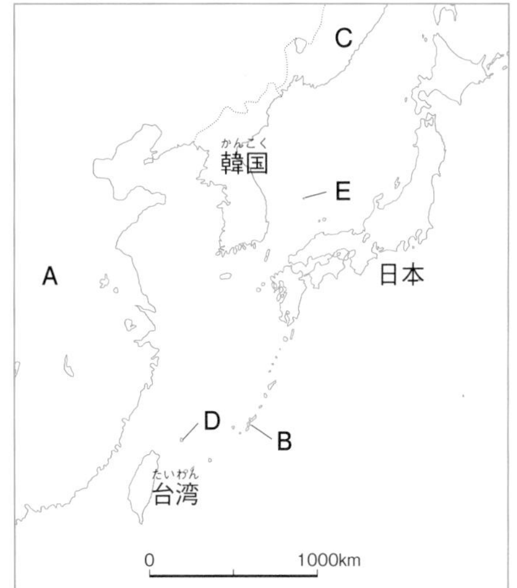

(1)　1871年に，地図中のA国と対等な立場で結んだ条約を何といいますか。（　　　　　　　　）

(2)　この時期の朝鮮との関係について，次の文中の□にあてはまる語句をそれぞれ書きなさい。

①（　　　　　　）　②（　　　　　　）

③（　　　　　　）

鎖国を続けていた朝鮮を武力で開国させようとする［①］が国内で起こったが，大久保利通らが反対した。しかし，1875年に［②］事件を理由に朝鮮を開国させ，不平等な［③］を結んだ。

(3)　地図中のBに沖縄県を設置したことを何といいますか。（　　　　　　　　）

(4)　地図中のCの国と1875年に結んだ条約によって日本領となった地域はどこですか。（　　　　　　　　）

(5)　沖縄県に編入されたDと，島根県に編入されたEの領土をそれぞれ何といいますか。

D（　　　　　　　　）　E（　　　　　　　　）

(2)①西郷隆盛らが唱えました。
(3)Bには琉球王国がありました。

4 大日本帝国憲法　右の年表を見て，次の問いに答えなさい。

年代	できごと
1874	（ A ）らが民撰議院設立建白書を提出…a
1881	（ A ）が自由党を結成する
1882	（ B ）が立憲改進党を結成する
1885	内閣制度ができる →初代内閣総理大臣に（ C ）がなる
1889	日本で初めての憲法が発布される　…b

(1)　A～Cにあてはまる人物を，□からそれぞれ選びなさい。

A（　　　　　　）
B（　　　　　　）
C（　　　　　　）

伊藤博文　大隈重信　板垣退助

(2)　年表中のaによって始まった，国民の自由と権利の確立と国会を開くことを求める運動を何といいますか。

（　　　　　　　　）

(3)　年表中のbについて，次の問いに答えなさい。

①　この憲法を何といいますか。（　　　　　　　　）

②　右の資料は，この憲法下での国家のしくみです。X・Yにあてはまる語句をそれぞれ書きなさい。

X（　　　　　　　　）　Y（　　　　　　　　）

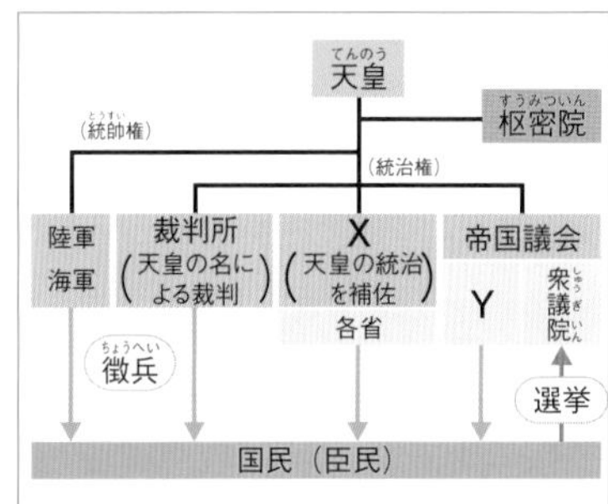

(4)　第1回衆議院議員総選挙の有権者の，人口に占める割合を次から選びなさい。

ア　約1.1%　　イ　約10.1%
ウ　約50.1%　　エ　約80.1%

（　　　）

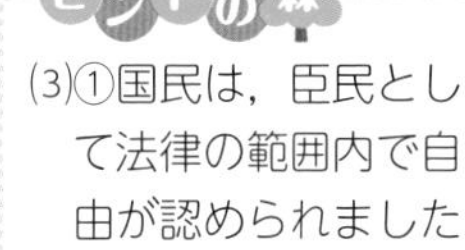

(3)①国民は，臣民として法律の範囲内で自由が認められました。

こつこつ テスト直前 解答 p.21

実力判定テスト ステージ3 総合問題編

第5章 日本の近代化と国際社会①

30分 /100

1 右の資料を見て，次の問いに答えなさい。 5点×4（20点）

(1) 右のボストンは，どこの国の植民地でしたか。

記述 (2) 積荷の紅茶を海に捨てているのはなぜですか。「同意」「税」という語句を使って簡単に書きなさい。

(3) ボストンをふくむ植民地が独立戦争を起こしたときの司令官を書きなさい。

資料 ボストン茶会事件

(4) 独立後に定められた合衆国憲法の内容としてあてはまるものを，次から選びなさい。

ア 立憲君主政を定めた。　イ 三権分立を定めた。
ウ 帝政の復活を宣言した。　エ 人民の抵抗権を認めた。

(1)		(2)	
(3)		(4)	

2 右の資料を見て，次の問いに答えなさい。 5点×6（30点）

よく出る (1) 資料Ⅰ中のア・イのうち，輸出を表しているものを選びなさい。

(2) 開国後の主な貿易相手国はどこですか。

(3) アメリカとの貿易が少なかった背景にある，1861年にアメリカで起こったできごとの名前を書きなさい。

資料Ⅰ 開国後の輸出品と輸入品の割合

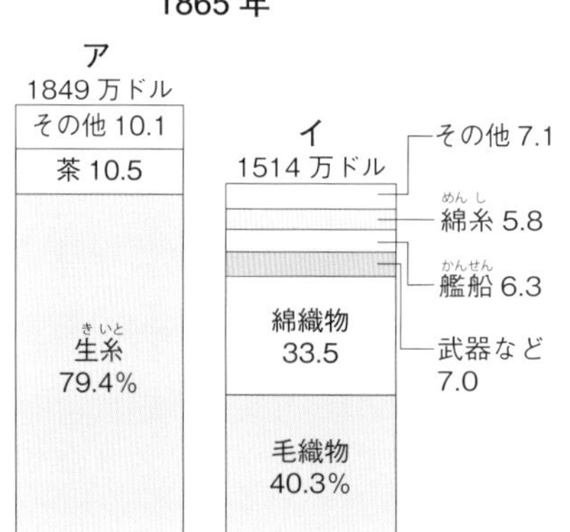

資料Ⅱ 開国後の物価の移り変わり

600 銀匁（江戸での1石当たりの価格）
米
しょう油
塩
0 100 200 300 400 500
1860 61 62 63 64 65 66 67年
（『近世後期における主要物価の動態』）

(4) 資料Ⅱを見て，米の値段が最も高いとき，最も低いときの約何倍になっていますか。整数で書きなさい。

記述 (5) 資料Ⅰ・Ⅱからわかることについて，次の文中の□にあてはまる語句を書きなさい。

開国後，輸出によって日本国内は ① になり，生活用品が ② した。

(1)		(2)		(3)		(4)	
(5) ①				②			

目標
- □欧米の革命の背景をおさえる
- □開国後の社会の変化をおさえる
- □自由民権運動の流れをおさえる

自分の得点まで色をぬろう!
がんばろう! / もう一歩 / 合格!
0　60　80　100点

3 右の資料を見て，次の問いに答えなさい。

5点×6（30点）

(1) 地租改正を行う前と後の変化について，次の文中の□にあてはまる語句を，それぞれ書きなさい。

地租改正が行われる前は，①で税を納めていたため，収入が不安定だったが，②で納めさせるように変わったことで，税収が安定した。

(2) 資料を見て，次の問いに答えなさい。

① 地租改正直後の1875年，政府の収入に占める地租のおよその割合を書きなさい。

② 1875年から1900年までのうち，地租の額が最も大きい年度のおよその額を書きなさい。

(3) 地租改正反対一揆について，次の問いに答えなさい。

① 一揆が起きた理由を，簡単に書きなさい。

② この一揆によって，1877年に地租は何%に引き下げられましたか。

資料　政府の収入と，収入に占める地租の割合の変化

億円 3 / 2 / 1 / 0
政府の収入の総額
収入に占める地租
収入に占める地租の割合(%)
100% / 80 / 60 / 40 / 20 / 0
1875　80　85　90　95　1900年
(『日本経済統計集』)

(1)	①	②	(2)	① 約　割	② 約　円
(3)	①				②　%

4 右の資料を見て，次の問いに答えなさい。

5点×4（20点）

(1) 資料Ⅰは，自由民権運動の演説会の様子です。Xの人物が叫んでいることとして，最も適当なものを次から選びなさい。

ア　国会を開け！　イ　年貢を下げろ！

ウ　賃金を上げろ！　エ　内閣総理大臣をやめさせろ！

(2) 次のア～ウのできごとを古い順に並べなさい。

ア　自由党が結成される。

イ　国会期成同盟が結成される。

ウ　政府が国会を開くと約束する。

(3) 資料Ⅰからわかる，一時的に自由民権運動がおとろえた理由を，簡単に書きなさい。

(4) 大日本帝国憲法では，言論の自由が限定的に認められました。資料Ⅱ中の□にあてはまる語句を書きなさい。

資料Ⅰ

資料Ⅱ　大日本帝国憲法(一部)

第29条　日本臣民ハ□ノ範囲内ニ於テ言論著作印行集会及結社ノ自由ヲ有ス

(1)		(2)	→ →
(3)		(4)	

第5章

予習・復習　こつこつ　解答 p.21

4節　激動する東アジアと日清・日露戦争①

教科書の要点　(　　)にあてはまる語句を答えよう。

1 対等な条約を求めて　教 p.186〜187

1882	欧化政策
1886	ノルマントン号事件
1894	甲午農民戦争
	日英通商航海条約
	→治外法権の撤廃
	日清戦争
1895	下関条約
	三国干渉
1898	大隈重信の政党内閣
1900	立憲政友会の結成
1911	関税自主権の確立

●列強の植民地拡大

◆スエズ運河の開通により，ヨーロッパとアジアが接近する。
（地中海と紅海を結ぶ）

◆(① 　　　　) ▶列強が資源や市場を求めて，武力によって植民地を広げていく動き。
（近代化し，軍事力で勝る国）

●アジアに迫る列強

◆イギリス▶インド，ビルマを植民地とする。
（スエズ運河を手に入れた）

◆フランス，ロシアやアメリカも東アジアに進出。
（ベトナムなどインドシナに勢力を広げる）

●条約改正の歩み

◆欧化政策▶鹿鳴館などで舞踏会を開く。
（近代化したところを見せようとした）

◆ノルマントン号事件▶条約改正を国民が求める。
（日本人乗客は全員死亡，船長は軽い罪）

◆日本の立憲政治が実現→条約改正が実現。

■1894年，(② 　　　　)が日英通商航海条約を結ぶ▶(③ 　　　　)を撤廃。

■1911年，(④ 　　　　)が完全な条約改正を実現▶(⑤ 　　　　)を確立。

↓列強による世界分割

2 朝鮮をめぐる戦い　教 p.188〜189

●日清戦争

◆朝鮮内部の対立▶開化派と反対する保守派。
（日本をみならおうとする。日本が支援）

→朝鮮への支配を強める清と日本が対立を深める。

◆(⑥ 　　　　) 1894年 ▶朝鮮南部で東学を信仰する農民たちが立ち上がる→日本と清が出兵。
（民間信仰に儒教や仏教を取り入れた宗教）

→(⑦ 　　　　)が起こり，日本が勝利。

●下関条約と三国干渉

◆清と(⑧ 　　　　)を結ぶ 1895年。

■遼東半島・台湾・澎湖諸島などの譲渡。

■清が日本に2億両の賠償金を支払う。

◆ロシアがフランス・ドイツとともに遼東半島を清に返還するように要求▶(⑨ 　　　　)
（日本の勢力拡大を警戒）

→日本は清に遼東半島を返還。ロシアへの対抗心が強まる。

●政党政治の基礎

◆大隈重信を首相とする日本初の政党内閣ができる 1898年。

◆伊藤博文を総裁とする(⑩ 　　　　)結成 1900年。

↓ノルマントン号事件

↓日清戦争の賠償金の使いみち

賠償金総額 約3億6000万円

項目	%
軍備拡張費	62.6
臨時軍事費	21.9
皇室財産	5.5
教育基金	2.8
災害準備基金	2.8
その他	4.4

※総額には，遼東半島返還の追加分と利子を含む。

まるごと暗記　帝国主義 武力によって植民地をひろげていく動き。　三国干渉 ロシアがフランスとドイツとともに遼東半島の返還を求めたこと。

教科書の資料　次の問いに答えよう。

(1) 資料は，日清戦争前の東アジアの様子を描(えが)いたものです。A～Dが表している国を書きなさい。

A（　　　　）
B（　　　　）
C（　　　　）
D（　　　　）

(2) 日清戦争ののち，日本が獲得(かくとく)した領土の返還が要求されました。これについて，次の問いに答えなさい。

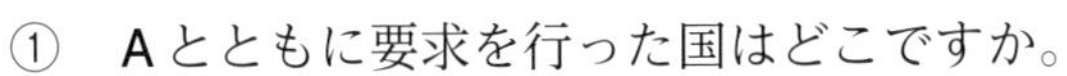

① Aとともに要求を行った国はどこですか。（　　　　）（　　　　）

② 返還を求められた領土はどこですか。（　　　　）

チェック 教科書一問一答　次の問いに答えよう。

/10問中

★は教科書の太字の語句

第5章

1 対等な条約を求めて

①ヨーロッパとアジアを近づけた，地中海(ちちゅうかい)と紅海(こうかい)を結ぶ運河を何といいますか。　□①＿＿＿＿

②インドやビルマなどを植民地にした列強はどこですか。　□②＿＿＿＿

③ベトナムなどのインドシナに勢力を広げた列強はどこですか。　□③＿＿＿＿

④鹿鳴館などで舞踏会を開いて，近代化を示そうとした政策を何といいますか。　□④＿＿＿＿

⑤条約改正を求める声が高まるきっかけとなった，イギリス船が沈没(ちんぼつ)した事件を何といいますか。　□⑤＿＿＿＿

⑥最初に治外法権(ちがいほうけん)の撤廃に応じた国はどこですか。　□⑥＿＿＿＿

2 朝鮮をめぐる戦い

⑦甲午(こうご)農民戦争は，何という宗教を信仰する人々が起こした反乱ですか。　□⑦＿＿＿＿

⑧下関条約で清から支払われた２億両は何というお金ですか。　□⑧＿＿＿＿

⑨日本で初めて政党内閣をつくった首相はだれですか。　□⑨＿＿＿＿

⑩1900年に立憲政友会(りっけんせいゆうかい)をつくった人物はだれですか。　□⑩＿＿＿＿

知識の泉　賠償金の２億両は当時の日本円で３億１千万円でした。これは，1895年の国家予算が9019万円なので，１年の国家予算の３倍以上です。2020年の国家予算は102兆円です。

予習・復習 こつこつ 解答 p.22

4節 激動する東アジアと日清・日露戦争②

教科書の要点 (　)にあてはまる語句を答えよう。

1 「眠れる獅子」に迫る列強 教 p.190～191

分割される中国/義和団事件

日清戦争で敗戦したため

◆ロシア，ドイツ，イギリス，フランスが清に進出。

◆1897年，朝鮮は独立し国号を（①　　　　）とする。

◆（②　　　　）▶**義和団**を中心とする勢力が，北京の外国公使館を包囲→列強各国が軍を送りしずめる。（外国勢力を清から排除しようとした）

日英同盟の成立

イギリス＝ロシアの勢力拡大を警戒

ロシアが清で勢力を広げる　対立　日英同盟

日本＝朝鮮半島でロシアが脅威

2 列強との戦い 教 p.192～193

日露戦争の始まり/戦争と国民生活/戦争の講和と影響

◆ロシアが満州占領→日本は韓国への支配権確立をねらう。

◆国内で開戦論が高まる。**幸徳秋水**（社会主義者），**内村鑑三**（キリスト教信者）らは非戦論。

→1904年，（③　　　　）の開始。

◆（④　　　　）が率いる艦隊が日本海海戦で勝利。

◆多数の死傷者と戦費・物資の不足→戦争の続行が困難に。

◆アメリカの仲介で（⑤　　　　）を結ぶ 1905年。（ロシアも革命などで戦争継続が困難）

■賠償金はなし→日比谷焼き打ち事件が起こる。

■日本の勝利がアジアの独立や近代化に影響を与える。

3 変わりゆく東アジア 教 p.194～195

韓国併合/日本の植民地政策

◆韓国に**統監府**（外交を監督）をおく。初代統監は伊藤博文（安重根に暗殺される）。

◆（⑥　　　　）▶韓国を朝鮮と改め，植民地支配。

■（⑦　　　　）をおく。

■（⑧　　　　）▶日本語や日本の歴史を学ぶ。

関東州と満鉄

◆遼東半島の租借地を関東州とし，**南満州鉄道株式会社**（**満鉄**）を設立→満州に勢力を広げ，アメリカと対立。

中華民国の成立▶中国で，清の支配を打倒しようとする動き。

◆（⑨　　　　）1911年▶**孫文**が三民主義を唱える。（民族の独立，国民の政治参加，民衆の生活の安定）

→（⑩　　　　）成立。

■孫文が臨時大総統に→死後，**袁世凱**が独裁政治を行う。

1897	大韓帝国の成立
1900	義和団事件
1902	日英同盟を結ぶ
1904	日露戦争
1905	ポーツマス条約を結ぶ 統監府を韓国に置く
1910	韓国併合 朝鮮総督府を置く
1911	辛亥革命

↓日本とロシアの関係を描いた風刺画

与謝野晶子は戦場の弟を思って「君死にたまふことなかれ」をよんだよ。

↓日清・日露戦争の比較

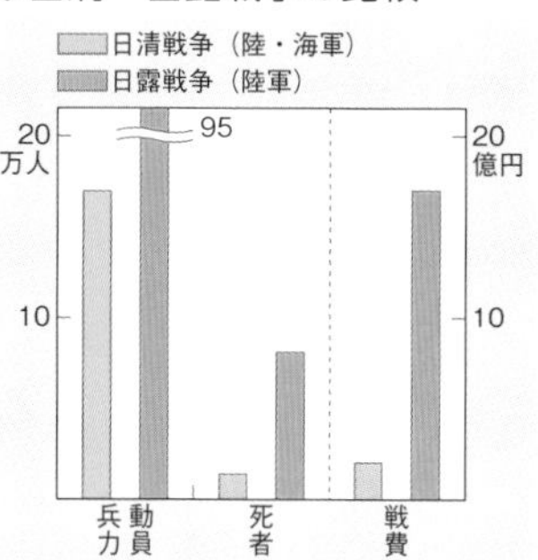

まるごと暗記　韓国併合 日本が韓国を植民地化したこと　辛亥革命 清をがたおされ，中華民国が成立したできごと

教科書の資料　次の問いに答えよう。

(1) 資料は，日本がイギリスと結んだ同盟を風刺(ふうし)した絵です。この同盟を何といいますか。

(　　　　　　)

(2) 資料中のA～Dにあてはまる国を，[　]からそれぞれ選びなさい。

A (　　　　　　)
B (　　　　　　)
C (　　　　　　)
D (　　　　　　)

アメリカ　日本　ロシア　イギリス

チェック 教科書一問一答　次の問いに答えよう。

/10問中

★は教科書の太字の語句

1

①欧米の列強が清へ勢力を伸(の)ばすきっかけとなった戦争を何といいますか。　□①

2 列強との戦い

②国内で開戦論が高まったとき，非戦論を唱えたキリスト教信者はだれですか。　□②

③日露戦争に行った弟をおもって「君死にたまふことなかれ」の歌をよんだ歌人はだれですか。　□③

④東郷平八郎(とうごうへいはちろう)が率いる日本艦隊がロシア艦隊を破った戦いを何といいますか。　□④

⑤ポーツマス条約はどこの国の仲介で結ばれましたか。　□⑤

3 変わりゆく東アジア

⑥1905年に，日本が韓国の外交権を支配するために，韓国に置いた機関を何といいますか。　□⑥

⑦⑥の初代統監となった人物はだれですか。　□⑦

⑧日本が満州に勢力を広げるためにつくった会社を何といいますか。　□⑧

⑨三民主義を唱えて辛亥(しんがい)革命を指導し，中華民国の成立後に臨時大総統となった人物はだれですか。　□⑨

⑩⑨の死後，中華民国で実権を握り，独裁政治を行った人物はだれですか。　□⑩

義和団は，白蓮教と言われる浄土信仰に基づく秘密結社で，義和拳といわれる拳術や棒術などの武術を習練していました。「扶清滅洋」を唱えて，義和団事件を起こしました。

予習・復習 こつこつ 解答 p.22

5節　近代の産業と文化の発展

教科書の要点　(　　)にあてはまる語句を答えよう。

1 近代産業を支えた糸と鉄　教 p.196〜197

●製糸業と紡績業の発展/重工業の発達

◆1880年代▶日本銀行設立。政府の事業を民間に払い下げ。三井や三菱など

◆1880年代後半に軽工業から（①　　　　）が始まる。

■（②　　　　）業▶アメリカを中心に輸出。生糸

■（③　　　　）業▶日清戦争後，清や韓国に輸出。綿糸

→資本主義が確立。

◆官営の（④　　　　）が鉄鋼の生産を始める 1901年。日清戦争の賠償金でつくられた

◆日露戦争後，鉄鋼業や造船業など民間の重工業が発達。

●鉄道や海運の広がり▶短時間・大量の輸送が可能に。

◆日露戦争後，主な鉄道が国有化され，海運も発達した。

2 工業化のかげで　教 p.198〜199

●農村と都市の変化

◆農村▶商品経済が浸透。地主になる者と小作人の増加。

◆都市▶農村からの出かせぎの労働者で人口が増加。

●厳しい労働条件/社会運動の始まり

◆製糸業や紡績業で働く女工たちは，低賃金・長時間労働など厳しい条件で働く。

◆労働者が労働組合を結成し，（⑤　　　　）が起こる。片山潜らの指導

→政府は**治安警察法**で取りしまる一方で，**工場法**を定める。労働条件の改善

◆**幸徳秋水**らが社会主義政党である**社会民主党**を結成。治安警察法により解散させられる

→天皇暗殺を計画したとして，**大逆事件**で死刑になる。

●足尾鉱毒事件▶足尾銅山からの鉱毒が流れ出した公害事件。日本初の公害問題

→衆議院議員の（⑥　　　　）が解決に努めた。

3 西洋文化と伝統文化　教 p.200〜201

●教育の普及▶1886年に学校令を定め，教育制度を整備。

◆日露戦争後，就学率が男女ともほぼ100%に。

◆（⑦　　　　）が女子英学塾（津田塾大学）を設立。

●新しい近代文化の誕生▶西洋文化の刺激を受ける。

◆学問▶（⑧　　　　）（黄熱病の研究）

◆文学▶（⑨　　　　）（『舞姫』），樋口一葉（『にごりえ』），（⑩　　　　）（『坊っちゃん』）など。

◆芸術▶**黒田清輝**（西洋画），**横山大観**（日本画）など。

↓日清戦争後の輸出品・輸入品の割合

1900年

輸出 総額 2億443万円	輸入 総額 2億8726万円
その他 42.9	その他 54.2
銅 6.3	米 3.1
絹織物 9.1	石油 5.1
石炭 9.8	鉄類 7.6
綿糸 10.1	砂糖 9.3
生糸 21.8%	綿花 20.7%

（『日本貿易精覧』）

↓義務教育の就学率の変化

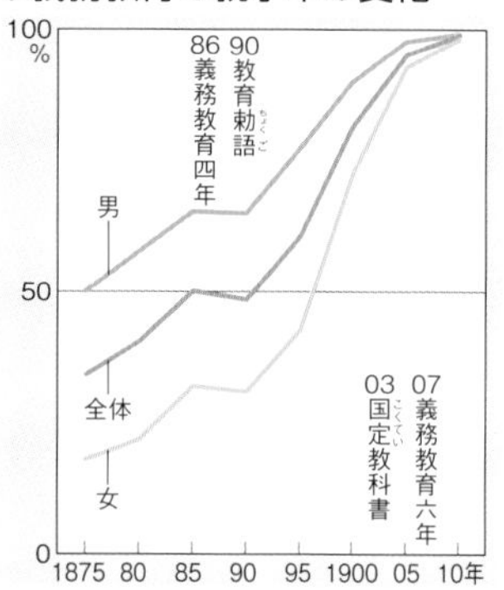

↓主要な学者・文化人

北里柴三郎	破傷風の研究
志賀潔	赤痢菌の発見
鈴木梅太郎	ビタミンB_1の抽出
長岡半太郎	原子構造の研究
坪内逍遥	「小説神髄」
二葉亭四迷	「浮雲」
島崎藤村	「若菜集」
石川啄木	「一握の砂」
与謝野晶子	「みだれ髪」
岡倉天心 フェノロサ	日本画の復興
高村光雲	彫刻「老猿」
滝廉太郎	音楽「荒城の月」

製糸業 養蚕から生糸をつくる工業　**紡績業** 綿糸をつくる工業

教科書の資料　次の問いに答えよう。

(1) Aの絵の作者を，［　］から選びなさい。
（　　　　）

岡倉天心　黒田清輝
横山大観　高村光雲

(2) Bの俳句をよんだ，俳句の革新に尽くした人物はだれですか。（　　　　）

(3) Cの小説を書き，紙幣にもなっている人物はだれですか。
（　　　　）

A

B
柿食へば
鐘が鳴るなり
法隆寺

いくたびも
雪の深さを
尋ねけり

C おい，木村さん信さん寄っておいでよ，お寄りといったら寄ってもいいではないか，また素通りで二葉やへ行く気だろう，…
（『にごりえ』）

チェック 教科書一問一答　次の問いに答えよう。

/10問中

★は教科書の太字の語句

第5章

1 近代産業を支えた糸と鉄

①産業革命によって確立した，資本家が労働者をやとって生産を行う社会のしくみを何といいますか。　□①＿＿＿＿

②官営の八幡製鉄所は，何という戦争の賠償金でつくられましたか。　□②＿＿＿＿

2 工業化のかげで

③労働者が団結してつくった組織を何といいますか。　□③＿＿＿＿

④1900年に，政府が労働運動の取りしまりのために制定した法律を何といいますか。　□④＿＿＿＿

⑤政府が労働条件の改善のために定めた法律を何といいますか。　□⑤＿＿＿＿

⑥幸徳秋水らがつくった日本初の社会主義政党を何といいますか。　□⑥＿＿＿＿

⑦幸徳秋水らが，天皇暗殺を企てたとして死刑になった事件を何といいますか。　□⑦＿＿＿＿

⑧田中正造が解決に努めた，日本で初めてといわれる公害事件を何といいますか。　□⑧＿＿＿＿

3 西洋文化と伝統文化

⑨破傷風の血清療法を発見した医学者はだれですか。　□⑨＿＿＿＿

⑩「お正月」や「荒城の月」などの唱歌をつくった作曲家はだれですか。　□⑩＿＿＿＿

正岡子規は熱狂的な野球ファンでした。バッターを「打者」，ランナーを「走者」，デッドボールを「死球」，フライを「飛球」と訳した言葉が現在も使われています。

こつこつ テスト直前 解答 p.22

定着のワーク ステージ2 4節 激動する東アジアと日清・日露戦争 5節 近代の産業と文化の発展

1 日清・日露戦争 右の年表を見て，次の問いに答えなさい。

年	できごと	
1894	日英通商航海条約を結ぶ	…a
	中国と（ A ）戦争が始まる	
1895	下関条約を結ぶ	…b
	ロシアらによる三国干渉	…c
1897	朝鮮が国号を［ X ］とする	
1900	中国で（ B ）事件がおこる	
1902	日英同盟を結ぶ	…d
1904	（ C ）戦争が始まる	…e
1905	ポーツマス条約を結ぶ	…f
	（ D ）事件が起こる	
1910	［ X ］を併合する	
1911	不平等条約改正が完成	…g
	中国で（ E ）革命が起こる	

(1) 年表中のA～Eにあてはまる語句を書きなさい。

A（　　）B（　　）

C（　　）D（　　）

E（　　）

(2) 年表中のXにあてはまる国名を書きなさい。

（　　）

(3) 年表中のa・gについて，このときに改正された不平等条約の内容をそれぞれ書きなさい。

a（　　）の撤廃(てっぱい)

g（　　）の確立

(4) 年表中のb・fについて，次のア～オを，それぞれの内容に分けなさい。

①下関(しものせき)条約（　　）②ポーツマス条約（　　）

ア 朝鮮(ちょうせん)を独立国家として認める

イ 賠償金(ばいしょうきん)2億両(テール)を日本に支払(しはら)う

ウ 樺太(からふと)の南半分を日本の領土とする

エ 南満州(みなみまんしゅう)鉄道の権益を日本にゆずる

オ 台湾(たいわん)・澎湖(ほうこ/ポンフー)諸島を日本にゆずる

アイウエ 0 400km

(5) ポーツマス条約を仲介した国はどこですか。

（　　）

(6) 年表中のcについて，次の問いに答えなさい。

① このときの，ロシア以外の2国を書きなさい。

（　　）（　　）

② 日本が清(しん)に返還(へんかん)した地域を，右の地図中のア～エから選びなさい。（　　）

(7) 年表中のdについて，これはどこの国に対抗(たいこう)するために結ばれたものですか。

（　　）

(8) 年表中のeについて，この戦争に反対した次の①～③の人物を，［　］から選びなさい。

① 「君死にたまふ(もう)ことなかれ」という詩を発表した。

（　　）

② キリスト教信者の立場で非戦論を唱えた。

（　　）

③ 社会主義者の立場で非戦論を唱えた。（　　）

内村鑑三(うちむらかんぞう)　与謝野晶子(よさのあきこ)　幸徳秋水(こうとくしゅうすい)

ヒントの森

(3)a陸奥宗光が実現しました。g小村寿太郎が実現しました。

(6)②遼東半島を返還しました。

2 日本の産業革命と社会問題　次の文を読んで，あとの問いに答えなさい。

日本では，1880年代後半に生糸をつくる（ A ）業と綿花から綿糸をつくる（ B ）業が急速に発展した。1900年ごろまでには産業革命が進み，（ C ）主義が成立，1901年に操業を開始した（ D ）に始まり，日露戦争後は重工業でも産業革命が進んだ。

日清戦争後には a 労働者の増加によって，b 労働条件の改善を求める運動がおこった。また，産業の急速な発展は，c 環境問題にも大きく影響した。

(1) 文中のA～Dにあてはまる語句を書きなさい。

A（　　　） B（　　　）
C（　　　） D（　　　）

(2) 下線部aについて，工場労働者のうち，女性の労働者について，次の問いに答えなさい。

① AやBで働いた女性の労働者を何といいますか。（　　　）

② ①の労働条件について，次の文中の□にあてはまる語句を書きなさい。

X（　　　） Y（　　　）

女性の工場労働者は，X が長く，Y が低いという厳しい労働条件で働いた。

(3) 下線部bについて，このような運動を何といいますか。（　　　）

(4) 下線部cについて，次の問いに答えなさい。

① 栃木県の渡良瀬川を汚染した公害問題を何といいますか。
（　　　）

② ①の問題の解決に取り組んだ衆議院議員はだれですか。
（　　　）

(1)C資本家が労働者をやとっています。
(4)①銅山からの廃水が原因でした。

第5章

3 明治時代の教育と文化　右の資料を見て，次の問いに答えなさい。

レベルUP

(1) 就学率が100%に近付いた時期を，次から選びなさい。（　　　）

ア 学制が出された1872年直後
イ 学校令が出された1886年ごろ
ウ 教育勅語が出された1890年ごろ
エ 1904年の日露戦争後

A
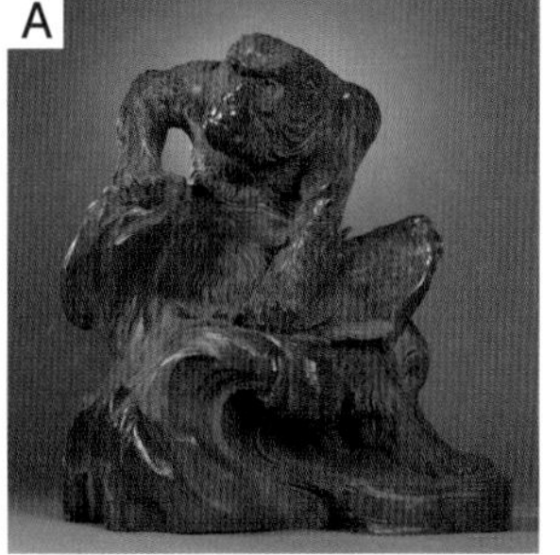

B

(2) A・Bの作者を，□から選びなさい。

A（　　　） B（　　　）

横山大観　岡倉天心　高村光雲　黒田清輝

(3) 次の①～③にあてはまる人物を書きなさい。

① 『舞姫』という小説を書いた。（　　　）
② 『坊っちゃん』という小説を書いた。（　　　）
③ 女子教育の発展に尽くし，女子英学塾（現在の津田塾大学）を設立した。（　　　）

(1)初期のころ，子どもは労働力でもあり，就学率は高くありませんでした。
(3)②そのほか，『吾輩は猫である』『草枕』などの小説を著しました。

総合問題編　こつこつ　テスト直前　解答 p.23

第5章　日本の近代化と国際社会②

30分　/100

1 右の年表を見て，次の問いに答えなさい。　4点×7（28点）

記述 (1)　年表中のXについて，井上馨は鹿鳴館で舞踏会を開きました。この舞踏会の目的を，「近代化」という語句を使って簡単に書きなさい。

(2)　右の資料について，次の問いに答えなさい。

①　この風刺画の事件を何といいますか。

②　この事件について述べた次の文中の□にあてはまる語句を書きなさい。

X 船が沈没し，日本人乗客が全員死亡した。しかし，X 人船長は軽い罪に問われただけだったため，Y の撤廃を求める声が高まった。

③　この事件が起きた時期を，年表中のa～cから選びなさい。

記述 (3)　年表中のA・Bにあてはまる人物名を書きなさい。

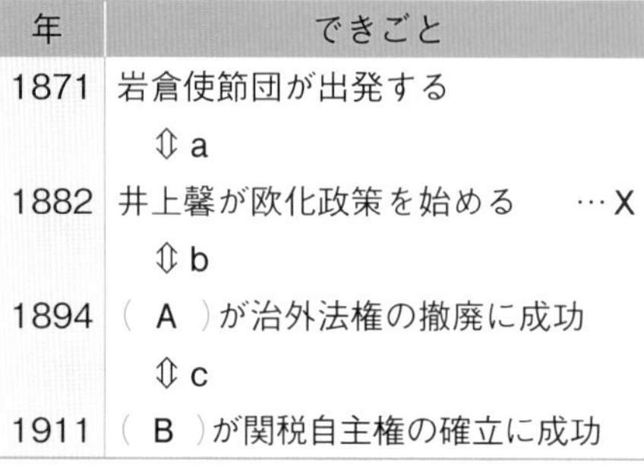

年	できごと
1871	岩倉使節団が出発する
	⇕a
1882	井上馨が欧化政策を始める　…X
	⇕b
1894	（ A ）が治外法権の撤廃に成功
	⇕c
1911	（ B ）が関税自主権の確立に成功

(1)						
(2)	①	② X		Y		③
(3)	A			B		

2 右の資料を見て，次の問いに答えなさい。　5点×3（15点）

よく出る (1)　資料Ⅰ中のア～エから，イギリスの勢力範囲を選びなさい。

(2)　資料Ⅱ中のXが表しているものを書きなさい。

記述 (3)　列強諸国が中国を分割し始めた理由を，日本が1894年に行った戦争にふれて，簡単に答えなさい。

資料Ⅰ　列強の中国侵略

資料Ⅱ　中国侵略の風刺画

(1)		(2)	
(3)			

目標
- □不平等条約改正の流れをおさえる
- □帝国主義の広がりについておさえる
- □日清・日露戦争のちがいをおさえる

自分の得点まで色をぬろう!
かんばろう! / もう一歩 / 合格!
0 60 80 100点

3 右の資料を見て，次の問いに答えなさい。

5点×3（15点）

(1) 資料Ⅰ中のXが表しているものは何ですか。

(2) 日露戦争の講和条約の内容を，次からすべて選びなさい。

ア 朝鮮の独立を認める。
イ 賠償金2億両を支払う。
ウ 遼東半島，台湾，澎湖諸島を譲渡する。
エ 南満州鉄道の権益を日本にゆずる。
オ 樺太の南半分を日本の領土とする。

資料Ⅰ 日露戦争中の日本国民

資料Ⅱ 日清・日露戦争の比較

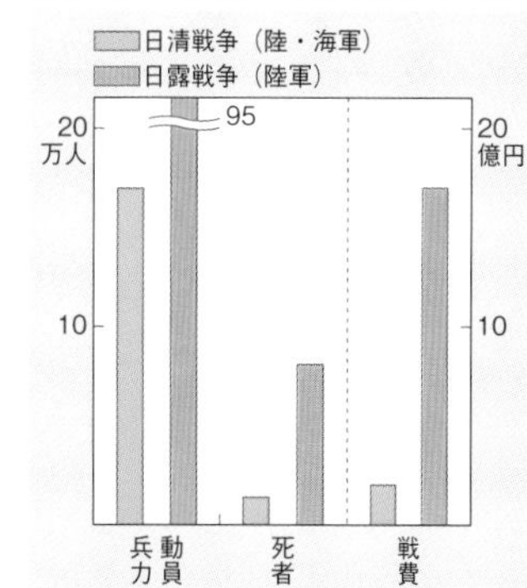

記述 (3) 日露戦争後，各地で民衆の騒動が起こった理由を，資料Ⅰ・Ⅱを参考にして簡単に書きなさい。

(1)		(2)		
(3)				

4 右の資料を見て，次の問いに答えなさい。

7点×6（42点）

レベルUP (1) 次の文を読んで，資料中のア〜ウから，綿織物と造船を示すものをそれぞれ選びなさい。

日本では1900年ごろまでに軽工業を中心に産業革命が進み，日露戦争後には重工業も発達した。

(2) 綿織物，生糸の主な輸出先を，次からそれぞれ選びなさい。

ア アメリカ　イ ロシア　ウ 中国

(3) 八幡製鉄所について，次の問いに答えなさい。

資料 工業生産の移り変わり

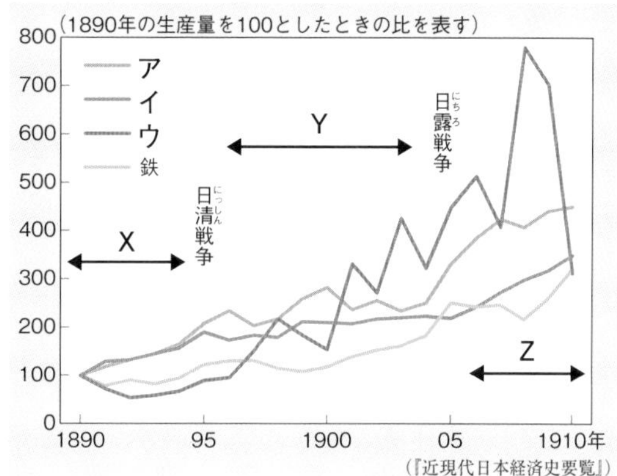

（『近現代日本経済史要覧』）

① 八幡製鉄所が操業を開始した時期を，資料中のX〜Zから選びなさい。

記述 ② 八幡製鉄所が北九州につくられた理由を，「鉄鉱石」「石炭」という語句を使って，簡単に書きなさい。

(1)	綿織物	造船	(2)	綿織物	生糸	(3)	①
(3)	②						

第5章

実力判定テスト ステージ3　資料活用・思考力問題編

第5章　日本の近代化と国際社会

こつこつ　解答 p.00

/100

1 右の資料を見て，次の問いに答えなさい。

4点×5（20点）

(1) **資料Ⅰ・Ⅱ**中のA～Cの身分を，次から選びなさい。
ア 平民(へいみん)　イ 貴族(きぞく)
ウ 聖職者(せいしょくしゃ)

(2) フランス革命の最中に出された宣言を何といいますか。

(3) フランス革命による社会の変化について，**資料Ⅰ・Ⅱ**中のXが示すものを明らかにして，簡単に書きなさい。

資料Ⅰ　フランス革命前の社会

資料Ⅱ　革命が目ざす社会

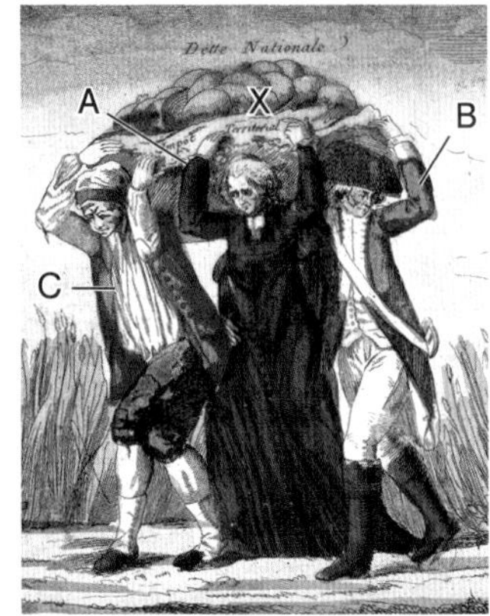

(1)	A	B	C	(2)	
(3)					

2 次の資料を見て，あとの問いに答えなさい。

6点×5（30点）

資料Ⅰ　アヘン戦争

資料Ⅱ

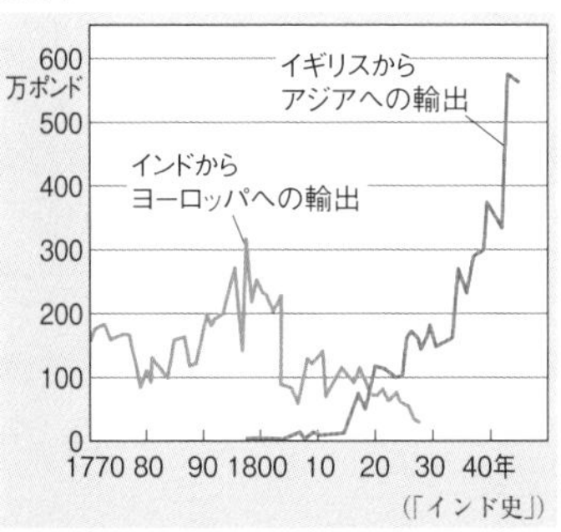

参考　イギリスのできごと

1765	ワットが蒸気機関を改良
1825	蒸気機関車の鉄道開通
1832	選挙法改正
1840	アヘン戦争
1851	万国博覧会
1857	インド大反乱

(1) **資料Ⅰ**中のA・Bからイギリスの船を選び，選んだ理由を簡単に書きなさい。

(2) **資料Ⅱ**はイギリスとインドの綿織物の輸出額の移り変わりを示しています。次の文の①にはあてはまる数字を，②・③にはあてはまる説明を書きなさい。

> **資料Ⅱ**を見ると，イギリスのアジアへの綿織物の輸出額は［①］世紀前半に大きくのびている。これは，［②］からである。その結果，［③］ことから，インド大反乱が始まった。

(1)	記号	理由	(2)	①
(2)	②			
(2)	③			

風刺画を読むときは，初めに描かれている絵の特徴を見つけよう。特徴をもとに，何を風刺した絵か読み取れるよ。

自分の得点まで色をぬろう!

がんばろう! もう一歩 合格!

0 60 80 100点

3 次の資料を見て，あとの問いに答えなさい。

6点×3（18点）

資料Ⅰ　開国後の貿易港の様子

資料Ⅱ　文明開化の様子

(1)　**資料Ⅰ**は，開国後，最大の貿易港となった港町です。この都市はどこですか。

(2)　**資料Ⅰ・Ⅱ**を比べると，建物の様子と人々の服装はどのように変化していますか。それぞれについて簡単に書きなさい。

(1)		(2)	建物
(2)	服装		

4 次の資料を見て，あとの問いに答えなさい。

8点×4（32点）

(1)　**A**は日英同盟（にちえいどうめい）の風刺画（ふうしが）です。ロシアを表しているものを，**ア**～**エ**から選びなさい。

(2)　**A**の**X**はどこの地域（ちいき）を表していますか。次の**ア**～**エ**から選びなさい。

ア　ヨーロッパ　　**イ**　東アジア　　**ウ**　東南アジア　　**エ**　アフリカ

(3)　日本が日英同盟を結んだ理由と，イギリスが日英同盟を結んだ理由を，**A・B**から考えてそれぞれ簡単に書きなさい。

(1)		(2)	
(3)	日本		
	イギリス		

予習・復習　こつこつ　解答 p.25

1節　第一次世界大戦と民族独立の動き①

教科書の要点　(　　)にあてはまる語句を答えよう。

1 クリスマスまでには帰れるさ　教 p.210〜211

● **ヨーロッパの火薬庫**▶バルカン半島では，民族の対立や領土をめぐる争いが続く→「ヨーロッパの火薬庫」とよばれる。

◆20世紀，ヨーロッパの列強諸国が二つに分かれて対立。

■ (①　　　　　　)▶ドイツ・オーストリア・イタリア

■ (②　　　　　　)▶イギリス・フランス・ロシア

● **第一次世界大戦の始まり/新兵器と総力戦**

◆オーストリアの皇太子夫妻がセルビアの青年に暗殺される。（サラエボで暗殺された）

→(③　　　　　　)の開始 1914年。（同盟国対連合国）

■ 新兵器の登場▶飛行機・戦車・潜水艦・毒ガス。（死傷者が増大し，被害も拡大）

■ 総力戦▶人やものなど国力のすべてを戦争につぎ込む。（女性や青少年も軍需工場で働かされた）

2 成金の出現　教 p.212〜213

● **日本の参戦と二十一か条の要求**

◆日本は同盟を結んでいた(④　　　　　　)からの求めを受けて，(⑤　　　　　　)側について参戦。（日英同盟）

◆中国に対して(⑥　　　　　　)を出す 1915年。（大陸での日本の権益を拡大しようとした）

● **大戦景気**

◆大戦中，世界各国で船が不足→日本の海運業や造船業が発展。

◆大戦景気▶輸出が大幅に輸入を上回り，好景気になる。

■「成金」の出現（にわかに大金持ちに）　■ (⑦　　　　　　)の成長。（三井，三菱，住友，安田）

● **アメリカの繁栄**▶第一次世界大戦前には世界一の工業国に。

3 パンと平和，民主主義を求めて　教 p.214〜215

● **ロシア革命/社会主義と講和原則**

◆ロシア革命 1917年▶食料・燃料不足→戦争継続への不満。

■ 首都での抗議運動→自治組織ソビエト結成→皇帝の退位→レーニンらが蜂起し，(⑧　　　　　　)を樹立。（ペトログラード／臨時政府を倒した）

◆ソビエト政府は，(⑨　　　　　　)を目ざすことを宣言。

→交戦国に対して，「無併合・無賠償・民族自決」を求める。（それぞれの民族のことは自分たちで決めるということ）

● **アメリカの参戦**▶開戦時は中立→連合国側として参戦。

◆ウィルソン大統領が「(⑩　　　　　　)」を発表。（民族自決，国際平和機関設立など）

● **干渉戦争とソ連の成立**▶ロシア革命の広がりを恐れ，連合国がロシアに軍隊を派遣→日本はシベリア出兵に参加。

◆ソビエト政府は(⑪　　　　　　)（ソ連）を結成。

年	できごと
1882	三国同盟（ドイツ・オーストリア・イタリア）
1907	三国協商（イギリス・フランス・ロシア）
1914	オーストリア皇太子夫妻暗殺 第一次世界大戦
1917	ロシア革命 アメリカが参戦
1918	ロシアへの干渉戦争
1922	ソ連の成立

↓二十一か条の要求

一　中国政府は，ドイツが山東省にもっている一切の権益を日本にゆずる。

一　日本の旅順・大連の租借の期限，南満州鉄道の期限を99か年延長する。

一　中国は中央政府に，政治・財政・軍事の顧問として，有力な日本人を招き雇う。

第一次世界大戦で，列強のアジアへの関心がうすれたよ。

↓演説するレーニン

まるごと暗記　大戦景気 第一次世界大戦中の日本の好景気　民族自決 それぞれの民族のことは，自分たちで決める

教科書の資料　次の問いに答えよう。

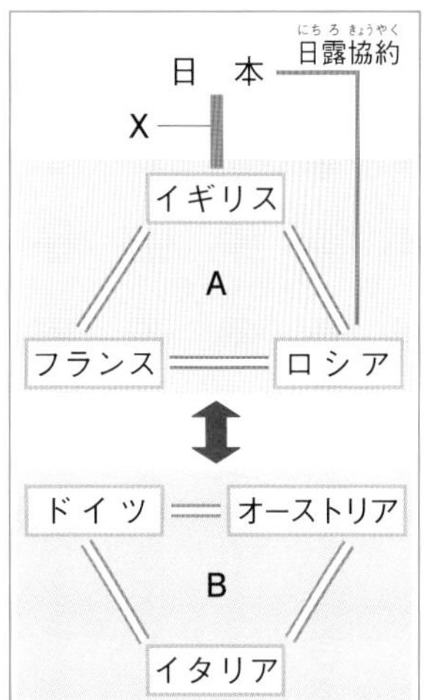

(1) 右の図は，第一次世界大戦前の国際関係を示したものです。A・Bにあてはまる語句を，それぞれ書きなさい。

A（　　　　　）　B（　　　　　）

(2) Xの同盟を何といいますか。（　　　　　）

(3) 第一次世界大戦に関連して，次の文にあてはまる国を，右の図からそれぞれ選びなさい。

① 同盟国側の国だったが，連合国側について参戦した。（　　　　　）

② 植民地のインドから兵士を動員した。（　　　　　）

③ 戦争中に革命が起こり，帝政が倒れて臨時政府ができた。（　　　　　）

チェック 教科書一問一答　次の問いに答えよう。

/10問中

★は教科書の太字の語句

1 クリスマスまでには帰れるさ

①「ヨーロッパの火薬庫」とよばれた半島を何といいますか。　①

②第一次世界大戦は，どこの国の皇太子が暗殺されたことで始まりましたか。　②

③人やものなど国力のすべてをつぎ込んだ戦争のことを何といいますか。　★③

2 成金の出現

④二十一か条の要求で，日本が中国にゆずりわたすように求めたのは，どこの国がもっていた権益ですか。　④

⑤第一次世界大戦中の好景気を何といいますか。　★⑤

3 パンと平和，民主主義を求めて

⑥1917年にロシアで帝政が倒れ，ソビエト政府が樹立されたできごとを何といいますか。　★⑥

⑦⑥の際に，ソビエト政府を樹立した中心人物はだれですか。　⑦

⑧それぞれの民族のことは，自分たちで決める権利があるという考え方を何といいますか。　★⑧

⑨「十四か条の平和原則」を発表したアメリカの大統領はだれですか。　⑨

⑩1918年に日本が参加した，ロシアに対する干渉戦争を何といいますか。　★⑩

知識の泉　レーニンの功績を称え，ロシア帝政時代の首都がレニングラードと改称されましたが，ソ連が崩壊し，元の名サンクトペテルブルクに都市名が戻されました。州名はレニングラード州。

予習・復習　こつこつ　解答 p.25

確認のワーク ステージ1　1節　第一次世界大戦と民族独立の動き②

教科書の要点　(　)にあてはまる語句を答えよう。

1 不戦の誓い　教 p.216～217

● **第一次世界大戦の終結** ▶連合国の勝利で終結。

◆(①　　　　)で講和会議が開かれる 1919年。

■(②　　　　)の締結▶ドイツに巨額の賠償金。

■日本は，中国におけるドイツ権益を受け継ぐ。

◆民族自決の原則に基づき，東ヨーロッパの多くの国が独立。

● **国際連盟の設立/軍縮と国際協調**

◆(③　　　　)の設立 1920年 ▶国際社会の平和と安全を守るために協力→敗戦国・ロシア・アメリカが参加せず。

（本部はスイスのジュネーブ。事務次長に新渡戸稲造）（議会の反対で参加できなかった）

◆(④　　　　) 1921～22年 ▶軍備の縮小を目ざす。

■海軍の主力艦保有の制限，中国の領土保全など。

■(⑤　　　　)の解消。

● **民主主義の拡大**

◆参戦各国や新たな独立国で**議会制民主主義**が広がる。（国民の意思を政治に反映）

◆ドイツで(⑥　　　　)が定められる 1919年。

■20歳以上のすべての男女に選挙権を認める。

■労働者の団結権を保障。

2 わきあがる独立の声　教 p.218～219

● **朝鮮の三・一独立運動**

◆朝鮮が日本からの独立を宣言 1919年3月1日。

→全国に運動が広がる▶(⑦　　　　)（朝鮮総督府が武力でおさえつける）

● **中国の五・四運動**

◆パリの講和会議で日本がドイツの権益を受け継ぐことが決定。（山東省のドイツ権益）

→北京の学生たちが抗議 1919年5月4日。

→全国に反日運動が広がる▶(⑧　　　　)（反帝国主義運動に発展）

◆孫文がつくった**中国国民党**が**中国共産党**と協力。

■民族の独立と国家の統一を目ざす。

◆孫文のあとを継いだ(⑨　　　　)が南京に**国民政府**をつくる→中国共産党と対立。

● **インドの民族運動**

◆イギリスは第一次世界大戦中，インドに戦後の自治を約束し，インド人兵士を動員→戦後，民族運動を弾圧。

→(⑩　　　　)らが「**非暴力・不服従**」の運動。（イギリスからの独立運動）

1919	三・一独立運動
	五・四運動
	ベルサイユ条約
1920	国際連盟の発足
1921	ワシントン会議
	中国共産党の結成
1927	蒋介石が国民政府をつくる

↓紙幣の束で遊ぶ子どもたち

ドイツでは賠償金の負担で経済が破綻。紙幣が紙くず同然となったよ。

↓糸をつむぐガンディー

ガンディーは自分でつむいだ綿織物を着て，イギリスの綿製品を使わない意思を示したよ。

三・一独立運動 朝鮮で起こった日本からの独立運動　五・四運動 中国でおこった反日運動

教科書の資料 次の問いに答えよう。

(1) 右の地図は，第一次世界大戦後のヨーロッパです。■の国々は，どこから独立しましたか。□から選びなさい。
（　　　　）

ドイツ　イタリア　ロシア　イギリス

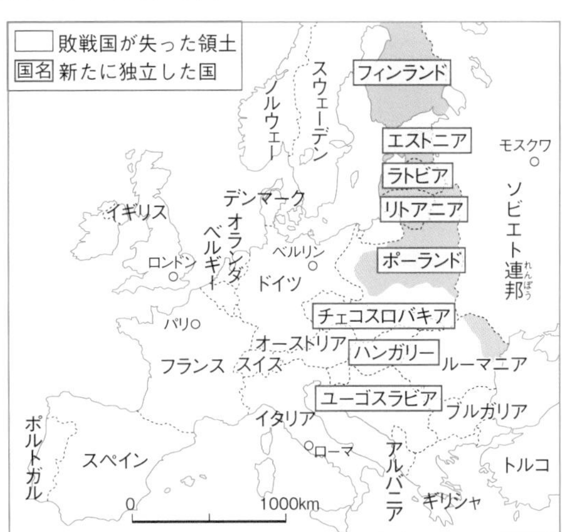

(2) 大戦後の世界秩序(ちつじょ)の基礎(きそ)になった条約を書きなさい。（　　　　）

(3) このころ，日本に対して独立を求め，運動を起こした植民地はどこですか。
（　　　　）

教科書 チェック 一問一答 次の問いに答えよう。

/10問中

★は教科書の太字の語句

1 不戦の誓い

①第一次世界大戦は，同盟国側・連合国側のどちらの勝利で終結しましたか。　□①＿＿＿＿

②日本は，ベルサイユ条約で，中国におけるどこの国の権益を受け継ぎましたか。　□②＿＿＿＿

③大戦後の東ヨーロッパの国々の独立は，何という考えに基づいたものですか。　□③＿＿＿＿

④国際連盟の設立を提唱したものの，議会の反対で参加できなかった国はどこですか。　□④＿＿＿＿

⑤国際連盟で事務次長となった日本人はだれですか。　□⑤＿＿＿＿

⑥大戦後に広まった，国民の意思を政治に反映させようとする考え方を何といいますか。　□⑥＿＿＿＿

2 わきあがる独立の声

⑦中国で起こった五・四運動は，どの都市から全国に広がりましたか。　□⑦＿＿＿＿

⑧孫文がつくった政党を何といいますか。　□⑧＿＿＿＿

⑨孫文の死後，蔣介石(しょうかいせき)が南京につくった政府を何といいますか。　□⑨＿＿＿＿

⑩ガンディーらが行ったイギリスからの独立運動は，どのような考え方のもとで進められましたか。　□⑩＿＿＿＿

ガンディーは，イギリスの塩の専売制に反対して，塩をつくるため海岸まで360kmを歩きました。これに人々が次々に参加し，「塩の行進」とよばれ，非暴力・不服従を示しました。

第6章

予習・復習　こつこつ　解答 p.25

2節　大正デモクラシー

教科書の要点　(　　)にあてはまる語句を答えよう。

1 憲政の本義を説いて　教 p.220～221

● **護憲運動/民本主義**

◆大正デモクラシー▶社会に民主主義の風潮が広まる。

◆**桂太郎**と**西園寺公望**が交互に組閣→立憲政治に反するとして，桂内閣打倒の運動が起こる▶第一次(①　　　　)
（桂太郎：藩閥・官僚が支持　西園寺公望：立憲政友会総裁　①：尾崎行雄，犬養毅）

◆**吉野作造**が(②　　　　)を唱える。
（②：民意に基づいた政治，憲法のもとでの政党政治）

◆**美濃部達吉**が天皇機関説を唱える。
（天皇は国家の最高機関であり，憲法に従い統治を行う）

● **米騒動/本格的政党内閣の成立**

◆**シベリア出兵**をあてこんだ米の買い占めで米価が急に高くなり，生活に打撃→(③　　　　)が起こる 1918年。

◆米騒動の責任をとり、**寺内正毅**首相が辞職。
→立憲政友会の(④　　　　)が組閣 1918年。（「平民宰相」とよばれた）

■日本で初めての本格的な政党内閣。
（外務・陸軍・海軍以外の大臣が立憲政友会）

2 デモクラシーのうねり　教 p.222～223

● **協調外交**▶国際連盟の常任理事国として協調外交を進める。

● **社会運動の高まり**▶戦後恐慌のなか，ロシア革命などの影響。

◆(⑤　　　　)▶労働組合が賃上げなどを要求。
（1920年，日本初のメーデー開催）

◆社会主義者が**日本共産党**結成。

◆(⑥　　　　)▶農村で小作料の引き下げを要求。
（1922年，日本農民組合結成）

◆差別からの解放を目指す。

■女性…**平塚らいてう**・**市川房枝**らが運動を進める。
（雑誌「青鞜」を発刊）

■部落差別に苦しむ人々▶(⑦　　　　)設立。
（「水平社宣言」を発表）

■アイヌの人たち▶北海道アイヌ協会設立。

● **普通選挙と治安維持法**▶**加藤高明**内閣のときに成立。

◆(⑧　　　　) 1925年 ▶満25歳以上のすべての男子に選挙権→一方，(⑨　　　　)も制定。

◆「**憲政の常道**」▶二大政党の党首が交互に政権を担当する。

3 モボ・モガの登場　教 p.224～225

● **都市の生活**▶サラリーマンや「**職業婦人**」の増加。「**文化住宅**」。
（職業婦人：タイピスト，バスの車掌，電話交換手など）

● **文化の大衆化**▶「インテリ」層の拡大。メディアの発達。アメリカの大衆文化の流入。（「モダン」ということばが流行。）

◆(⑩　　　　)が始まる 1925年。

● **新しい学問と文学・芸術**▶新たな傾向が表れる。

1912	第一次護憲運動
1918	米騒動
	原敬内閣成立
1920	第一回メーデー
1922	全国水平社設立
	日本農民組合結成
	日本共産党結成
1923	関東大震災
1924	第二次護憲運動
1925	治安維持法
	普通選挙法

↓労働争議と小作争議の件数

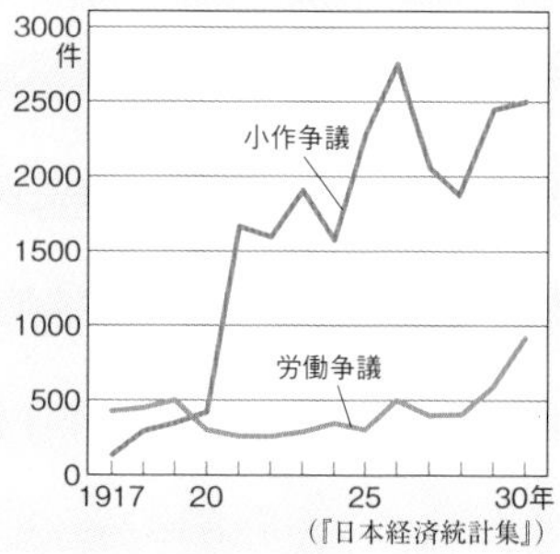

↓新しい学問と文学

哲学	西田幾多郎『善の研究』
民俗学	柳田国男
文学	志賀直哉（白樺派） 谷崎潤一郎 芥川龍之介 小林多喜二（プロレタリア文学）
絵画	岸田劉生
音楽	山田耕筰

1923年に関東大震災が起こって，関東一円が大きな被害を受けたよ。

大正デモクラシー 大正時代に広まった民主主義の風潮　護憲運動 立憲政治を求める運動

教科書の資料 次の問いに答えよう。

(1) Aを見て，次の問いに答えなさい。

① □にあてはまる語句を書きなさい。
(　　　　　　)

② 『青鞜』を発刊した人物はだれですか。
(　　　　　　)

(2) Bは，ある差別に苦しむ人々が出したものです。これを見て次の問いに答えなさい。

① ある差別とは，どのような差別ですか。
(　　　　　　)

② □にあてはまる語句を書きなさい。
(　　　　　　)

A 『青鞜』の一部
元始，□は実に太陽であった。…今，□は月である。…わたくしどもは，隠されてしまったわが太陽を今や取りもどさなければならぬ。

B □宣言の一部
…人の世の冷たさが，何んなに冷たいか，人間を勦ることが何んであるかをよく知っている吾々は，心から人生の熱と光を願求礼賛するものである。
□は，かくして生れた。
人の世に熱あれ，人間に光りあれ。

チェック 教科書一問一答 次の問いに答えよう。

/10問中

★は教科書の太字の語句

1 憲政の本義を説いて

①大正時代に広まった民主主義の風潮を何といいますか。　★①

②尾崎行雄や犬養毅が第一次護憲運動を起こして守ろうとしたのは，どのような政治ですか。　②

③民本主義を唱えた政治学者はだれですか。　③

④天皇機関説を唱えた憲法学者はだれですか。　④

2 デモクラシーのうねり

⑤平塚らいてうとともに女性運動を進め，女性の参政権の獲得を目ざした女性はだれですか。　⑤

⑥普通選挙法と治安維持法が成立したときの内閣総理大臣はだれですか。　⑥

⑦二大政党の党首が交互に政権を担当する慣例を何といいますか。　⑦

3 モボ・モガの登場

⑧1923年に関東地方を襲った大地震を何といいますか。　⑧

⑨西洋と東洋の哲学の融合を試み，『善の研究』を著した哲学者はだれですか。　⑨

⑩労働者や農民の立場で社会問題を描くプロレタリア文学を代表する作家はだれですか。　⑩

知識の泉 1915年に発表された演劇「その前夜」の劇中歌として歌われた歌謡曲の歌詞「命短し恋せよ乙女」は，今もフレーズとして残っていて，大正ロマンとよばれる文化をよく表しています。

こつこつ テスト直前 解答 p.25

定着のワーク ステージ2 1節 第一次世界大戦と民族独立の動き 2節 大正デモクラシー

1 第一次世界大戦と日本 次の文を読んで，あとの問いに答えなさい。

1914年に，a（ A ）の皇太子夫妻が暗殺された事件をきっかけにして，ヨーロッパでb第一次世界大戦が始まった。日本は，同盟を結んでいた（ B ）の求めに応じて連合国側として参戦した。年末までに，中国の山東半島にある（ C ）の軍事拠点などを占領した。また，1915年に，c中国に対して日本の権益を拡大するように求めた。

第一次世界大戦は，ヨーロッパ各国がd国力のすべてをつぎ込む戦いとなり，1917年には，連合国側に（ D ）が参戦した。

1918年に同盟国側の敗戦で第一次世界大戦は終わり，eパリで講和会議が開かれた。

(1) 文中のA～Dにあてはまる国名を書きなさい。

A（　　　）B（　　　）

C（　　　）D（　　　）

(2) 下線部aについて，この事件がおこった都市を書きなさい。また，その都市がある半島を，右の地図中のア～エから選びなさい。

都市（　　　）

半島（　　　）

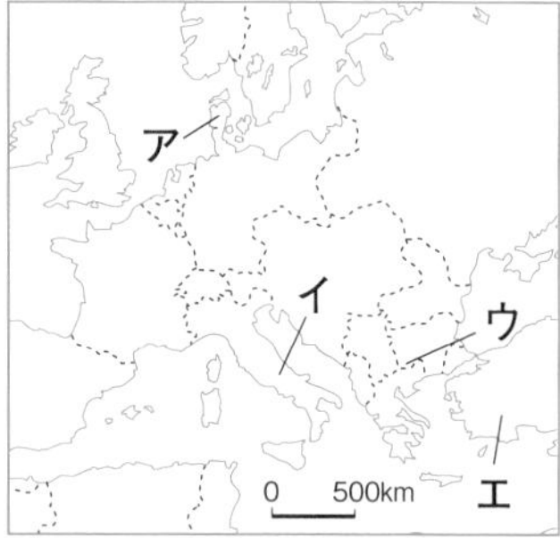

(3) 下線部bについて，第一次世界大戦中の日本で輸出が大幅に輸入を上回った状態を何といいますか。

（　　　）

(4) 下線部cについて，次の問いに答えなさい。

よく出る

① 下線部cを何といいますか。（　　　）

② 資料は，①の一部です。□にあてはまる語句を書きなさい。（　　　）

資料

一　中国政府は，ドイツが山東省にもっている一切の権益を日本にゆずる。

一　日本の旅順・大連の租借の期限，□鉄道の期限を99か年延長する。

(5) 下線部dについて，次の問いに答えなさい。

① 下線部dのような戦いを何といいますか。

（　　　）

② 下線部dの戦いで初めて登場した新兵器を，□から2つ選びなさい。

大砲　飛行機　鉄砲　戦車

（　　　）（　　　）

(6) 下線部eについて，次の問いに答えなさい。

① この会議で結ばれた，第一次世界大戦の講和条約を何といいますか。（　　　）

② この会議で設立が決まった国際連盟に加盟しなかった国を，次から選びなさい。（　　　）

ア アメリカ　イ イギリス　ウ ドイツ　エ 中国

ヒントの森

(2)多くの民族が存在していたため，「ヨーロッパの火薬庫」とよばれていた。

(6)①ドイツに多くの賠償金が課された。

2 ロシア革命　右の年表を見て，次の問いに答えなさい。

年		できごと	
1914		第一次世界大戦が始まる	
1917	3	ロシア革命が起こる	…a
	11	（　A　）が民族自決を呼びかける	
1918	1	「十四か条の平和原則」発表	…b
	3	（　A　）がドイツと講和する	
	4	（　A　）への干渉戦争が始まる	…c

(1)　年表中のaについて次の問いに答えなさい。

①　この革命を指導した人物を書きなさい。（　　　　）

②　この革命によって成立した，年表中のAにあてはまる政府を答えなさい。（　　　　）

③　Aは，地主(じぬし)の土地を農民に分け，工場や銀行を国有にすることで，何の実現を目ざしましたか。（　　　　）

(2)　年表中のbについて，次の問いに答えなさい。

①　平和原則を発表した大統領はだれですか。（　　　　）

②　この原則としてあてはまるものを，次から２つ選びなさい。（　　）（　　）

ア　議会制民主主義をもとにした政治

イ　戦勝国の敗戦国に対する賠償(ばいしょう)

ウ　列強(れっきょう)各国の植民地支配の強化　　エ　軍備の縮小

よく出る (3)　年表中のcについて，このとき，日本が出兵したできごとを何といいますか。（　　　　）

ヒントの森
(1)②「議会」「評議会」という意味です。

3 大正デモクラシー　次のカードを読んで，あとの問いに答えなさい。

A　1918年，米の安売りなどを求めて，富山(とやま)県の主婦が立ち上がった。

B　1925年に□放送が始まり，文化が大衆(たいしゅう)化(か)した。

C　藩閥(はんばつ)中心の政治に反対し，憲法(けんぽう)に基(もと)づく政治を訴(うった)える運動が起こった。

D　労働者や農民の立場で社会問題を描(えが)く文学が生まれた。

(1)　カードA・C・Dの下線部をそれぞれ何といいますか。

A（　　　　）　C（　　　　）　D（　　　　）

よく出る (2)　カードAについて，このできごとの後，初めての本格的な政党内閣をつくった人物はだれですか。（　　　　）

(3)　カードBについて，□にあてはまる語句を書きなさい。（　　　　）

(4)　カードCについて述べた次の文中の□にあてはまる語句を書きなさい。

①（　　　　）　②（　　　　）

大正(たいしょう)デモクラシーの風潮が広がる中で，政治学者の吉野作造(よしのさくぞう)は ① を説いた。憲法学者の美濃部達吉(みのべたつきち)は， ② は国家の最高機関であるという説を唱えた。

(5)　カードDについて，このころ人々に親しまれる作品を書いた小説家を，□から選びなさい。（　　　　）

西田幾多郎(にしだきたろう)　柳田国男(やなぎたくにお)　芥川龍之介(あくたがわりゅうのすけ)　山田耕筰(やまだこうさく)

ヒントの森
(1)Aシベリア出兵前の米の買い占めで，米価が上がりました。

第6章

予習・復習 こつこつ 解答 p.26

3節 恐慌から戦争へ①

教科書の要点 （　）にあてはまる語句を答えよう。

1 独裁者の出現 教 p.228~229

1922	イタリアでファシスト党が政権を握る
1923	関東大震災
1927	金融恐慌
1929	世界恐慌
1930	ロンドン海軍軍縮会議
1933	ドイツでナチ党が政権を握る
	ニューディール政策の開始

● アメリカの繁栄(はんえい)と世界恐慌(きょうこう)

◆第一次世界大戦後，アメリカ合衆国(がっしゅうこく)は世界一の経済大国に。

◆（①　　　　）1929年▶ニューヨークの株式市場で株価が暴落する→世界中に不景気が広がる。

● 恐慌への対策

◆アメリカ▶（②　　　　）政策 1933年。
新規まき直し政策ともいう

■ **ローズベルト大統領**が行う。

■ 公共事業で失業者を助け，労働者の権利を保護。

◆イギリス・フランスなど▶（③　　　　）経済。
植民地が多い国

■ 本国と植民地との貿易を拡大し，他の国をしめ出す。

● ファシズムの台頭▶民主主義を否定し，軍事力で領土を拡大しようとする（④　　　　）が台頭する。

◆ドイツ▶**ヒトラー**率いる（⑤　　　　）の独裁(どくさい)体制。

■ 国民の言論・思想の統制，**ユダヤ人**の迫害(はくがい)。

■ 軍備の拡張で景気が回復→国民の支持を集める。

◆イタリア▶**ムッソリーニ**率いる（⑥　　　　）の独裁体制→エチオピアを侵略(しんりゃく)・併合(へいごう)。

● ソ連の計画経済

◆ソ連▶レーニンの死後，（⑦　　　　）の独裁体制。
工業化や農業の集団化

■「五か年計画」による計画経済→世界恐慌の影響(えいきょう)受けず。

↓主な国の失業率の移り変わり

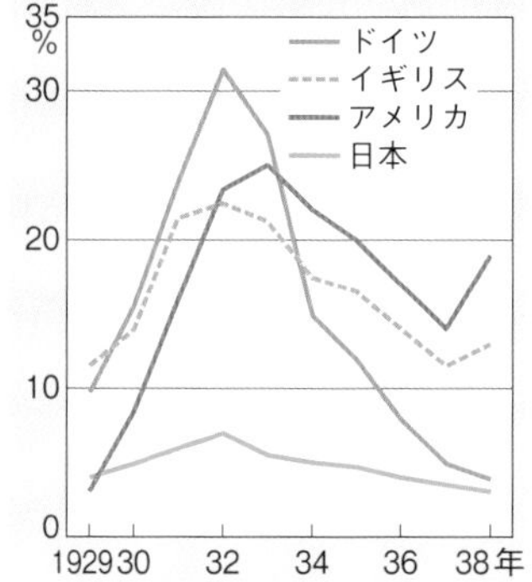

2 日本を襲う不景気 教 p.230~231

● 経済の混乱/国民の不満

◆（⑧　　　　）▶中小銀行の休業や倒産(とうさん)が相次ぐ。
関東大震災による影響も

◆**治安維持法**(ちあんいじほう)で社会運動の取りしまりを強化。
労働争議や小作争議が頻発

◆**財閥**(ざいばつ)が政党政治家と結びつきを強める→国民の不満・不信。

● 中国統一(ちゅうごく)の動き▶（⑨　　　　）率いる国民政府軍(こくみんせいふ)が中国統一を進める→日本や欧米列強(おうべいれっきょう)に認めた権益の奪還(だっかん)をはかる。
共産党をおさえ，各地の軍閥を倒す

● 協調外交の行きづまり▶軍部などが外交政策の軟弱(なんじゃく)さを非難。

◆満州(まんしゅう)の日本軍（関東軍(かんとう)）が軍閥(ぐんばつ)の（⑩　　　　）を爆殺(ばくさつ)→満州を占領(せんりょう)しようとするが失敗。

◆政府は不戦条約，**ロンドン海軍軍縮条約**(ぐんしゅく)に調印。
→協調外交に反対する勢力が**浜口雄幸首相**(はまぐちおさちしゅしょう)を狙撃(そげき)。
退陣に追い込まれる

↓恐慌期の日本経済の移り変わり

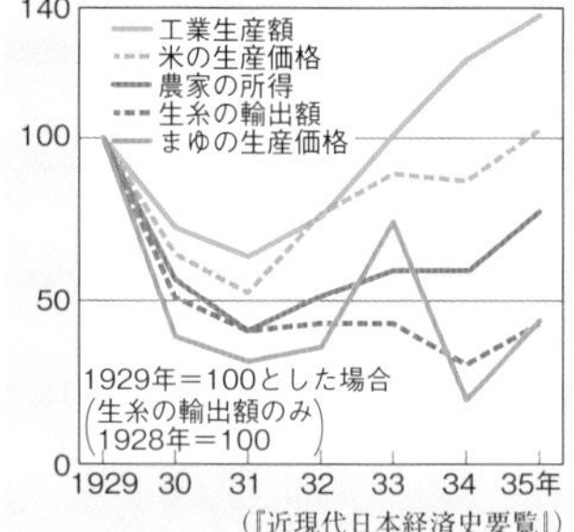

（『近現代日本経済史要覧』）

教科書の資料　次の問いに答えよう。

(1) 地図は，1929年～39年の経済圏(けん)を示しています。A・Bにあてはまる国を書きなさい。

A（　　　　　）

B（　　　　　）

(2) 世界恐慌の始まりとなった株価の暴落は，Cの国の何という都市で起こりましたか。

（　　　　　）

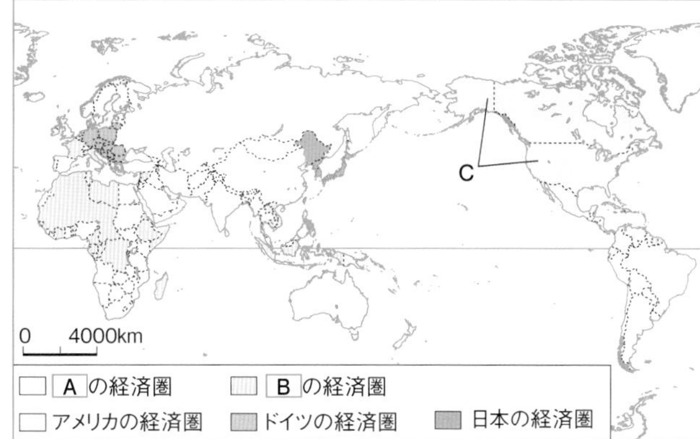

(3) 恐慌の対策としてA・Bの国が行った，本国と植民地の貿易を拡大し，それ以外をしめ出す経済政策を何といいますか。（　　　　　）

チェック 教科書一問一答　次の問いに答えよう。

/10問中

★は教科書の太字の語句

1 独裁者の出現

①ニューディール政策を行ったアメリカの大統領はだれですか。　□①

②ドイツでナチ党を率いて，独裁政治を行った人物はだれですか。　□②

③イタリアでファシスト党を率いて，独裁政治を行った人物はだれですか。　□③

④③の人物が侵略した，アフリカ大陸にある国はどこですか。　□④

⑤スターリンが1928年から行った計画経済を何といいますか。　□⑤

2 日本を襲う不景気

⑥労働争議(そうぎ)や小作争議(こさく)の激化(げきか)により強化された，社会運動を取りしまる法律を何といいますか。　□⑥

⑦大銀行をもち，政党政治家と結びついて，大きな影響力をもった大企業を何といいますか。　□⑦

⑧中国の軍閥である張作霖(ちょうさくりん)を爆殺した，満州にいた日本軍を何といいますか。　□⑧

⑨1930年に結んだ軍備の縮小を決めた条約を何といいますか。　□⑨

⑩⑨の条約を結んだことに対して，天皇(てんのう)の権限を侵(おか)しているとされ，狙撃された首相はだれですか。　□⑩

有名な画家ピカソは，1937年に「ゲルニカ」という作品を発表しました。スペインへのドイツの無差別爆撃を描いたもので，ファシズムに対する抗議の意思が込められています。

予習・復習　こつこつ　解答 p.26

確認のワーク ステージ1　3節　恐慌から戦争へ②

( )にあてはまる語句を答えよう。

1 満州は日本の生命線　教 p.232~233

●満州事変

◆(①　　　　)1931年▶関東軍が南満州鉄道の線路を爆破（**柳条湖事件**）→中国の仕業として満州を占領する。
「満州は日本の生命線である」

◆溥儀を元首とする(②　　　　)を建国1932年。
清の最後の皇帝

●政党政治の終わり

◆(③　　　　)1932年5月15日▶海軍の青年将校らが犬養毅首相を暗殺→政党内閣の時代が終わる。

●国際連盟脱退

◆中国の訴えにより，国際連盟は満州に調査団を派遣→満州からの撤兵を日本に求める→日本は国際連盟を脱退。
満州事変は日本の侵略である　アメリカ・イギリスとの軍縮条約も破棄

2 軍部の台頭　教 p.234~235

●経済の回復と摩擦

◆1930年代，円安により輸出が激増→列強との貿易摩擦。
円の価値が低下　イギリスなどブロック経済をとる列強

●軍国主義の高まり

◆(④　　　　)1936年2月26日▶陸軍の青年将校らが大臣の斎藤実や高橋是清らを殺傷→**軍国主義**が高まる。
天皇中心の新しい国をつくろうとする

◆(⑤　　　　)を結ぶ→国際的孤立からの脱却。
共産主義勢力に対抗する目的もあった。

●日中戦争の始まり/長期化する戦争

◆中国…国民政府と(⑥　　　　)が率いる中国共産党との内戦→日本に対抗するため停戦。
蔣介石がつくる

◆(⑦　　　　)1937年▶北京郊外の盧溝橋で日中両軍が武力衝突（**盧溝橋事件**）→戦線の拡大。

■首都**南京**を占領し，多数の死傷者を出す。

◆国民政府と中国共産党が(⑧　　　　)を結成。
アメリカ・イギリス・ソ連が援助

3 ぜいたくは敵だ　教 p.236~237

●国家総動員法の成立/強まる戦時体制/国民生活の統制

◆(⑨　　　　)1938年▶議会の議決を経ずに人や物資を戦争に動員することができる→国民生活を厳しく統制。
立憲主義の精神が失われた

◆(⑩　　　　)▶政党や政治団体が解散し，統合。

■(⑪　　　　)▶国民は助け合い，監視し合う。

◆思想や言論の統制。　◆生活物資が**配給制**・切符制に。
「ぜいたくは敵だ」が標語となる

●皇民化政策…朝鮮の人々に対して**創氏改名**を進める。
日本式の氏名を名のらせる。

1931	満州事変
1932	満州国建国
	五・一五事件
1933	国際連盟脱退
1936	二・二六事件
1937	日中戦争
1938	国家総動員法
1940	大政翼賛会の成立
	・戦時体制が強まる

↓五・一五事件を報じる新聞

帝都震駭の不穏事件

犬養首相遂に逝去

首相狙撃の刺客

↓国の予算に占める軍事費の割合の移り変わり

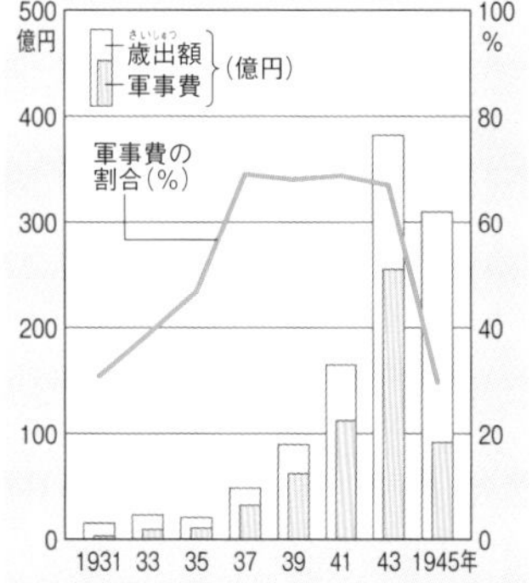

日中戦争が始まった年度から軍事費の割合があがっているね。

まるごと暗記 五・一五事件 海軍青年将校らが犬養毅首相を暗殺 二・二六事件 陸軍将校らのクーデター

教科書の資料 次の問いに答えよう。

(1) 日本が建国したAの国と，その国家元首とされた人物を書きなさい。 国（　　　　） 元首（　　　　）

(2) Bの場所で，1931年に南満州鉄道が爆破された事件を何といいますか。（　　　　）

(3) Cの場所で起こり，日中戦争のきっかけとなった，日中両軍の武力衝突を何といいますか。（　　　　）

(4) 日本が占領した，中華民国（ちゅうかみんこく）の首都Dを何といいますか。（　　　　）

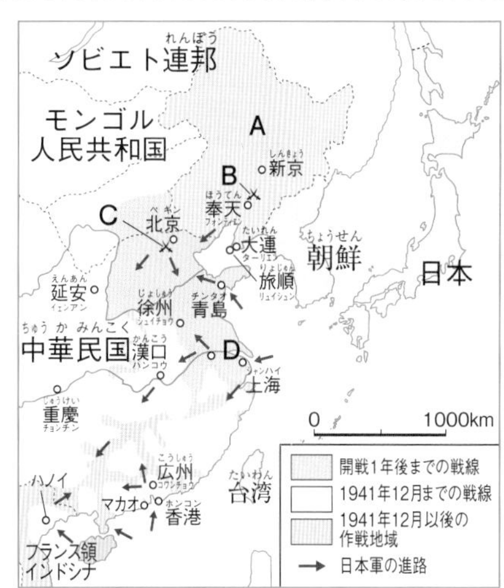

チェック 教科書一問一答 次の問いに答えよう。

/10問中

★は教科書の太字の語句

1 満州は日本の生命線

①柳条湖事件で南満州鉄道を爆破した日本軍を何といいますか。 □①＿＿＿＿

②五・一五事件で暗殺された首相はだれですか。 □②★＿＿＿＿

③満洲国からの撤退を求められたため，日本が脱退した組織を何といいますか。 □③＿＿＿＿

2 軍部の台頭

④二・二六事件で殺された大臣は，斎藤実とだれですか。 □④＿＿＿＿

⑤日本が国際的な孤立を解消するために，1936年に協定を結んだヨーロッパの国はどこですか。 □⑤＿＿＿＿

⑥中国共産党を指導していた人物はだれですか。 □⑥★＿＿＿＿

⑦中国で，共産党とともに抗日（こうにち）民族統一戦線を結成した組織を何といいますか。 □⑦＿＿＿＿

3 ぜいたくは敵だ

⑧国家総動員法によって，人や物資を戦争に動員するときに不要になったのは何の議決ですか。 □⑧＿＿＿＿

⑨日中戦争が長期化し，政府が生活物資を統制した制度は，切符制と何ですか。 □⑨＿＿＿＿

⑩植民地である朝鮮の人々を日本人に同化（どうか）させようとした政策を何といいますか。 □⑩＿＿＿＿

知識の泉 辛亥革命で退位し，後に満州国皇帝となった溥儀。戦後はソ連の捕虜となり，中国に送還後は思想教育を受け，最後は一市民として亡くなります。その波乱の生涯は映画にもなりました。

予習・復習 こつこつ 解答 p.27

4節 第二次世界大戦と日本の敗戦

教科書の要点 （　）にあてはまる語句を答えよう。

1 枢軸国と連合国の戦い 教 p.240～241

● 第二次世界大戦の始まり/ドイツの侵攻と抵抗運動/大西洋憲章

◆日本・ドイツ・イタリア ▶ （①　　　）1937年。

◆ドイツ ▶ ソ連と不可侵条約（後方の安全確保）→ポーランドに侵攻→イギリス・フランスが宣戦し，（②　　　）開始 1939年。

◆イタリア（ドイツ側）の参戦→戦線拡大。 ◆独ソ戦開始。

◆ドイツの占領地 ▶ ユダヤ人の迫害（アウシュビッツ強制収容所）。（③　　　）（抵抗運動）。

◆チャーチル首相とローズベルト大統領が会談 1941年。

■ 大西洋憲章（民主主義を守る原則）を発表し，枢軸国に対抗。

1937	三国防共協定
1939	第二次世界大戦
1940	日独伊三国同盟
1941	独ソ戦開始
	太平洋戦争開始
1942	ミッドウェー海戦
1943	イタリア降伏
1945	東京大空襲
	沖縄戦
	ドイツ降伏
	広島・長崎に原子爆弾
	ポツダム宣言受諾

2 米・英への宣戦布告 教 p.242～243

● 日本の南進と日米の対立/太平洋戦争の始まり

◆フランス領インドシナへ侵攻。（石油やゴムの資源を手に入れるため 中国への支援ルートを断ち切るため。）

◆ドイツ・イタリアと（④　　　）を結ぶ 1940年。

◆「大東亜共栄圏」を唱える。 ◆日ソ中立条約（北方の安全確保）を結ぶ。

◆アメリカの「（⑤　　　）」（ほかにイギリス，中国，オランダ）→日本は経済的に孤立。

◆マレー半島上陸（イギリス領）・真珠湾奇襲（アメリカの軍事基地）→（⑥　　　）（東条英機内閣が開戦を決定）1941年。

→ミッドウェー海戦の敗北を境に，劣勢に。

● 日本の占領政策 ▶ アジアで日本からの独立を目ざす運動。

↓太平洋戦争中の国際関係

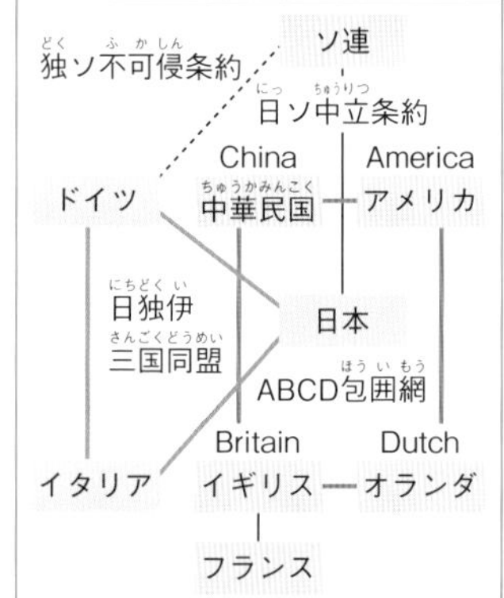

3 欲しがりません勝つまでは 教 p.244～245

● お国のために/戦時下の国民生活/国外からの動員/空襲と疎開

◆国民は真実の情報を知らされず，政府にすすんで協力。

■（⑦　　　）▶ 中学生などが軍需工場で働く。（徴兵で労働力が不足）

■（⑧　　　）▶ 多くの学生が戦場に送られる。

◆植民地や占領地の人々も動員される。

◆サイパン島陥落→（⑨　　　）（1945年3月10日）など激しい空襲。

■ 学童疎開 ▶ 小学生が空襲を逃れ，農村に。

↓日本とアメリカの国力の比較

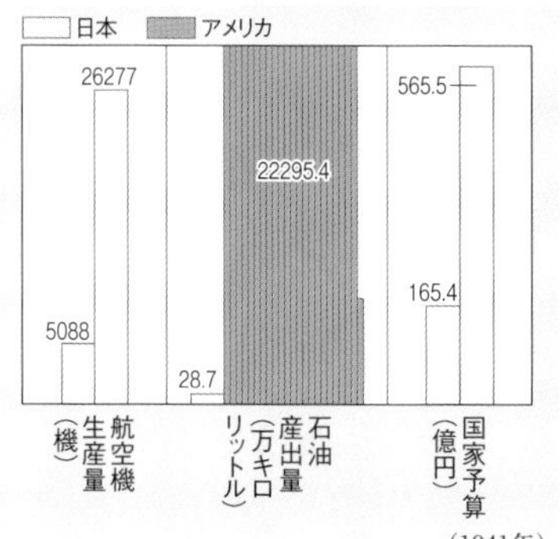

4 軍国主義の敗北 教 p.246～247

● イタリア・ドイツの降伏 ▶ ヨーロッパでの戦争は終わる。

● 戦場となった沖縄 ▶ アメリカ軍との沖縄戦（1945年3月）で多くの犠牲者。

● 原爆投下と日本の降伏/戦争の傷あと

◆（⑩　　　）（アメリカ軍）投下。 ◆ソ連が日本に宣戦（1945年8月8日）。

◆ポツダム宣言を受け入れ，降伏→玉音放送（ラジオで伝えた）1945年8月15日。

◆中国の残留孤児，シベリア抑留などの問題。

原爆は1945年8月6日に広島に，9日に長崎に投下されたよ。

まるごと暗記　レジスタンス 枢軸国への抵抗運動　ABCD包囲網 連合国の日本への経済封鎖

教科書の資料　次の問いに答えよう。

(1) 右の資料は，1945年８月６日にある都市に爆弾(ばくだん)が投下されたあとの様子です。この爆弾を何といいますか。また，この都市はどこですか。

爆弾（　　　　　　　）
都市（　　　　　　　）

(2) この爆弾が落とされた後，日本との中立条約を破って侵攻してきた国はどこですか。（　　　　　　　）

(3) ８月９日に同じような爆弾が落とされた都市はどこですか。（　　　　　　　）

(4) (1)と(3)の都市に爆弾を落とした国はどこですか。（　　　　　　　）

教科書一問一答　次の問いに答えよう。

/10問中

★は教科書の太字の語句

1 枢軸国と連合国の戦い

①第二次世界大戦は，ドイツがある国に侵入(しんにゅう)して始まりました。ある国とはどこですか。　□①＿＿＿＿

②ドイツ・オーストリア・イタリアなどの国を，連合国に対して何といいますか。　□②＿＿＿＿

③ローズベルト大統領とチャーチル首相が1941年に発表した，民主主義の原則を何といいますか。　□★③＿＿＿＿

2 米・英への宣戦布告

④日本が唱えた，アジアはアジアの民族だけで栄えようという考え方を何といいますか。　□④＿＿＿＿

⑤日本が北方の安全を確保するために，ソ連と結んだ条約を何といいますか。　□⑤＿＿＿＿

⑥日本が奇襲攻撃(きしゅうこうげき)したことで，太平洋戦争が始まるきっかけとなったのはどこですか。　□⑥＿＿＿＿

3

⑦空襲が激しくなる中，都市部の小学生が地方の農村などに向かったことを何といいますか。　□⑦＿＿＿＿

4 軍国主義の敗北

⑧1945年２月にイギリス・アメリカ・ソ連の首脳(しゅのう)が行った会談を何といいますか。　□⑧＿＿＿＿

⑨1945年３月に，アメリカ軍が上陸して始まった地上戦を何といいますか。　□★⑨＿＿＿＿

⑩日本が降伏するときに受け入れた宣言を何といいますか。　□★⑩＿＿＿＿

知識の泉　ドイツに迫害されたユダヤ人を救うために，日本人外交官の杉原千畝はユダヤ人にビザを発行しました。近年，外交官根井三郎が発行したビザも発見され，「命のビザ」といわれています。

こつこつ　テスト直前　解答 p.27

定着のワーク ステージ2　3節 恐慌から戦争へ　4節 第二次世界大戦と日本の敗戦

1 世界恐慌　次のカードを読んで，あとの問いに答えなさい。

A　社会主義政策のもと，「五か年計画」とよばれる計画経済を行った。

B　民主主義や基本的人権を否定し，軍事力で領土を拡大した。

C　植民地の国々との結びつきを強め，それ以外の国の貿易品をしめ出した。

D　労働者を保護し，公共事業を積極的におこす政策を行った。

(1)　A～Dは，世界恐慌に対する各国の対応をカードに表したものです。それぞれにあてはまる国を，［　］から選びなさい。　A（　　）B（　　）C（　　）D（　　）

イタリア　アメリカ　イギリス　ソ連

(2)　カードBについて，次の問いに答えなさい。

①　このような考えのもとで行われる独裁政治を何といいますか。（　　）

②　①の政治が行われたドイツで独裁政治を行った人物と，その人物が率いていた政党を何といいますか。

人物（　　）　政党（　　）

よく出る (3)　カードC・Dの政策をそれぞれ何といいますか。

C（　　）　D（　　）

ヒントの森
(1)Dローズベルト大統領が行いました。
(2)②ユダヤ人の迫害などを行いました。

2 日中戦争まで　右の地図を見て，次の問いに答えなさい。

(1)　地図は，満州事変後の様子です。地図中のXにあてはまる国を書きなさい。

（　　）

(2)　Xの承認に反対し，五・一五事件で暗殺された首相はだれですか。（　　）

(3)　日中戦争のきっかけとなった盧溝橋事件が起こった場所を，地図中のア～ウから選びなさい。

（　　）

(4)　Yについて，次の問いに答えなさい。

①　Yの国で，中国共産党を率いていた人物はだれですか。（　　）

②　日本に対抗するため，Yの国で対立していた国民政府と中国共産党が手を結んで結成した戦線を何といいますか。

（　　）

3 第二次世界大戦　次の文を読んで，あとの問いに答えなさい。

1939年，ドイツは（ A ）と不可侵条約を結んだ後，（ B ）に侵攻した。これに対して，（ C ）やフランスがaドイツに宣戦布告をし，第二次世界大戦が始まった。ドイツは，フランスやオランダなどの国々を降伏させ，ユダヤ人を迫害した。フランスでは，bドイツ軍を妨害したり，迫害された人を助ける抵抗運動が起こった。

1941年，（ D ）のローズベルト大統領と（ C ）のチャーチル首相が大西洋上で会談し，c戦後の国際社会の新たな原則を発表した。1942年から連合国軍の反撃が強まり，1943年に（ E ）が降伏，1945年にドイツが降伏し，第二次世界大戦は終結した。

(1) A～Eにあてはまる国名を書きなさい。

A（　　　）　B（　　　）　C（　　　）
D（　　　）　E（　　　）

(2) 下線部aについて，第二次世界大戦のドイツ側の国々を，フランスなどの連合国に対して何といいますか。（　　　）

(3) 下線部bについて，この抵抗運動を何といいますか。（　　　）

(4) 下線部cについて，次の問いに答えなさい。

① 下線部cの原則を何といいますか。（　　　）

② ①の内容を，次から2つ選びなさい。（　　　）（　　　）

ア 戦勝国の領土を拡大すること。
イ 領土の変更は住民の意思によるものであること。
ウ 迫害された人たちに新たな国をつくらせること。
エ すべての国民が安心して生きていくことができること。

ヒントの森
(4)①大西洋上の会談で発表されました。
②連合国の共通の目的になりました。

第6章

4 日中戦争・太平洋戦争　右の年表を見て，次の問いに答えなさい。

年	できごと
1937	日中戦争が始まる
	⇕ア
1938	国家総動員法が定められる …a
	⇕イ
1940	政党が一つにまとめられる …b
1941	真珠湾攻撃を行う …c
1942	ミッドウェー海戦で敗北
	⇕ウ
1945	3月，（ A ）に連合軍が上陸する 8月6日，（ B ）に原爆が落とされる 8月9日，（ C ）に原爆が落とされる

(1) 年表中aについて，次の文中の□にあてはまる語句を書きなさい。（　　　）

この法律により，政府は□の承認なしに人やものを戦争につぎこめるようになった。

(2) 年表中bのときにできた組織を何といいますか。（　　　）

(3) 年表中cによって始まった戦争を何といいますか。（　　　）

(4) 日本が日独伊三国同盟を結んだ時期を，年表中のア～ウから選びなさい。（　　　）

よく出る
(5) 年表中のA～Cにあてはまる地名をそれぞれ書きなさい。

A（　　　）　B（　　　）
C（　　　）

ヒントの森
(4)日本にはアメリカの参戦をおさえる目的がありました。

総合問題編

こつこつ　テスト直前　解答 p.28

第6章　二度の世界大戦と日本

30分　/100

1 右の資料を見て，次の問いに答えなさい。

6点×5（30点）

(1) 資料Ⅰ中のAにあてはまる，主な戦場をヨーロッパとする戦いを何といいますか。

(2) 資料Ⅰ中のAの期間について，次の問いに答えなさい。

① この間，輸出が輸入を大幅（おおはば）に上回った状態を何といいますか。

記述 ② ①になった理由を，「船」という語句を使って書きなさい。

③ 資料Ⅱは，この期間に現れた人々の風刺画（ふうしが）です。燃やされているXは何ですか。また，このような人は何とよばれましたか。

資料Ⅰ　大戦前後の貿易額

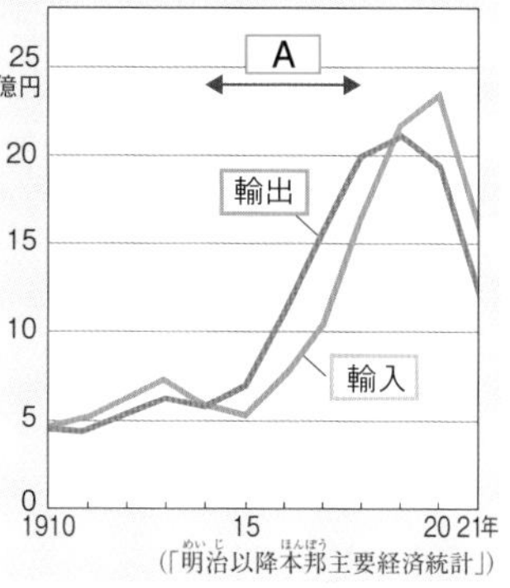

（「明治以降本邦主要経済統計」）

資料Ⅱ

(1)		(2) ①	
(2) ②			
(2) ③ X		人	

2 右の資料を見て，次の問いに答えなさい。

5点×4（20点）

よく出る (1) 表中の下線部aの年に定められた普通選挙法（ふつうせんきょほう）について，次の文中の①にあてはまる語句，②にあてはまる整数を書きなさい。

> ① による選挙権の制限がなくなり，選挙権をもつ人口は1890年の約 ② 倍になった。

(2) 表中のb・cにあてはまる組み合わせとして正しいものを，次から選びなさい。

ア b－男，c－20　　イ b－男，c－25

ウ b－男女，c－20　　エ b－男女，c－25

記述 (3) 普通選挙法と同時に治安維持法（ちあんいじほう）が制定された理由を，「天皇（てんのう）」という語句を使って簡単に書きなさい。

有権者数の移り変わり

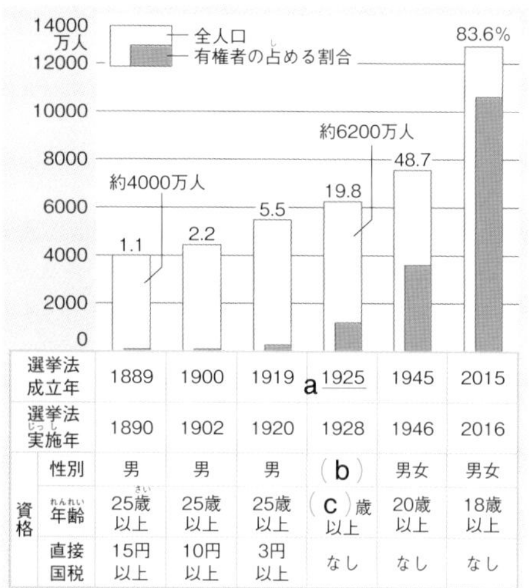

	選挙法成立年	1889	1900	1919	a 1925	1945	2015
	選挙法実施年	1890	1902	1920	1928	1946	2016
資格	性別	男	男	男	（b）	男女	男女
資格	年齢	25歳以上	25歳以上	25歳以上	（c）歳以上	20歳以上	18歳以上
資格	直接国税	15円以上	10円以上	3円以上	なし	なし	なし

(1) ①	②	(2)
(3)		

目標
- □大正デモクラシーの広がりをおさえる
- □第一次世界大戦後の経済をおさえる
- □太平洋戦争の流れをおさえる

自分の得点まで色をぬろう!

がんばろう! | もう一歩 | 合格!
0 60 80 100点

3 右のグラフを見て，次の問いに答えなさい。

6点×5（30点）

(1) グラフAのX・Yでは，どちらのほうが，四大財閥ですか。

(2) グラフBの期間に，日本で中小銀行などが倒産したできごとを何といいますか。

(3) グラフBの期間に頻繁に起こった次の①・②を何といいますか。

① 都市で賃金の切り下げや解雇に反対する運動。

② 農村で小作人らがおこす運動。

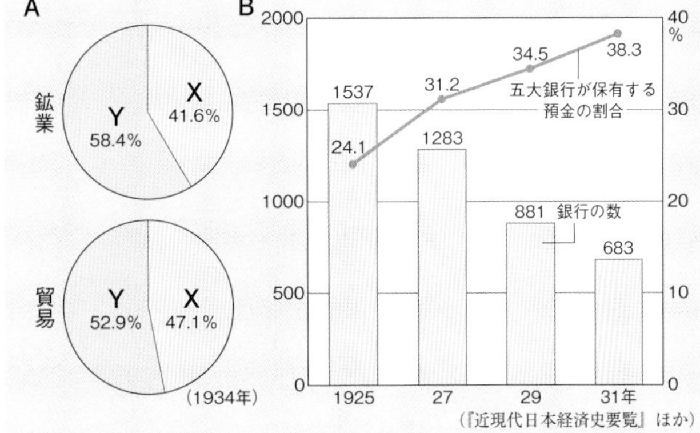

（『近現代日本経済史要覧』ほか）

記述 (4) グラフBの期間に，国民の政党政治への不満が高まったのはなぜですか。「財閥」という語句を使って，簡単に書きなさい。

(1)		(2)		(3)	①	②
(4)						

4 右の地図を見て，次の問いに答えなさい。

4点×5（20点）

(1) 地図中のXにあてはまる，日本がつくった国を書きなさい。

(2) 1941年に始まり，戦線がYに広がった戦争を何といいますか。

(3) Zにあてはまる，(2)の戦争が始まるきっかけとなった地名を答えなさい。

(4) (2)が始まった原因の一つを，「アメリカ」「石油」という語句を使って，簡単に書きなさい。

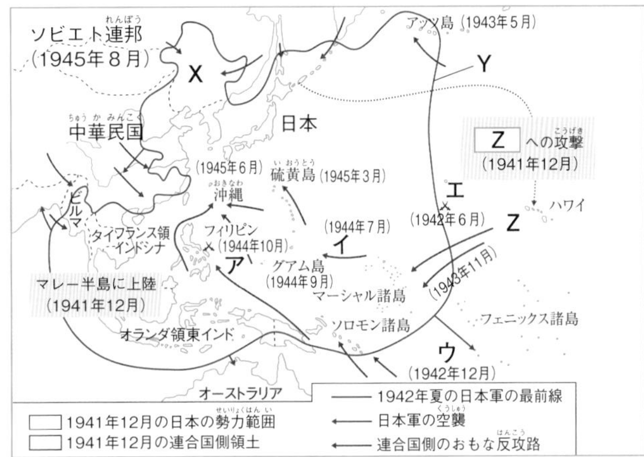

(5) 日本の戦況が不利になったミッドウェー海戦が起こった場所を，地図中のア～エから選びなさい。

(1)		(2)		(3)	
(4)				(5)	

資料活用・思考力問題編

こつこつ　解答 p.28

第6章　二度の世界大戦と日本

30分　/100

1 次の資料を見て，あとの問いに答えなさい。

7点×5（35点）

A　世界平和のための組織づくりを提唱したが，議会の反対により，その組織には参加しなかった。

B　20歳以上のすべての男女への選挙権，労働者の団結権などを保障した憲法を制定した。

C　帝国主義への反対運動が起こったあと，中国国民党がつくられ，国家の統一を目ざす革命が進められた。

D　日本に対する独立運動が全土に広がったが，その後も日本の植民地支配が続けられた。

(1)　カードA～Dは，第一次世界大戦後の国や地域の様子です。それぞれにあてはまる国・地域名を，次から選びなさい。

ア　朝鮮　　イ　アメリカ　　ウ　ドイツ　　エ　中国　　オ　ロシア

(2)　インドについて，(1)のようにまとめます。次の□の語句を使って右のカードを完成させなさい。

非暴力・不服従　　イギリス

第一次世界大戦後のインド

(1)	A	B	C	D	(2)	図中に記入

2 右の資料を見て，次の問いに答えなさい。

5点×3（15点）

(1)　資料Ⅰは，1918年8月の新聞です。この新聞が報じているできごとを何といいますか。

(2)　(1)のできごとが起こった理由について，日本がロシア革命に対する干渉戦争として行ったことにふれながら，簡単に書きなさい。

(3)　このころ，人々の生活が大きな打撃を受けた理由を，資料Ⅱから考えて簡単に書きなさい。

資料Ⅰ

●女房連の一揆
米高に堪り兼ね餓死するこそと口々に喚き立て
三百余名米屋へ押しかく

●富山県下一帯に昨今物価騰貴の為めに貧民の窮状甚だしく殊に北海道樺太等へ出稼せる漁夫町にては一層惨憺たる有様あり過般来魚津、滑川、水橋等の町には何となく一揆の起るらしき不穏の気分漲り居たるが三日午前七時頃中新川郡西水橋町に大騒動蜂起せり

……に立番し居たるものありこ

◆彼等は悉く貧民にして此等の家族等は樺太、北海道地方に出稼せるも同地方不漁のため帰途に就くべき旅費すら無く送金を依頼し来たるも物価騰貴にて其日の糊口すら困難の状態なるため先般来何等か救済の途を講ぜんこと各々……

資料Ⅱ

（『日本経済統計総観』）

(1)		(2)	
(3)			

カードの問題では，それぞれのカードのキーワードを見つけよう。折れ線グラフは，大きく変化している部分に注目しよう。

自分の得点まで色をぬろう!

がんばろう! もう一歩 合格!
0 60 80 100点

3 次の資料を見て，あとの問いに答えなさい。 8点×4（32点）

A

帝都震駭の不穏事件

犬養首相遂に逝去
けふ内閣總辭職
取敢へず蔵相を臨時首相に
深夜親任式行はる

手榴弾とピストルで
六ケ所を同時に襲撃
疾風迅雷的なその計畫

首相狙撃の刹那
正面裏門より突入し
撃てッの號令一下

B

聯盟よさらば！遂に協力の方

總會勧告書を採擇し
我が代表堂々退場す
四十二對一票 棄權一

支那側勧告受諾
第六項の權利強調

X

このころのできごと

年	できごと
1931	満州事変が起こる
1932	満州国が成立する Aの新聞が発行される
1933	Bの新聞が発行される
1936	二・二六事件が起こる

(1) Aについて，次の問いに答えなさい。

① この新聞が報じているできごとを何といいますか。

② このできごとによって，政党内閣の時代が終わりました。政党内閣とはどのような内閣か，「第一党」という語句を使って簡単に書きなさい。

(2) Bについて，次の問いに答えなさい。

① Xの言葉が示しているのはどのようなことか，簡単に書きなさい。

レベルUP ② ①のできごとが起こった理由を，簡単に書きなさい。

(1)	①	②
(2)	①	
(2)	②	

4 右の資料を見て，次の問いに答えなさい。 6点×3（18点）

A 学徒出陣の様子

B 学童疎開の様子

(1) Aについて，次の問いに答えなさい。

① Aで行進をしているのはどのような人々ですか。次から選びなさい。

ア 大学生・専門学生
イ 女性 ウ 朝鮮人

② Aが行われた理由を，簡単に書きなさい。

(2) Bはどのようなできごとですか。行われた目的も明らかにして，簡単に書きなさい。

(1)	①	②
(2)		

第6章

予習・復習 こつこつ 解答 p.29

1節 日本の民主化と冷戦①

教科書の要点 （　）にあてはまる語句を答えよう。

1 敗戦からの再出発 教 p.256~257

1945	財閥解体 女性参政権が実現
1946	極東国際軍事裁判 日本国憲法公布 農地改革
1947	教育基本法

●**連合国軍の日本占領**
◆本州・北海道・九州・四国▶マッカーサーを最高司令官とする（①　　　）（GHQ）による間接統治。
◆沖縄・奄美群島・小笠原諸島など▶アメリカ軍の直接統治。
◆南樺太・千島列島など▶ソ連軍が占領。

●**民主化政策の始まり**▶軍国主義を排除し民主主義を進める。
◆軍隊を解散し，戦争の責任者を（②　　　）で処罰。
戦争中に重要な地位にあった人は公職から追放
◆昭和天皇が「**人間宣言**」を発表。
◆政治▶治安維持法の廃止・女性参政権・政党の活動再開。
■満20歳以上の男女に**選挙権**。
■**日本社会党**・**日本自由党**の結成，**日本共産党**の再建。
◆労働▶労働者の権利が法律で保障される。
■（③　　　）▶労働者の団結を認める。
■（④　　　）▶労働条件の最低基準を定める。
◆差別の撤廃▶**部落解放運動**の再建，**北海道アイヌ協会**。
全国水平社の運動を引き継ぐ

●**戦後の国民生活**▶食料・物資が不足し，物価が急上昇→**闇市**。
公定価格によらずに品物を売買する

↓女性国会議員の誕生

2 平和国家を目ざして 教 p.258~259

●**日本国憲法**▶GHQの草案に基づいて憲法案を作成。
◆1946年（⑤　　月　　日）公布，1947年5月3日施行。
◆日本国憲法の三原則▶（⑥　　　），**基本的人権の尊重**，（⑦　　　）（**戦争の放棄**）。
◆天皇▶日本国および日本国民統合の（⑧　　　）。
◆（⑨　　　）▶国権の最高機関。
◆**議院内閣制**の採用▶内閣が国会に対して責任を負う。

●**憲法に基づく法律の整備**
◆地方自治法▶市町村長や都道府県知事を直接選挙で選ぶ。
◆**民法**▶「家」制度の廃止，男女同権を定める。
◆（⑩　　　）▶義務教育9年，6・3・3・4制。
小学校と中学校　高等学校，大学

●**財閥解体と農地改革**▶軍国主義を支えた**財閥**と地主制の解体。
◆（⑪　　　）▶三井・三菱・住友・安田などの解体。
◆（⑫　　　）▶地主の耕地を小作人に安く売り渡す→**自作農**の増加。地主の力のおとろえ。

↓農地改革による変化

●自作地と小作地の割合

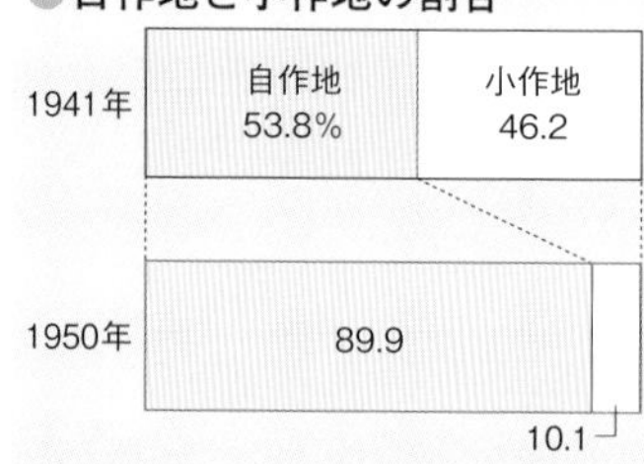

●自作・小作の農家数の割合

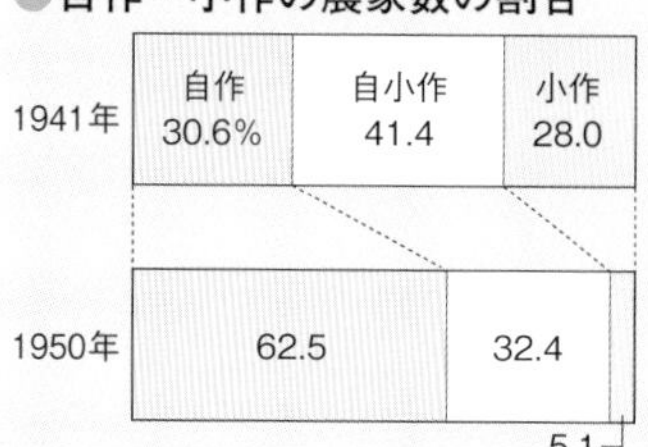

まるごと暗記　労働組合法 労働者の団結を認めた　教育基本法 小学校６年，中学校３年の義務教育を定めた

教科書の資料　次の問いに答えよう。

(1)　Xにあてはまる憲法を書きなさい。（　　　）

(2)　Xの草案をつくった，連合国軍最高司令官総司令部のアルファベットの名称を答えなさい。（　　　）

(3)　A～Cにあてはまる語句を書きなさい。

A（　　　）
B（　　　）
C（　　　）

大日本帝国憲法		X
1889（明治22）年 2月11日	公布	1946（昭和21）年 11月3日
1890年11月29日	施行	（ A ）
天皇主権	主権	国民主権
神聖不可侵，統治権をもつ国家元首	天皇	日本国・国民統合の象徴
法律の範囲内で認められる	人権	（ B ）の尊重
天皇が軍隊を統帥，徴兵制	戦争 戦力	（ C ）の放棄，戦力の不保持

チェック 教科書一問一答　次の問いに答えよう。

/10問中

★は教科書の太字の語句

1 敗戦からの再出発

①日本を間接統治した，連合国軍最高司令官総司令部の最高司令官はだれですか。　①＿＿＿＿

②アメリカに直接統治されたのは，小笠原諸島，奄美群島とどこですか。　②＿＿＿＿

③戦後，女性に初めて認められた政治に参加する権利を何といいますか。　③＿＿＿＿

④全国水平社の運動を引き継いで再建された，差別の撤廃運動を何といいますか。　④＿＿＿＿

⑤アイヌの人たちの社会的地位の向上のためにつくられた組織を何といいますか。　⑤＿＿＿＿

⑥政府が指定した公定価格によらない価格で品物が売買される市場を何といいますか。　⑥＿＿＿＿

2 平和国家を目ざして

⑦日本国憲法で定められた，内閣が国会に対して責任を負う政治体制を何といいますか。　⑦＿＿＿＿

⑧市町村長，都道府県知事を直接選挙で選ぶことを定めた法律を何といいますか。　⑧＿＿＿＿

⑨改正され，家庭では夫と妻が同じ権利をもつと定めた法律を何といいますか。　⑨＿＿＿＿

⑩地主の土地を安く売り渡す農地改革によって，小作人は何になりましたか。　⑩＿＿＿＿

知識の泉　ダグラス・マッカーサーは，朝鮮戦争に出兵し，戦況を有利に導きましたが，当時の大統領と対立して解任され，「老兵は死なず，ただ消え去るのみ」と演説をして軍人生活を終えました。

予習・復習 こつこつ 解答 p.29

1節 日本の民主化と冷戦②

( )にあてはまる語句を答えよう。

1 冷たい戦争の始まり 教 p.260~261

国際連合の設立と米ソの対立

◆(①　　　　)1945年▶国際社会の平和と安全を維持するための機関。（アメリカ・ソ連・イギリス・フランス・中国が常任理事国）

◆(②　　　　)▶西側諸国と東側諸国の対立。（戦火を交えない厳しい対立）

■資本主義陣営（西側）▶アメリカを中心とする。
→軍事同盟は，**北大西洋条約機構**（NATO）。

■社会主義陣営（東側）▶ソ連を中心とする。
→軍事同盟は，**ワルシャワ条約機構**。

■ドイツは東西に分断され，二つの国が成立。

新しい中国と朝鮮戦争/アジア・アフリカの動き

◆中国▶(③　　　　)成立1949年…主席は毛沢東。（共産党が内戦に勝利　国民政府は台湾へ移る）

◆朝鮮▶南をアメリカ，北をソ連が占領。

■南に**大韓民国**（韓国），北に**朝鮮民主主義人民共和国**（北朝鮮）成立→国家としての正当性をめぐり対立。

■(④　　　　)1950年→1953年に休戦。

◆(⑤　　　　)1955年▶インドネシアのバンドンにアジアとアフリカの29か国の代表が集まる。（1960年に多くの国が独立→「アフリカの年」）

1945	国際連合発足
1948	朝鮮民主主義人民共和国成立 大韓民国成立
1949	ドイツの東西分裂 中華人民共和国成立
1950	朝鮮戦争
1951	サンフランシスコ平和条約 日米安全保障条約
1954	自衛隊の発足
1955	アジア・アフリカ会議 原水爆禁止世界大会 自由民主党結成
1956	日ソ共同宣言 国際連合に加盟
1960	「アフリカの年」

東西両陣営から中立の立場をとった国は，第三世界とよばれたよ。

2 独立の回復 教 p.262~263

占領政策の転換▶日本を共産主義に対抗する勢力にする目的。

◆朝鮮戦争のとき，GHQの指令で警察予備隊がつくられる→保安隊を経て(⑥　　　　)となる1954年。（日本の治安維持が目的）

◆(⑦　　　　)▶アメリカが軍需物資を日本に注文。（朝鮮戦争のため）

独立の回復と国際社会への復帰

◆吉田茂内閣が(⑧　　　　)を結ぶ1951年。（西側諸国48か国と結ぶ）

■同時にアメリカと日米安全保障条約を結ぶ。（日本国内に米軍基地が残る）

◆ソ連と(⑨　　　　)を調印1956年。
→国際連合に加盟。**北方領土問題**が残る。（国際社会に復帰）

長期政権の成立

◆自由党と日本民主党が合同▶(⑩　　　　)1955年（政権を担う）
→自民党と野党が対立する**55年体制**が1990年代まで続く。

◆第五福竜丸がアメリカの水爆実験で被ばくする。
→(⑪　　　　)の広まり→原水爆禁止世界大会（1955年に世界で最初）

↓サンフランシスコ平和条約

第1条 (a) 日本国と各連合国との間の戦争状態は，この条約が日本国と当該連合国との間に効力を生ずる日に終了する。
(b) 連合国は，日本国とその領海に対する日本国民の完全な主権を承認する。

第2条 (a) 日本国は，朝鮮の独立を承認し，朝鮮に対するすべての権利と請求権を放棄する。

冷たい戦争（冷戦） 世界が東と西に分かれて対立　55年体制 自民党と野党が対立する政治

教科書の資料　次の問いに答えよう。

(1) 日本がこのときに平和条約を結んだのは，西側諸国と東側諸国のどちらですか。
（　　　　　　）

(2) 写真のXの首相はだれですか。
（　　　　　　）

(3) 独立を回復したあともアメリカの統治下におかれた地域を，小笠原諸島，奄美群島以外に書きなさい。
（　　　　　　）

(4) これと同時に日本がアメリカと結んだ条約を何といいますか。（　　　　　　）

(5) (4)によって，日本の安全と東アジアの平和を守るという理由で，日本国内に残されたものを何といいますか。（　　　　　　）

チェック 教科書一問一答　次の問いに答えよう。

/10問中

★は教科書の太字の語句

1 冷たい戦争の始まり

①冷戦時，東側諸国が結んだ軍事同盟を何といいますか。　□①＿＿＿＿

②冷戦時，西側諸国が結んだ軍事同盟を何といいますか。　□②＿＿＿＿

③中華人民共和国が成立したときの主席はだれですか。　□③＿＿＿＿

④1948年，朝鮮半島の北部に成立した国を何といいますか。　□★④＿＿＿＿

⑤1948年，朝鮮半島の南部に成立した国を何といいますか。　□★⑤＿＿＿＿

⑥1960年は，アフリカの多くの国が独立したことから何とよばれますか。　□⑥＿＿＿＿

2 独立の回復

⑦1950年にGHQの指令により新設された，自衛隊のもととなった組織を何といいますか。　□⑦＿＿＿＿

⑧戦後の復興を早めた特需（特殊需要）景気の背景にあった戦争を何といいますか。　□⑧＿＿＿＿

⑨日ソ共同宣言に調印したことで，日本が加盟を認められた国際組織を何といいますか。　□⑨＿＿＿＿

⑩1990年代まで続いた，政権を担当する自民党と野党が対立する政治体制を何といいますか。　□★⑩＿＿＿＿

1946年，イギリスの首相チャーチルは，東西に分裂しつつあるヨーロッパの状況に対して，演説で「鉄のカーテンがおろされた」と表現して，冷戦に向かうことを予想しました。

第7章

予習・復習　こつこつ　解答 p.30

確認のワーク ステージ1　2節　世界の多極化と日本

教科書の要点　(　)にあてはまる語句を答えよう。

1 自主・独立・平和を求めて　教 p.264~265

● ベトナム戦争と東南アジア/ECの発足とプラハの春

◆(①　　　　)▶北ベトナムとアメリカの対立。（ソ連や中国が支援／南ベトナムを支援）
→南北が統一され，ベトナム社会主義共和国が成立。

◆東南アジア▶(②　　　　)(ASEAN) 発足。

◆西ヨーロッパ▶(③　　　　)(EC) 発足。（移動の自由化と市場統合を目ざす）

◆東ヨーロッパ▶ソ連に対抗して民主化が進む→プラハの春。（1968年，チェコスロバキアの民主化運動）

● 中東の紛争と石油戦略▶中東諸国とパレスチナの対立。（イスラエル建国に反対するアラブ諸国の反発／パレスチナ解放機構（PLO）をつくる）

2 国際関係の変化　教 p.266~267

● 安保改定と反対運動

◆新しい日米安全保障条約を結ぶ 1960年→反対運動。（自民党が衆議院で強行採決→岸信介内閣退陣）

● 韓国・中国との国交正常化/沖縄の本土復帰

◆韓国▶(④　　　　)を結ぶ 1965年。

◆中国▶田中角栄首相が(⑤　　　　)に調印
1972年→(⑥　　　　)を結ぶ 1978年。

◆沖縄が本土に復帰 1972年→現在も米軍基地が残る。（沖縄返還協定）

■佐藤栄作首相が(⑦　　　　)を発表。（「持たず，つくらず，持ち込ませず」）

3 高度経済成長の光とかげ　教 p.270~271

● 日本経済の高度成長/国民生活の変化/公害の発生

◆(⑧　　　　)▶1950年代半ば~1970年代初めまで。（「もはや戦後ではない」といわれた）

■池田勇人内閣の「所得倍増」計画。

■家庭電化製品の普及，交通の発達。　■過密化と過疎化。

◆各地で公害が発生→公害対策基本法制定，環境庁設置。

■水俣病・四日市ぜんそく・イタイイタイ病・新潟水俣病。

● 石油危機と貿易摩擦

◆(⑨　　　　) 1973年→高度経済成長が終わる。（第四次中東戦争による）

◆アメリカへの輸出超過で(⑩　　　　)が生じる。

4 わが家にテレビがやってきた　教 p.272~273

● 戦後復興期の文化▶新聞・雑誌・書籍の出版が盛んに。

◆黒澤明の映画。　◆湯川秀樹がノーベル賞受賞。（物理学者）

● テレビの普及と文化の大衆化▶マスメディアの発達。（新聞，ラジオ，テレビなど）

◆生活文化の均質化→「中流意識」の広まり。

● 経済成長と文化財保護▶文化財保護法の制定。（1949年法隆寺金堂の壁画が焼損したことがきっかけ）

1960	日米安保条約改定
1964	東京オリンピック
1965	ベトナム戦争が激化
	日韓基本条約
1967	ＥＣ発足
	公害対策基本法
1971	環境庁設置
1972	沖縄復帰
	日中共同声明
1973	石油危機
1978	日中平和友好条約

↓東京オリンピック

1964年の東京オリンピックで日本の復興が示されたよ。

↓戦後復興期の文化

文化	人物
映画	黒澤明
物理学	湯川秀樹
歌手	美空ひばり
推理小説	松本清張
歴史小説	司馬遼太郎
純文学	川端康成
	大江健三郎
アニメ	手塚治虫

テレビのCMが，大量消費社会のシンボルになったよ。

教科書の資料　次の問いに答えよう。

(1) 右は，1973年のあるできごとの影響で起こった混乱の様子です。あるできごとを何といいますか。
(　　　　　)

(2) (1)によって終わった，1950年代後半から続いた日本の経済の急速な発展を何といいますか。
(　　　　　)

(3) (1)のきっかけとなった戦争を何といいますか。
(　　　　　)

(4) (3)の原因について，ユダヤ人が建国した国家に土地を追われたパレスチナ難民がつくった組織を□から選びなさい。
(　　　　　)

EU　ASEAN
PLO　NATO

チェック 教科書一問一答　次の問いに答えよう。

/10問中

★は教科書の太字の語句

1 自主・独立・平和を求めて

①ベトナム戦争後，1976年に成立した社会主義国家を何といいますか。　①＿＿＿＿

②1968年にチェコスロバキアで高まった，自主と自由を求める運動を何といいますか。　②＿＿＿＿

2 国際関係の変化

③1960年の改定にあたって反対運動がおこった，アメリカとの条約を何といいますか。　③＿＿＿＿

④日中共同声明に調印し，中国と国交を開いた総理大臣はだれですか。　④＿＿＿＿

3 高度経済成長の光とかげ

⑤1960年に，所得倍増を政策にかかげた総理大臣はだれですか。　⑤＿＿＿＿

⑥公害対策基本法を運用するために，1971年に発足した省庁を何といいますか。　⑥＿＿＿＿

4 わが家にテレビがやってきた

⑦日本人で初めてノーベル賞を受賞した物理学者はだれですか。　⑦＿＿＿＿

⑧純文学の作品を著してノーベル賞を受賞した文学者は，大江健三郎ともうひとりはだれですか。　⑧＿＿＿＿

⑨国産アニメの制作に力を尽くした，『鉄腕アトム』の作者はだれですか。　⑨＿＿＿＿

⑩法隆寺金堂の壁画が焼損したことで，1950年に定められた法律を何といいますか。　⑩＿＿＿＿

知識の泉　沖縄はアメリカ軍の統治下におかれていたため，それまでは米ドルを使用していました。本土復帰にあたって，県民は銀行に並んでドルを円に変更しました。

予習・復習 こつこつ 解答 p.30

3節 冷戦の終結とこれからの日本

教科書の要点 （　）にあてはまる語句を答えよう。

1 民主化のうねりと国際社会の変化 教 p.276~277

- 冷戦の終結 ▶ 冷戦の象徴である「ベルリンの壁」の崩壊。（東西ドイツの統一）
  - 米ソ首脳が（①　　　）の終結を宣言 1989年。（マルタ会談）
  - ソ連が解体し，（②　　　）などが独立 1991年。
- グローバル化の進展とEUの結成
  - グローバル化 ▶ 人・物・資本が国をこえて移動する。
    - 先進国首脳会議（サミット） 1975年 ▶ 国際的な課題調整。
  - 地域統合 ▶ EC→（③　　　）（EU） 1993年（共通通貨ユーロを導入）
- 地域紛争とテロ事件
  - 湾岸戦争 ▶ イラクがクウェートに侵攻，多国籍軍の派遣。（アメリカ中心）
  - イラク戦争 ▶ アメリカがイラクを攻撃し，政権を崩壊させる。（2001年に同時多発テロ事件）
  - シリア内戦→多くの（④　　　）が発生。
  - （⑤　　　）（PKO） ▶ 紛争の平和的解決が目的。（1992年，自衛隊が参加）

2 泡のようにふくらむ経済 教 p.278~279

- バブル経済とその影響
  - （⑥　　　） ▶ 地価や株価の高騰による異常な好景気。多くの企業が海外に進出→崩壊後，長い不況となる。
- 55年体制の崩壊 ▶ 自民党・共産党以外の連立政権が誕生 1993年。（細川護熙首相）
- アジアの成長と課題
  - 世界貿易機関（WTO） ▶ 国際的な貿易の規則を定める。
  - アジア太平洋経済協力会議（APEC）が始まる。（中国・韓国・東南アジア諸国に日本・オーストラリア）

3 私たちの生きる時代へ 教 p.280~281

- 世界金融危機と新しい政治の動き
  - （⑦　　　） 2008年 ▶ 経済に大きな衝撃。（アメリカの証券会社の破産から）
  - （⑧　　　）が起こる 2009年 ▶ 民主党政権の誕生。
- 災害と向き合う ▶ 被災地域の復興と災害対策が求められる。（1995年阪神大震災，2011年東日本大震災）
- インターネットの普及と文化 ▶ ソーシャルメディアの広まり。
  - アニメなどの日本の（⑨　　　）が海外でも注目。

4 未来をひらくために 教 p.282~283

- 社会の変化の中で ▶ さまざまな人が暮らしやすい社会に。
  - グローバル化や（⑩　　　）の進展。
  - 出生率の低下 ▶（⑪　　　）と人口減少が進む。
- 平和を築くために ▶ 差別の撤廃・環境問題・核廃絶など。（地球温暖化の問題など）

年	できごと
1990	東西ドイツ統一
1991	湾岸戦争 ソ連解体
1993	ＥＵが発足 非自民連立政権誕生
1995	阪神・淡路大震災
2001	アメリカ同時多発テロ事件
2002	日朝首脳会談
2003	イラク戦争
2008	世界金融危機
2009	民主党に政権交代
2011	東日本大震災
2012	自民党に政権交代

↓同時多発テロ事件

↓日本の地価と株価の移り変わり

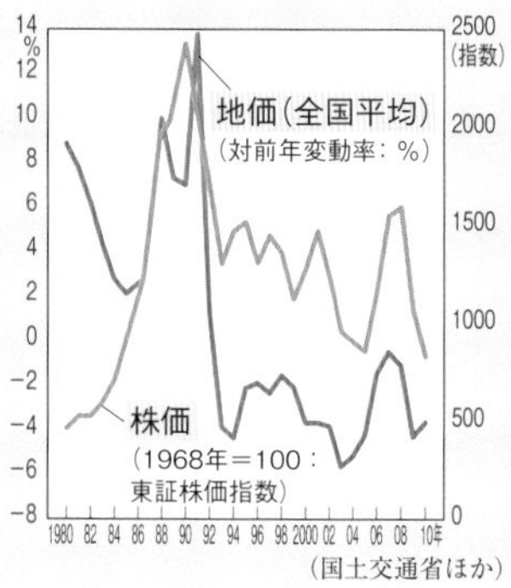

(国土交通省ほか)

携帯電話やスマートフォンをみんな使っているね。

まるごと暗記　バブル経済 地価や株価が異常にあがった経済　グローバル化 人や物,情報が国境を越えて移動すること

教科書の資料　次の問いに答えよう。

(1) 右の写真は，1989年，ヨーロッパのある都市にあった建造物の崩壊を喜ぶ人々の様子です。この建造物を何といいますか。（　　　　）

(2) (1)があった国を，□から選びなさい。（　　　　）

ロシア　アメリカ
ドイツ　フランス

(3) (1)が象徴(しょうちょう)していた，資本主義陣営(じんえい)と社会主義陣営の対立を何といいますか。（　　　　）

チェック 教科書一問一答　次の問いに答えよう。

/10問中

★は教科書の太字の語句

1 民主化のうねりと国際社会の変化

①1991年にロシア連邦(れんぽう)などの共和国に解体した国を何といいますか。　□①

②ヨーロッパ連合（EU）で導入されている共通通貨を何といいますか。　□②

③内戦や紛争で他国へ逃れた人々のことを何といいますか。　□③

④国連平和維持(いじ)活動（PKO）に，日本は1992年に参加しました。参加した組織を何といいますか。　□④

2 泡のようにふくらむ経済

⑤1993年に自民党と共産党(きょうさんとう)以外の連立政権が誕生したことで，崩壊した体制を何といいますか。　□⑤

⑥国際的な貿易の規則を定めるために，1995年に結成された機関を何といいますか。　□⑥

⑦東南アジア諸国やオーストラリア，日本などが参加する，経済協力のための会議を何といいますか。　□⑦

3 私たちの生きる時代へ

⑧2009年におこった政権交代で，政権を担(にな)うことになった政党を何といいますか。　□⑧

⑨不特定多数のインターネット利用者が相互(そうご)に情報を発信・受信できるメディアを何といいますか。　□⑨

4

⑩日本で少子化(しょうしか)が進んでいるのは，何が低下しているからですか。　□⑩

1949年に東西ドイツに分裂したのち，ベルリンの壁は1961年に築かれました。東ドイツの経済状況が悪化し，西ドイツに逃れる国民が増えたため，逃げられないように築かれたのです。

第7章

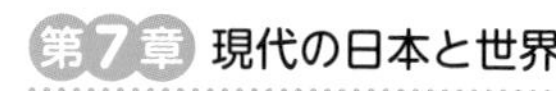

こつこつ テスト直前 解答 p.30

定着のワーク ステージ2 1節 日本の民主化と冷戦 2節 世界の多極化と日本 3節 冷戦の終結とこれからの日本

1 日本の民主化と冷戦 右の年表を見て，次の問いに答えなさい。

年	できごと	
1945	国際連合発足	…a
	（ A ）	
	参政権の拡大が認められる	…b
	労働者の団結が認められる	…c
1946	極東国際軍事裁判	
	日本国憲法公布	…d
	（ B ）	
1947	義務教育が9年になる	…e
	北大西洋条約機構成立	…f
1950	朝鮮戦争	…g
	警察予備隊ができる	…h
1956	国際連合に加盟する	…i

資料

	自作地	小作地
1941年	53.8%	46.2
1950年	89.9	10.1

(1) 年表中のaの国際連合の常任理事国を，次から2つ選びなさい。（　　）（　　）

ア イギリス　イ イタリア
ウ ドイツ　エ フランス

よく出る (2) 年表中のA・Bには，経済の民主化政策があてはまり，**資料**はBによる変化を示しています。それぞれにあてはまる改革を，□から選びなさい。

A（　　）　B（　　）

農地改革　地租改正　財閥解体　殖産興業

(3) 年表中のbについて，次の文中の□にあてはまる語や数字を書きなさい。

①（　　）　②（　　）

満[①]歳以上のすべての[②]が選挙権をもった。

(4) 年表中のc・eを定めた法律を答えなさい。

c（　　）　e（　　）

(5) 年表中のdについて，日本国憲法では，主権はだれにあると定められましたか。（　　）

(6) 年表中のfについて，この軍事同盟は，どこの国を中心に結ばれたものですか。（　　）

(7) 年表中のgについて，右の地図はgの経過を表したものです。これを見て，次の問いに答えなさい。

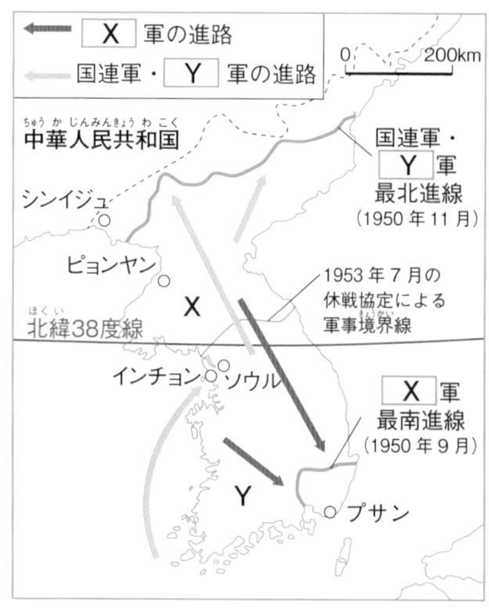

① X・Yの国名をそれぞれ書きなさい。

X（　　）
Y（　　）

② このときにアメリカ軍の軍需物資が日本から調達されたことによって日本の経済が活気づいたことを何といいますか。（　　）

(8) 年表中のhの警察予備隊は，1954年に何になりましたか。

（　　）

よく出る (9) 年表中のiについて，日本の国連加盟を可能にしたできごとを，次から選びなさい。（　　）

ア サンフランシスコ平和条約　イ 日米安全保障条約
ウ 日ソ共同宣言　エ ワルシャワ条約機構

ヒントの森

(1)第二次世界大戦の戦勝国です。

(9)拒否権をもつ常任理事国の1つが賛成したからです。

2 世界の多極化と冷戦の終結　次の資料を見て，あとの問いに答えなさい。

A

B

C

(1)　Aは，日本と中国の国交が正常化したときのものです。次の問いに答えなさい。

① このときに調印されたものを何といいますか。（　　　　）

② 次の文のX・YはAに映っているX・Yの人物を示しています。それぞれにあてはまる名前を書きなさい。　X（　　　　）　Y（　　　　）

佐藤栄作首相のあとに首相となった［Y］は中国を訪問し，①に調印して国交を正常化した。このときの中華人民共和国の主席は［X］，首相は周恩来であった。

(2)　Bについて，次の文を読んで，あとの問いに答えなさい。

この写真は，第二次世界大戦後，（ a ）の統治下におかれていた（ b ）で使われていた（ a ）のドルから，円に交換するために並んでいる人々の様子である。
（ b ）の本土復帰を実現させたc日本の首相はd非核三原則を発表して，国の方針とした。一方で，（ b ）には，eある条約に基づいて（ a ）の軍事基地が残され，現在も住民とさまざまな問題をかかえている。

① 文中のa・bにあてはまる語句を書きなさい。
a（　　　　）　b（　　　　）

② 下線部cについて，このときの日本の首相を，次から選びなさい。（　　）
ア　佐藤栄作　　イ　岸信介　　ウ　吉田茂　　エ　池田勇人

③ 下線部dについて，次の［　］にあてはまる語句を書きなさい。（　　　　）

核兵器を「持たず，つくらず，［　］」という原則。

④ 下線部eについて，これは何という条約ですか。
（　　　　）

(3)　Cはマルタ会談の様子です。次の問いに答えなさい。

① この会談が行われた時期を，右の年表中のア～エから選びなさい。（　　）

年	できごと
1945	第二次世界大戦の終結
	⇕ア
1950	警察予備隊ができる
	⇕イ
1965	日韓基本条約を結ぶ
	⇕ウ
1973	石油危機が起こる
	⇕エ
1992	PKO協力法が成立

② Cに映っているXの大統領，Yの書記長はそれぞれどこの国の人物ですか。
X（　　　　）　Y（　　　　）

③ この会談によって終結が宣言された，西側諸国と東側諸国の対立を何といいますか。
（　　　　）

(2)②ノーベル平和賞を受賞しました。
(3)②Yこの後に解体し，ロシアとなりました。

総合問題編

こつこつ テスト直前 解答 p.31

第7章 現代の日本と世界

30分 /100

1 右の資料を見て，次の問いに答えなさい。 4点×7（28点）

(1) 資料Ⅰ・Ⅱ中の□にあてはまる語句を書きなさい。

(2) 資料Ⅱの下線部について，次の問いに答えなさい。

よく出る ① この憲法を何といいますか。

② この憲法に基づいて整備された次のA～Cの法律の内容を，あとからそれぞれ選びなさい。

A 地方自治法　B 民法　C 教育基本法

ア 家族では男女同権とする。

イ 義務教育は小学校と中学校の９年とする。

ウ 市町村長と都道府県知事は住民の直接選挙で選ぶ。

記述 ③ この憲法では，天皇の存在はどのように定められていますか。簡単に書きなさい。

レベルUP (3) 資料Ⅰ・Ⅱの内容は，憲法の３つの柱のうち，どれにあてはまるものですか。

ア 国民主権　イ 基本的人権の尊重　ウ 平和主義

資料Ⅰ

□放棄

資料Ⅱ

『あたらしい憲法のはなし』（一部）

六 □の放棄

…そこでこんどの憲法では，日本の国が，けっして二度と□をしないように，二つのことをきめました。その一つは，兵隊も軍艦も飛行機も，およそ□をするためのものは，いっさいもたないということです。

(1)		(2) ①		② A	B	C
(2) ③					(3)	

2 右の地図を見て，次の問いに答えなさい。 4点×6（24点）

(1) 地図は，冷戦における東西両陣営の対立を示しています。A・Bにあてはまる国名を，それぞれ書きなさい。

(2) A・Bの国は，それぞれ何主義の考えを持ちましたか。

記述 (3) この対立が「冷たい戦争」とよばれた理由を，簡単に書きなさい。

(4) 北をBに，南をAに占領され，南北で対立した地域を，地図中のア～ウから選びなさい。

ア
イ
ウ
A
B

北大西洋条約機構の加盟国
ワルシャワ条約機構の加盟国
その他のAとの同盟国
その他のBと同じ考えを持つ国

(1) ① A	B	(2) A	B
(3)		(4)	

目標
- □戦後の民主化政策をおさえる
- □冷戦とその影響をおさえる
- □高度経済成長期の社会をおさえる

自分の得点まで色をぬろう!
がんばろう! もう一歩 合格!
0 60 80 100点

3 右のグラフを見て，次の問いに答えなさい。

4点×6（24点）

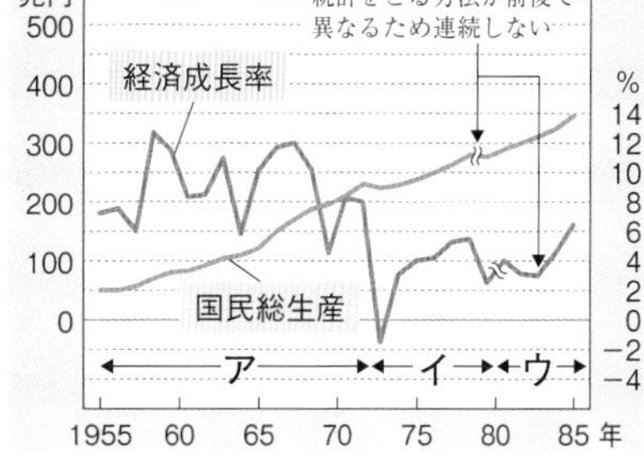

(1) グラフは，日本の国民総生産と経済成長率の移り変わりを示したものです。高度経済成長とよばれた期間を，ア～ウから選びなさい。

(2) 高度経済成長の時期に日本で起こったできごとを，次から２つ選びなさい。

ア 東海道(とうかいどう)新幹線の開通　　イ 東京(とうきょう)オリンピック

ウ ラジオ放送の開始　　エ 文化住宅の建設

(3) 高度経済成長期に発生した公害について，次の問いに答えなさい。

① 公害に対応するために1967年に制定された法律を書きなさい。

② ①に対応するために1971年に設置された省庁を書きなさい。

記述

③ 環境破壊や公害が高度経済成長期に発生したのはなぜですか。簡単に書きなさい。

(1)		(2)			(3) ①	②
(3) ③						

4 右の地図を見て，次の問いに答えなさい。

4点×6（24点）

ハイチ国際平和協力業務（2010～13年）
ゴラン高原国際平和協力業務（1996～2013年）
ネパール国際平和協力業務（2007～11年）
X
エルサルバドル国際平和協力業務（1994年）
スーダン国際平和協力業務（2008～11年）
南スーダン国際平和協力業務（2011年～現在）
カンボジア国際平和協力業務（1992～93年）
アンゴラ国際平和協力業務（1992年）
東ティモール国際平和協力業務（1999，2002～04，07，10～12年）
モザンビーク国際平和協力業務（1993～95年）
□2017年現在，展開されている地域
■過去に展開された地域
（2018年　内閣府ほか）

(1) Ｘの国で1989年に取り壊(こわ)された，冷戦を象徴(しょうちょう)する建造物を何といいますか。

(2) 次のＡ～Ｃのできごとの名前を，あとからそれぞれ選びなさい。

Ａ 大量破壊(はかい)兵器を保有しているとされた国が攻撃(こうげき)され，政権が崩壊(ほうかい)した。

Ｂ イラクがクウェートに侵攻(しんこう)したため，多国籍(たこくせき)軍がイラクを攻撃した。

Ｃ ハイジャックされた旅客機(りょかくき)がニューヨークの世界貿易センタービルなどに突入した。

ア 湾岸(わんがん)戦争　　イ ベトナム戦争

ウ イラク戦争　　エ 同時多発テロ事件

(3) 地図中の　　の地域について，次の問いに答えなさい。

① 紛争(ふんそう)の平和的な解決を目的として　　で行われている国連の活動を何といいますか。

② 1992年に日本から①に派遣(はけん)された組織を何といいますか。

(1)		(2) A	B	C
(3) ①	②			

第7章

プラスワーク　歴史重要語句

★ なぞったあと，漢字を書いて覚えましょう。読みも覚えておきましょう！

蝦夷（えみし） 蝦夷	執権（しっけん） 執権	親鸞（しんらん） 親鸞
守護（しゅご） 守護	新羅（しらぎ） 新羅	摂政（せっしょう） 摂政
戸籍（こせき） 戸籍	対馬（つしま） 対馬	銅鐸（どうたく） 銅鐸
樺太（からふと） 樺太	琉球（りゅうきゅう） 琉球	倭寇（わこう） 倭寇

蔵屋敷（くらやしき） 蔵屋敷	遣隋使（けんずいし） 遣隋使
高句麗（こうくり） 高句麗	薩摩藩（さつまはん） 薩摩藩
征韓論（せいかんろん） 征韓論	土一揆（どいっき） 土一揆
徴兵令（ちょうへいれい） 徴兵令	犬養毅（いぬかいつよし） 犬養毅
葛飾北斎（かつしかほくさい） 葛飾北斎	護憲運動（ごけんうんどう） 護憲運動
井原西鶴（いはらさいかく） 井原西鶴	廃藩置県（はいはんちけん） 廃藩置県
版籍奉還（はんせきほうかん） 版籍奉還	藩閥政治（はんばつせいじ） 藩閥政治
菱垣廻船（ひがきかいせん） 菱垣廻船	尊皇攘夷（そんのうじょうい） 尊皇攘夷
磨製石器（ませいせっき） 磨製石器	陸奥宗光（むつむねみつ） 陸奥宗光
邪馬台国（やまたいこく） 邪馬台国	啓蒙思想（けいもうしそう） 啓蒙思想

- 租（そ）・庸（よう）・調（ちょう） 租・庸・調
- 班田収授の法（はんでんしゅうじゅのほう） 班田収授の法
- 武家諸法度（ぶけしょはっと） 武家諸法度
- 征夷大将軍（せいいたいしょうぐん） 征夷大将軍
- 後醍醐天皇（ごだいごてんのう） 後醍醐天皇
- 立憲改進党（りっけんかいしんとう） 立憲改進党
- 平等院鳳凰堂（びょうどういんほうおうどう） 平等院鳳凰堂
- 墾田永年私財法（こんでんえいねんしざいのほう） 墾田永年私財法

全部書けたらきみは歴史博士だ！

どんな意味の用語だったか思いだそう！

重要資料と年表

大仙(だいせん)古墳（大阪府堺市）

▲日本最大の前方後円墳

法隆寺(ほうりゅうじ)（奈良県斑鳩町）

▲飛鳥文化を代表。現存する世界最古の木造建築。

元寇(げんこう)（蒙古襲来絵詞）

▲左がモンゴル軍、右が日本の御家人。

金閣(きんかく)（京都市鹿苑寺）　銀閣(ぎんかく)（京都市慈照寺）

▲足利義満が北山に建立

▲足利義政が東山に建立

時代	年代	できごと（日本）	できごと（世界）	年代
旧石器		狩りや採集が行われる		
縄文		縄文土器がつくられる		
			四大文明がおこる	前3500〜1600
			シャカの誕生	前463?
弥生	前4C	稲作が北九州に伝わる		
			秦の始皇帝が中国を統一	前221
			漢（前漢）が中国を統一	前202
			イエスの誕生	前4?
	57	倭の奴国の王が後漢に使いを送る		
	239	邪馬台国の卑弥呼が魏に使いを送る		
古墳	478	倭王武が中国の南朝に使いを送る		
			隋が中国を統一	589
飛鳥	593	聖徳太子が政務に参加する		
	607	小野妹子を遣隋使として派遣		
			ムハンマドがイスラム教を開く	610ごろ
			唐が中国を統一	618
	645	大化の改新		
	663	白村江の戦い		
	672	壬申の乱		
			新羅が朝鮮半島を統一	676
	701	大宝律令		
奈良	710	平城京に遷都		
	743	墾田永年私財法		
平安	794	平安京に遷都		
	894	遣唐使停止		
			唐がほろびる	907
			高麗が朝鮮半島を統一	936
			宋がおこる	960
	1016	藤原道長が摂政になる		
	1086	白河上皇が院政を開始		
	1156	保元の乱		
	1159	平治の乱		
	1167	平清盛が太政大臣になる		
鎌倉	1185	平氏がほろびる，守護・地頭設置		
	1192	源頼朝が征夷大将軍になる		
			チンギス・ハンがモンゴルを統一	1206
	1221	承久の乱		
	1232	御成敗式目		
			フビライ・ハンが元を建国	1271
	1274	文永の役（元寇）		
	1281	弘安の役（元寇）		
	1333	鎌倉幕府がほろびる		
建武の新政	1334	建武の新政		
室町（南北朝）	1336	南北朝の対立		
	1338	足利尊氏が征夷大将軍になる		
			明がおこる	1368
	1378	足利義満が幕府を室町に移す		
	1392	南北朝の統一	李成桂が朝鮮を建国	1392
	1404	勘合貿易開始		
室町（戦国）	1467	応仁の乱		
			ルターが宗教改革を始める	1517
	1543	鉄砲が伝わる		
	1549	キリスト教が伝わる		
	1573	室町幕府がほろびる		

重要資料と年表

長篠(ながしの)の戦い(愛知県　長篠合戦図屏風)

▲織田信長は鉄砲を有効に使い，武田軍を破った。

富嶽(ふがく)三十六景(葛飾北斎「神奈川沖浪裏」)

▲化政文化を代表する浮世絵(錦絵)の一つ。

富岡製糸場(とみおかせいしじょう)(群馬県富岡市)

▲殖産興業のもとつくられた官営模範工場。

東京オリンピック開会式(東京)

▲戦後の日本の復興を世界に示した。

時代	年代	日本　できごと	できごと　世界	年代
安土桃山	1575	長篠の戦い		
	1590	豊臣秀吉が全国を統一		
江戸	1600	関ヶ原の戦い		
	1603	徳川家康が征夷大将軍になる		
	1615	武家諸法度		
			イギリス・ピューリタン革命	1640
	1641	オランダ商館を長崎の出島に移す		
			清が中国を統一	1644
			イギリス・名誉革命	1688
	1716	徳川吉宗の享保の改革		
	1772	田沼意次が老中になる		
			アメリカ独立戦争	1775
	1787	松平定信の寛政の改革		
			フランス革命	1789
			アヘン戦争	1840
	1841	水野忠邦の天保の改革		
			太平天国の乱	1851
	1853	ペリー来航		
	1854	日米和親条約		
			インド大反乱	1857
	1858	日米修好通商条約		
	1867	大政奉還，王政復古の大号令		
明治	1868	五箇条の御誓文		
	1871	廃藩置県		
	1877	西南戦争		
	1889	大日本帝国憲法		
	1894	日清戦争	甲午農民戦争	1894
			義和団事件	1899
	1904	日露戦争		
	1910	韓国併合		
			辛亥革命	1911
大正	1914	…………第一次世界大戦…………		1914
			ロシア革命	1917
			国際連盟発足	1920
	1925	治安維持法・普通選挙法公布		
昭和			世界恐慌	1929
	1931	満州事変		
	1932	五・一五事件		
	1936	二・二六事件		
	1937	日中戦争が始まる		
	1939	…………第二次世界大戦…………		1939
	1940	日独伊三国同盟		
	1941	太平洋戦争が始まる		
	1945	原爆投下，ポツダム宣言受諾	国際連合発足	1945
	1946	日本国憲法公布		
			朝鮮戦争	1950
	1951	サンフランシスコ平和条約，日米安全保障条約		1951
	1956	日ソ共同宣言，国際連合加盟		
	1964	東京オリンピック・パラリンピック		
	1965	日韓基本条約	ベトナム戦争激化	1965
	1972	沖縄返還，日中共同声明		
	1978	日中平和友好条約		
平成			湾岸戦争，ソ連解体	1991
	1995	阪神・淡路大震災		
	2011	東日本大震災		
令和	2021	東京オリンピック・パラリンピック(予定)		

定期テスト対策

得点アップ！ 予想問題

1 この「**予想問題**」で実力を確かめよう！

2 「**解答と解説**」で答え合わせをしよう！

3 わからなかった問題は戻って復習しよう！

この本での学習ページ

スキマ時間でポイントを確認！
別冊「**スピードチェック**」も使おう

●予想問題の構成

回数	教科書ページ	教科書の内容	この本での学習ページ
第1回	2～35	第１章／第２章　原始・古代の日本と世界①	2～13
第2回	38～51	第２章　原始・古代の日本と世界②	14～23
第3回	62～71	第３章　中世の日本と世界①	28～33
第4回	72～87	第３章　中世の日本と世界②	34～43
第5回	98～125	第４章　近世の日本と世界①	48～63
第6回	126～139	第４章　近世の日本と世界②	64～69
第7回	148～165	第５章　日本の近代化と国際社会①	74～81
第8回	168～201	第５章　日本の近代化と国際社会②	82～99
第9回	210～225	第６章　二度の世界大戦と日本①	104～111
第10回	228～247	第６章　二度の世界大戦と日本②	112～119
第11回	256～263	第７章　現代の日本と世界①	124～127
第12回	264～283	第７章　現代の日本と世界②	128～133
第13回	2～283	歴史の総合問題①	－
第14回	2～283	歴史の総合問題②	－
第15回	2～283	歴史の総合問題③	－

解答 p.32

第1回 予想問題 第1章 歴史のとらえ方・調べ方 第2章 原始・古代の日本と世界①

/100

1 右の地図を見て，次の問いに答えなさい。 10点×7（70点）

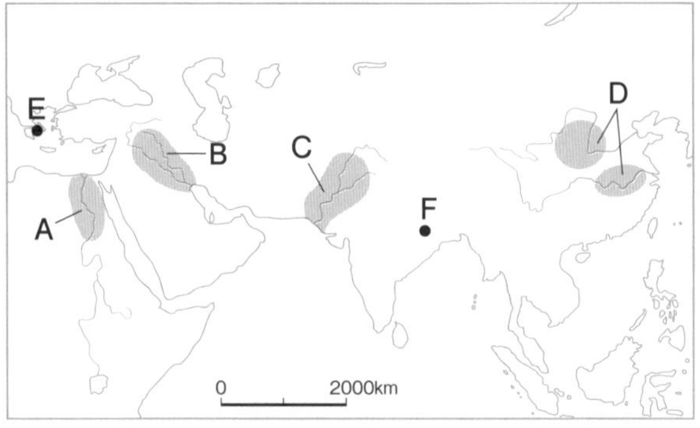

(1) 地図中のA・Cの地域でおこった文明をそれぞれ何といいますか。

(2) 地図中のBの文明に関係あるものを，次から選びなさい。

ア 兵馬俑坑 イ パルテノン神殿
ウ くさび形文字 エ ピラミッド

(3) 地図中のDの地域でつくられた漢字のもとになった文字を何といいますか。

(4) 地図中のDの地域で起こった次のア～エのできごとを，古い順に並べかえなさい。

ア 秦の始皇帝が中国を統一する。 イ 孔子が儒教を説く。
ウ 漢が中国を統一する。 エ 魏・呉・蜀の三国が分立する。

(5) 地図中のEにできた，丘の上の神殿と広場を中心とした都市国家を何といいますか。

(6) 地図中のFで生まれた，シャカによって開かれた宗教を何といいますか。

(1)	A	C	(2)		(3)	
(4)	→ → →		(5)		(6)	

2 右の資料を見て，次の問いに答えなさい。 6点×5（30点）

A

B

(1) Aの道具を何といいますか。

(2) Aがつくられたころの人々の生活を，次から選びなさい。

ア 打製石器を使い土器はなかった。
イ 狩りや漁，採集の生活だった。
ウ 稲作が広まっていた。

(3) Aの道具は，主にどのように使用されていたと考えられていますか。簡単に書きなさい。

(4) Bの古墳は，日本最大の古墳です。この古墳の形を何といいますか。

(5) 古墳の表面などに置かれた，人物や動物，建物などの形をした焼き物を何といいますか。

(1)		(2)		(3)	
(4)		(5)			

解答 p.32

第2回 予想問題

第2章　原始・古代の日本と世界②

15分　/100

1 右の年表を見て，次の問いに答えなさい。 (6)16点，他7点×12（100点）

年代	できごと
593	聖徳太子が摂政になる………a
	ア
645	大化の改新が始まる…………b
	イ
672	（ A ）が起こる
	ウ
701	大宝律令が制定される………c
	エ
710	奈良の（ B ）に都を移す
	オ
743	墾田永年私財法が出される…d
752	東大寺の大仏が完成する……e
794	京都の（ C ）に都を移す
	↕ X
894	遣唐使が停止される…………f
1016	藤原道長が摂政になる
1053	平等院鳳凰堂がつくられる…g

(1) 年表中のA～Cにあてはまる語句を，それぞれ書きなさい。

(2) 年表中のaについて，次の問いに答えなさい。

① 家柄(いえがら)にとらわれず，才能や功績のある人物を役人に取り立てようとした制度を何といいますか。

② 聖徳太子(しょうとくたいし)（厩戸皇子(うまやどのおうじ)）が役人の心構えを示すために制定したものを何といいますか。

(3) 年表中のbについて，この改革(かいかく)の中心人物のうち，のちに即位(そくい)して天智天皇(てんじてんのう)になった人物はだれですか。

(4) 年表中のcについて，あてはまるものを次から選びなさい。

ア　12歳以上の男女に口分田(くぶんでん)が与(あた)えられた。

イ　朝廷には太政官がおかれた。

ウ　地方には，国―市―里がおかれた。

エ　稲(いね)の収穫量(しゅうかくりょう)の約3％を庸(よう)として納(おさ)めた。

(5) 年表中のdについて，墾田永年私財法(こんでんえいねんしざいのほう)によって，土地と人民を直接国家が支配するという方針がくずれました。大化(たいか)の改新(かいしん)で定められたこの方針を何といいますか。

(6) 年表中のeの大仏(だいぶつ)を聖武(しょうむ)天皇がつくった目的を簡単に書きなさい。

(7) 年表中のXの時期に，唐(とう)から帰国した空海(くうかい)が開いた仏教(ぶっきょう)の宗派を何といいますか。

(8) 年表中のfのできごとののち，国内の貴族(きぞく)たちは，中国(ちゅうごく)の文化を日本の風土や生活に合わせてつくり変えた文化を発達させました。この文化を何といいますか。

(9) 年表中のgの建物が建てられた背景に，念仏(ねんぶつ)を唱えて阿弥陀仏(あみだぶつ)にすがれば，死後に極楽(ごくらく)浄土(じょうど)に生まれ変われるという教えがありました。この教えを何といいますか。

(10) 日本が唐・新羅(しらぎ／シルラ)軍に敗れた戦いが起こった時期を，年表中のア～オから選びなさい。

(1)	A	B		C	
(2)	①		②		
(3)		(4)		(5)	
(6)				(7)	
(8)		(9)		(10)	

解答 p.32

第3回 予想問題　第3章　中世の日本と世界①

15分　/100

1　右の地図を見て，次の問いに答えなさい。　8点×10（80点）

(1) 地図中のAの都について，次の問いに答えなさい。

① 1086年，白河天皇は位をゆずって上皇になったあとも政治を行いました。このような政治の体制を何といいますか。

② Aの都を中心に起こった二つの戦乱ののち，平氏が政権をとりました。この二つの戦いを，次から2つ選びなさい。

ア 平将門の乱　　イ 保元の乱
ウ 壬申の乱　　エ 平治の乱
オ 藤原純友の乱　　カ 白村江の戦い

(2) 次の①～③の文中の「この地」の位置を，地図中のア～カからそれぞれ選びなさい。

① この地に建てられた奥州藤原氏ゆかりの中尊寺金色堂は，2011年に世界文化遺産に登録されました。

② 源義経に攻められた平氏は，この地で滅亡しました。

③ 平清盛はこの地に港を整備し，中国の宋と盛んに貿易を行いました。

(3) 地図中のBに鎌倉幕府を開いた人物はだれですか。

(4) 次の文中の□にあてはまる語句を，それぞれ書きなさい。

(3)の人物は，平氏が滅亡した年に，国ごとに[a]を，荘園・公領ごとに[b]を設置することを朝廷に認めさせた。

(5) 承久の乱後に，幕府が朝廷の監視のために置いた役職を何といいますか。

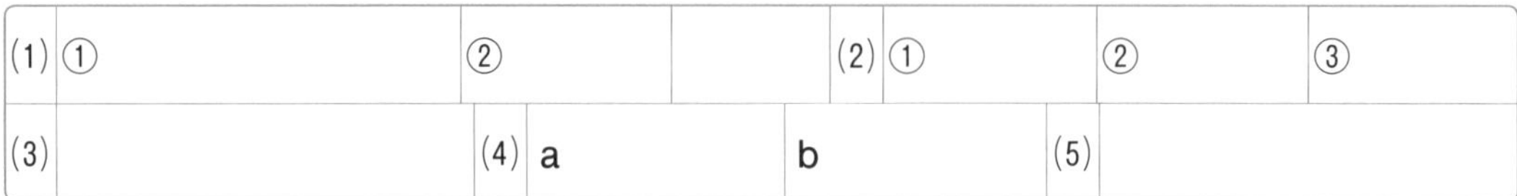

(1)	①	②		(2)	①	②	③
(3)		(4)	a	b	(5)		

2　右の資料を見て，次の問いに答えなさい。　5点×4（20点）

(1) 右の資料は，鎌倉時代の将軍と御家人の関係を示したものです。資料中のa・bにあてはまる語句をそれぞれ書きなさい。

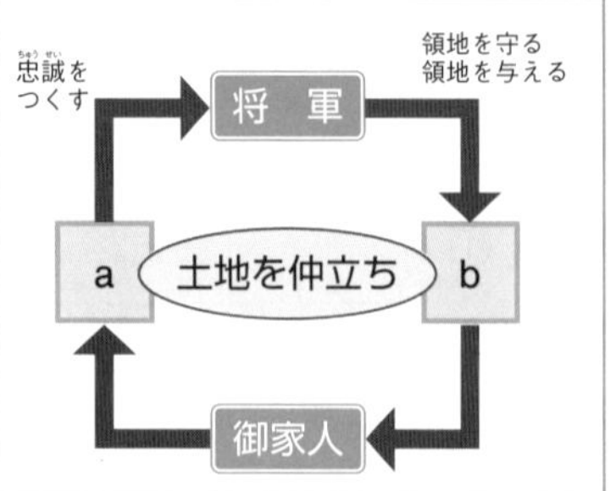

(2) 1232年に北条泰時が制定した，裁判の基準を示し，以降，武士の法律の手本とされた法令を何といいますか。

(3) 武士の気風に合うとして，鎌倉幕府の保護を受けた仏教の宗派を何といいますか。

(1)	a	b	(2)		(3)	

解答 p.33

第4回 予想問題

第３章　中世の日本と世界②

15分　/100

1 右の年表を見て，次の問いに答えなさい。 7点×10（70点）

年代	できごと
1274	文永の役……a
1281	弘安の役……a
1334	（ A ）が始まる
1338	室町幕府が成立…………b
	↕ X
1392	（ B ）の合一
1404	明との交易が始まる……c
1428	正長の土一揆
1467	応仁の乱……………………d

(1) 年表中のA・Bにあてはまる語句を，それぞれ書きなさい。

(2) 右の資料は，年表中のaのときの様子です。次の問いに答えなさい。

① このできごとを漢字２字で書きなさい。

② このときの，元の皇帝と鎌倉幕府の執権はそれぞれだれですか。

③ このとき，日本軍は元軍の攻撃に苦しみました。元軍の攻撃の特徴は，集団戦法で戦うことと，もう１つは何でしたか。資料を参考に，簡単に書きなさい。

(3) 年表中のbについて，室町幕府で将軍を補佐した役職を何といいますか。

(4) 年表中のXの時期について，この時期に守護は国司の権限を吸収して国内の武士を従えました。このような守護を何といいますか。

(5) 年表中のcについて，この貿易では勘合とよばれる合札が使用されました。これは正式な貿易船を何と区別するためでしたか。

(6) 年表中のdについて，このうち，実力のある者が上の身分のものに打ち勝つ風潮が広がりました。この風潮を何といいますか。

(1)	A	B	(2)	①
②	皇帝	執権	③	
(3)	(4)	(5)	(6)	

2 室町時代の文化について，次の問いに答えなさい。 6点×5（30点）

(1) 田楽や猿楽から発展し，観阿弥・世阿弥父子が大成した芸能を何といいますか。

(2) (1)の芸能の合間に演じられた喜劇を何といいますか。

(3) 雪舟が大成した，墨一色で自然を描く技法を何といいますか。

(4) 書院造でつくられた部屋で見られるものを，次から２つ選びなさい。

ア 床の間　　イ 渡り廊下　　ウ 板の間　　エ 違い棚

(1)	(2)	(3)	(4)	

解答 p.33

第5回 予想問題 第4章 近世の日本と世界①

15分 /100

1 右の地図を見て，次の問いに答えなさい。

7点×10（70点）

(1) 16世紀の初め，ドイツでルターがカトリック教会の免罪符の販売を批判して始めた改革を何といいますか。

(2) 地図中のA～Cの航路を開拓した人物あるいは船隊名を次からそれぞれ選びなさい。

ア バスコ＝ダ＝ガマ　イ マゼラン船隊
ウ コロンブス

(3) 日本に初めて鉄砲を伝えたのはどこの国の人でしたか。

(4) 日本にキリスト教を伝えた人物はだれですか。

(5) 次のア～カは，①織田信長と②豊臣秀吉に関連の深いできごとです。次のア～カからそれぞれ3つずつ選び，年代の古い順に並べかえなさい。

ア 本能寺の変　イ 朝鮮侵略　ウ 全国統一
エ 長篠の戦い　オ 太閤検地　カ 足利義昭の追放

(6) 織田信長が本拠地とした安土城下で実施した，座をなくし，市の税を免除した政策を何といいますか。

(7) 豊臣秀吉が行った刀狩の目的を簡単に書きなさい。

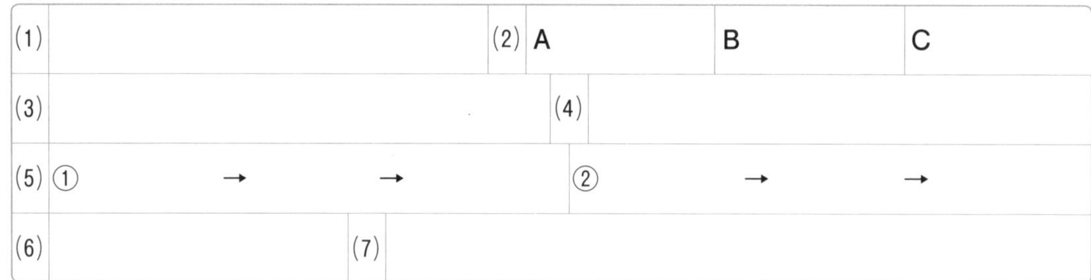

(1)		(2)	A	B	C
(3)		(4)			
(5)	① → →	② → →			
(6)		(7)			

2 右の地図を見て，次の問いに答えなさい。

5点×6（30点）

(1) 江戸幕府が出した，大名統制のための法令を何といいますか。

(2) (1)の法令に，参勤交代が加えられたときの将軍はだれですか。

(3) 次の①～④にあてはまる鎖国下の窓口に関する場所を，地図中のア～エからそれぞれ選びなさい。

① 朝鮮とは，この藩が窓口となって交易が行われた。
② 中国とオランダとの交易の窓口はこの都市だった。
③ 薩摩藩に服属したこの国は，清にも朝貢した。
④ この藩は，アイヌとの交易を独占した。

(1)		(2)		(3)	①	②	③	④

第6回 予想問題

第4章 近世の日本と世界②

15分 /100

解答 p.33

1 右の年表を見て，次の問いに答えなさい。 (3)・(7)は各8点，他6点（100点）

年代	できごと
1680	徳川綱吉が将軍になる…………a ↑
	●農業が発達する……………………b X
	●交通や都市が発達する………c ↓
1709	新井白石の政治
1716	徳川吉宗が将軍になる…………d
1742	（ A ）が定められる
1772	田沼意次が（ B ）となる……e
1787	松平定信が（ B ）となる……f ↑
1839	水野忠邦が（ B ）となる……g ↓ Y

(1) 年表中のAにあてはまる，裁判の基準となる法律を何といいますか。

(2) 年表中のBにあてはまる共通の役職を何といいますか。

(3) 年表中のa・e・fの政治にあてはまるものを，次からそれぞれ選びなさい。

ア 質の悪い貨幣を発行した。

イ 長崎貿易を制限した。

ウ 各地に倉を設けて米を蓄えさせた。

エ 長崎貿易で銅や俵物を輸出した。

(4) 年表中のd・f・gの人物が行った改革をそれぞれ何といいますか。

(5) 年表中のbについて，脱穀に使用された右の農具を何といいますか。

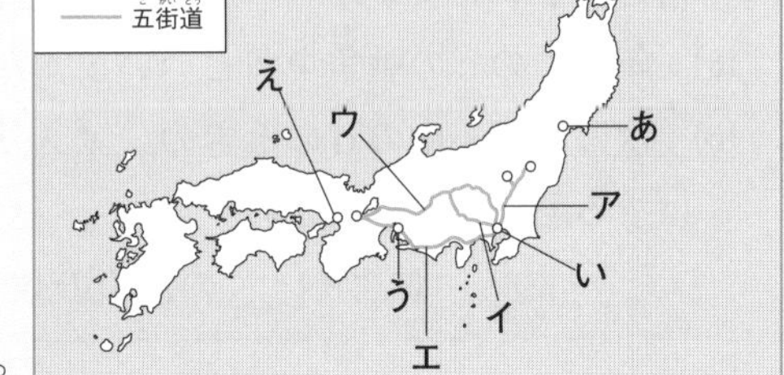

(6) 年表中のcについて，次の問いに答えなさい。

① 東海道を，地図中のア～エから選びなさい。

② 天下の台所とよばれた都市を，地図中のあ～えから選びなさい。

③ 都市の商人が結成し，幕府に営業税を納めるかわりに営業を独占した同業者組合を何といいますか。

(7) 年表中のX・Yのころの文化を，次からそれぞれ選びなさい。

ア お伽草子という絵入りの物語が民衆に喜ばれた。

イ 井原西鶴が浮世草子という小説に町人のすがたを描いた。

ウ 狩野永徳がふすまや屏風にはなやかな絵を描いた。

エ 葛飾北斎や歌川（安藤）広重の風景画が錦絵という版画として売り出された。

(8) 江戸時代，都市で米商人や高利貸しを人々が襲った行動を何といいますか。

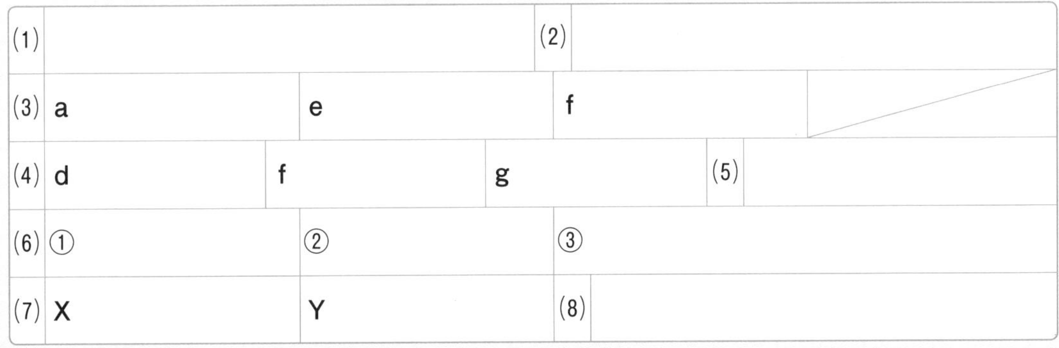

(1)			(2)			
(3)	a	e	f			
(4)	d	f	g	(5)		
(6)	①	②	③			
(7)	X	Y	(8)			

第7回 予想問題

第5章　日本の近代化と国際社会①

解答 p.34

15分　/100

1 右の年表を見て，次の問いに答えなさい。

10点×7（70点）

年代	できごと
1642	イギリスで（ A ）が起こる
1688	名誉革命が起こる
1775	アメリカで独立戦争が始まる……a
1789	フランス革命が始まる……………b
1804	ナポレオンが皇帝になる
1840	清とイギリスが戦う………………c
1851	太平天国の乱が起こる
1857	インドで（ B ）が起こる
1861	アメリカで南北戦争が始まる……d
1871	ドイツ帝国が成立する

(1) 年表中のA・Bにあてはまる語句を，それぞれ書きなさい。

(2) 年表中のaについて，この戦争で，アメリカはどこの国から独立しましたか。

(3) 18世紀後半，イギリスでは，蒸気機関の改良などをきっかけに産業と社会のしくみが大きく変化しました。これを何といいますか。

(4) 年表中のbの革命のときに発表された自由，平等，人民主権などをうたった宣言を何といいますか。

(5) 年表中のcの戦争を何といいますか。

(6) 次は，年表中のdのときの，アメリカの大統領の演説の一部です。□に共通してあてはまる語句を書きなさい。

「□の□による□のための政治」

(1)	A	B	(2)		(3)	
(4)		(5)		(6)		

2 右の地図を見て，次の問いに答えなさい。

5点×6（30点）

(1) ペリーが来航した場所を，地図中のa～dから選びなさい。

(2) 日米和親条約によって開港された港を，地図中のア～カから2つ選びなさい。

(3) 日米修好通商条約が日本にとって不平等である内容を，2つ書きなさい。

(4) 次のア～エの幕末のできごとを，古い順に並べかえなさい。

ア 薩長同盟の締結　イ 安政の大獄　ウ 大政奉還　エ 薩英戦争

(1)		(2)			(3)	
					(4)	→ → →

解答 p.34

第8回 予想問題

第5章 日本の近代化と国際社会②

/100

1 右の年表を見て，次の問いに答えなさい。 (4)・(5)②は各11点，他6点（100点）

年代	できごと
1868	新政府の方針である（ A ）が発表される 明治維新が始まる……………………あ
1871	岩倉使節団が派遣される
1874	a 民撰議院設立建白書を提出
1877	西南戦争
1881	国会開設の勅諭が出される
1882	b 立憲改進党が結成される
1885	c 内閣制度が創設される
1889	大日本帝国憲法が発布される………い
1890	第一回帝国議会が開かれる…………う
1891	d 足尾鉱毒事件が議会で取り上げられる
1894	日清戦争が始まる……………………え
1901	官営の（ B ）が操業を開始
1904	日露戦争が始まる
1910	日本が（ C ）を併合する
1911	e 条約改正が達成される

(1) 年表中のA～Cにあてはまる語句を，それぞれ書きなさい。

(2) 年表中の下線部a～eのできごとと関連が深い人物を，次のア～カからそれぞれ選びなさい。

ア 伊藤博文　イ 小村寿太郎
ウ 田中正造　エ 板垣退助
オ 陸奥宗光　カ 大隈重信

(3) 年表中のあについて，次の①・②にあてはまる明治政府の政策を，あとからそれぞれ選びなさい。

① 6歳以上の男女すべてが小学校教育を受けることとなった。

② 税額を地価の3％とし，土地の所有者に現金で納めさせた。

［ 地租改正　廃藩置県　版籍奉還　学制　四民平等　文明開化 ］

(4) 年表中のいの憲法の草案は，伊藤博文らによってドイツ（プロイセン）の憲法を参考につくられました。ドイツの憲法を参考にした理由を簡単に書きなさい。

(5) 年表中のうについて，次の問いに答えなさい。

① 帝国議会は，二院制が採用されていました。一つは衆議院，もう一つは何ですか。

② 第一回衆議院議員総選挙のときの選挙権の資格を，簡単に書きなさい。

(6) 年表中のえについて，この戦争の講和条約を何といいますか。

(7) (6)の講和条約で，日本は遼東半島を獲得しましたが，ロシア・フランス・ドイツの国々がこれを清に返還するように要求してきました。これを何といいますか。

(1)	A		B		C	
(2)	a	b	c	d	e	
(3)	①		②			
(4)						
(5)	①		②			
(6)		(7)				

第9回 予想問題

第6章　二度の世界大戦と日本①

解答 p.34

15分　/100

1 右の年表を見て，次の問いに答えなさい。

(3)(4)各7点，他8点（100点）

年代	できごと
1912	桂太郎内閣が成立する………a
1914	第一次世界大戦が始まる……b
1915	二十一か条の要求を提出……c
1917	ロシア革命が起こる…………d
1918	米騒動が起こる………………e
1919	第一次世界大戦の講和会議が開かれる……f
1920	国際連盟が成立する…………g
1922	全国水平社が結成される
1923	関東大震災が起こる
1925	（　　）が成立する
	普通選挙法が成立する………h

(1) 年表中のaについて，この内閣に対し，立憲政治に反しているとして，それに反発する運動が起こりました。この運動を何といいますか。

(2) 年表中のbの戦争について，日本はこの戦争に，何を理由に参戦しましたか。次から選びなさい。

ア 日米和親条約（にちべいわしん）　イ 日英同盟（にちえい）
ウ 南京条約（なんきん）　エ 三国協商（さんごくきょうしょう）

(3) 年表中のcについて，この要求を提出した国と受け取った国を，次からそれぞれ選びなさい。

ア 日本　イ 中国（ちゅうごく）　ウ 朝鮮（ちょうせん）　エ ロシア

(4) 年表中のdのロシア革命（かくめい）の指導者はだれですか。また，1922年に新しく結成された国の正式名称を書きなさい。

(5) 年表中のeのできごとによって寺内正毅（てらうちまさたけ）内閣が退陣後，日本初の本格的な政党内閣が組織されました。この内閣を組織した人物を，次から選びなさい。

ア 伊藤博文（いとうひろぶみ）　イ 大隈重信（おおくましげのぶ）　ウ 原敬（はらたかし）　エ 加藤高明（かとうたかあき）

(6) 年表中のfについて，次の問いに答えなさい。

① この講和会議が開かれた都市はどこですか。

② このときに結ばれた条約を何といいますか。

③ この会議が開かれた年に，朝鮮ではソウルでの民衆運動をきっかけに，日本からの独立運動が起こりました。これを何といいますか。

(7) 年表中のgについて，この機関の設立を提唱したアメリカの大統領はだれですか。

(8) 年表中のhについて，このときの選挙権を持つ条件を簡単に書きなさい。

(9) 年表中の（　　）にあてはまる，社会主義運動を取りしまる法律を何といいますか。

(1)		(2)		(3)	提出	受取
(4)	人物	国名		(5)		
(6)	①	②		③		
(7)		(8)				
(9)						

第10回 予想問題

第６章　二度の世界大戦と日本②

解答 p.35

/100

1 右のグラフを見て，次の問いに答えなさい。

(1)11点，他8点（51点）

(1) 1929 年を境に，各国の工業生産に変化が見られます。その理由を簡単に書きなさい。

(2) グラフ中のＡの国は，「五か年計画」を進めていたため，(1)の影響を受けませんでした。Ａの国の国名を書きなさい。

(3) (1)の対策としてアメリカは，公共事業をおこすなどの政策をとりました。これを何といいますか。

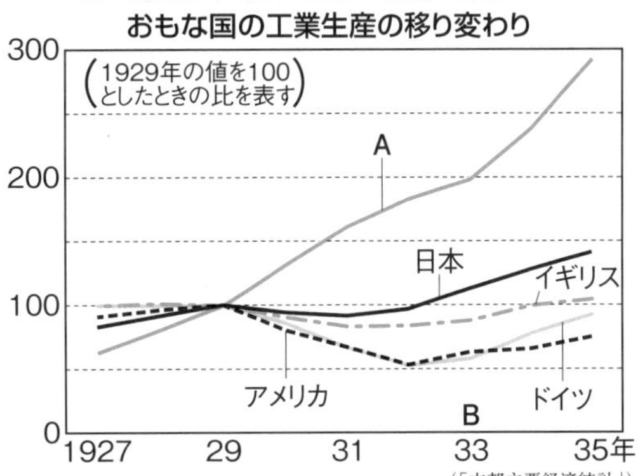

(4) (1)の対策として，イギリス・フランスは植民地との関係を強化する保護貿易の政策をとりました。これを何といいますか。

(5) ドイツでは，Ｂの年にナチ党が政権を握りました。このとき首相になった人物を次から選びなさい。

ア　ムッソリーニ　　イ　スターリン　　ウ　ヒトラー　　エ　チャーチル

(6) 次のア～エは，このグラフの期間とそれ以降に起こった日本のできごとです。古い順に並べかえなさい。

ア　国際連盟脱退の通告　　イ　日中戦争　　ウ　二・二六事件　　エ　満州事変

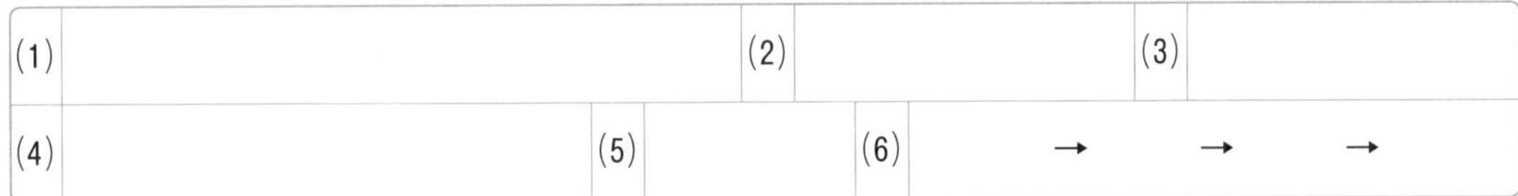

(1)		(2)		(3)	
(4)		(5)		(6)	→ → →

2 次のＡ～Ｅについて，あとの問いに答えなさい。

8点×7（56点）

Ａ　第二次世界大戦が始まる　　Ｂ　太平洋戦争が始まる　　Ｃ　空襲が激化する

Ｄ　原子爆弾が投下される　　Ｅ　第二次世界大戦が終結する

(1) Ａについて，この戦争は，どこの国がポーランドに侵攻したことから始まりましたか。

(2) Ｂについて，日本が奇襲したアメリカ軍の基地はどこにありましたか。

(3) Ｃについて，都会の児童は農村へ集団で移り住みました。これを何といいますか。

(4) Ｄについて，原子爆弾が投下された都市を２つ，投下された順に書きなさい。

(5) Ｅについて，このとき日本が受諾した宣言を何といいますか。

(6) Ｅの戦争の敗戦がラジオ放送で国民に知らされたのは何月何日ですか。

(1)		(2)		(3)		(4)	
		(5)		(6)			

解答 p.35

第11回 予想問題 第7章 現代の日本と世界①

15分 /100

1 右のグラフを見て，次の問いに答えなさい。

(4)(5)は完答，10点×5（50点）

(1) 第二次世界大戦後，日本を占領した連合国軍最高司令官総司令部（GHQ）の最高司令官はだれですか。

(2) 1945年12月，選挙法が改正されました。選挙権の資格はどうなりましたか。簡単に書きなさい。

(3) 右のグラフは，第二次世界大戦後に地主と小作人の関係を根本から変えたある改革の結果を示しています。この改革を何といいますか。

(4) 戦後公布された「日本国憲法」の三つの基本原則をすべて書きなさい。

(5) 次のア～オのうち，日本の民主化に伴い制定・改正された法律をすべて選びなさい。

ア 労働組合法　イ 教育基本法　ウ 治安維持法　エ 教育勅語　オ 民法

自作地と小作地の割合

	自作地	小作地
1941年	53.8%	46.2%
1950年	89.9%	10.1%

自作・小作の農家数の割合

	自作	自小作	小作
1941年	30.6%	41.4%	28.0%
1950年	62.5%	32.4%	5.1%

(1)		(2)		(3)	
(4)				(5)	

2 右の地図を見て，次の問いに答えなさい。

10点×5（50点）

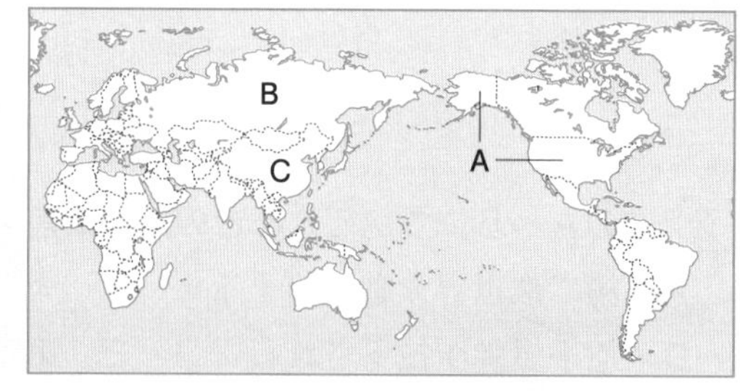

(1) 第二次世界大戦後，地図中のAを中心とする陣営とBを中心とする陣営が激しく対立し，戦火を交えない戦いが続きました。これを何といいますか。

(2) 第二次世界大戦後，東アジアでも多くの国が新しく生まれました。1949年に成立した地図中のCの正式国名を書きなさい。

(3) 1950年，朝鮮戦争が始まったことで，日本は特需（特殊需要）景気とよばれる好景気になりました。日本が好景気になった理由を，簡単に書きなさい。

(4) 1951年，Aの国で講和会議が開かれ，日本は48か国と講和条約を結び，独立を回復しました。この講和条約を何といいますか。

(5) (4)の条約調印と同時に，日本がAの国との間に結んだ条約を何といいますか。

(1)		(2)		(3)	
		(4)		(5)	

解答 p.35

第12回 予想問題　第7章　現代の日本と世界②

/100

1 右の年表を見て，次の問いに答えなさい。　(3)完答，10点×10（100点）

年代	できごと
1955	アジア・アフリカ会議開催
1956	ソ連との国交が回復する……a
1964	（ A ）
1967	EC が成立する ………………b
1972	中国との国交が正常化………c
1973	第四次中東戦争が起こる……d
1978	日中平和友好条約
1989	ベルリンの壁が取り壊される …e
2001	（ B ）
2009	政権交代で，民主党中心の政権になる

(1) 年表中の a について，次の問いに答えなさい。

① このとき，日本とソ連の間で調印されたものを，次から選びなさい。

ア 日ソ中立条約

イ 日ソ共同宣言

ウ 樺太・千島交換条約

エ 日ソ不可侵条約

② この結果，日本は国際社会に復帰しました。このときに日本が加盟した国際組織を何といいますか。

(2) 1955 年ごろから，日本経済は高い水準で成長を続けました。このことを何といいますか。次から選びなさい。

ア 55 年体制　　イ 高度経済成長　　ウ バブル景気　　エ 世界恐慌

(3) (2)の時期の国民生活について，あてはまるものを次から 2 つ選びなさい。

ア 公害問題が発生した。　　イ 大都市から地方へ人口が流出した。

ウ 携帯電話が普及した。　　エ 家庭電化製品が普及し，暮らしが便利になった。

(4) 年表中の b の組織は，1993 年に政治の統合を目ざし，発展しました。現在の組織を，アルファベットの略称で書きなさい。

(5) 年表中の c の年に，アメリカから日本に返還された地域はどこですか。

(6) 年表中の d について，この戦争の際，アラブ諸国がとった石油戦略が日本に打撃を与えたできごとを何といいますか。

(7) 年表中の e の壁が崩壊した翌年，この壁があった国が統一されました。この国はどこですか。

(8) 年表中の A にあてはまるできごとはどれですか。次から選びなさい。

ア 東京オリンピックが開催　　イ 阪神・淡路大震災が発生

ウ 自衛隊が発足　　エ 地球温暖化防止京都会議の開催

(9) 年表中の B には，アメリカで起こった，航空機が世界貿易センタービルに激突するなどの事件が入ります。このできごとを何といいますか。

(1)	①	②	(2)		(3)		
(4)		(5)		(6)			
(7)		(8)		(9)			

解答 p.35

第13回 予想問題 歴史の総合問題①

15分 /100

1 次の古代から中世の人物カードについて，あとの問いに答えなさい。 10点×10（100点）

A 聖武天皇	B 後鳥羽上皇	C 中大兄皇子
私は，a仏教の力で国を守ろうと，国ごとに国分寺と国分尼寺を建てました。b都には東大寺を建て，大仏をつくらせました。	私は，（ c ）の中心としてとらえられ，隠岐に流されました。歌集の（ d ）の編さんを藤原定家らに命じたことでも知られています。	私は，のちにe藤原氏の祖となった人物とともに蘇我氏をほろぼし，f大化の改新を始めました。のちに，天智天皇となりました。

D 足利義政	E 藤原道長	F 後醍醐天皇
私が将軍のとき，あとつぎ問題などから（ g ）が起こり，京都は焼け野原となりました。私はh銀閣を建てました。	私は，自分の４人目の娘が天皇の后になったときに「望月」の歌をよみました。i国風文化も栄えていました。	

(1) 下線部aについて，仏教を開いた人物はだれですか。

(2) 下線部bの都を何といいますか。次から選びなさい。
ア 平安京　イ 長岡京　ウ 藤原京　エ 平城京

(3) c・gにあてはまる戦いを，次からそれぞれ選びなさい。
ア 壬申の乱　イ 平治の乱　ウ 応仁の乱
エ 保元の乱　オ 壇ノ浦の戦い　カ 承久の乱

(4) dにあてはまる歌集を，次から選びなさい。
ア 万葉集　イ 古今和歌集　ウ 新古今和歌集　エ おくのほそ道

(5) 下線部eの人物はだれですか。

(6) 下線部fのとき，それまで皇族や豪族が支配していた土地や人民が国のものとなりました。これを何といいますか。

(7) 下線部hが建てられたころ，水墨画を大成した人物はだれですか。

(8) 下線部iについて，Eの娘の彰子に仕えた紫式部が書いた長編小説を何といいますか。

(9) Fのカードの空欄に，ほかのカードを参考にして，「後醍醐天皇」を紹介する文を書きなさい。

(1)		(2)		(3)	c	g	(4)	
(5)		(6)		(7)		(8)		
(9)								

解答 p.36

第14回 予想問題 歴史の総合問題②

/100

1 右の年表を見て，次の問いに答えなさい。 10点×10（100点）

時代	できごと
弥生	倭奴国王が（ A ）の皇帝に金印を授かる
	卑弥呼が（ B ）に使いを送る……a
古墳	倭の五王が（ C ）に使いを送る
飛鳥	聖徳太子が（ D ）に使いを送る
奈良	しばしば（ E ）に使いを送る……b
平安	平清盛が宋と貿易を行う…………c
鎌倉	元が日本に襲来する………………d
室町	明と勘合貿易が始まる……………e
	琉球王国が貿易で栄える
安土・桃山	南蛮貿易が盛んとなる……………f
江戸	東南アジアとの貿易が行われる
	鎖国が完成する
	ペリーが来航し開国する…………g
明治	条約改正が達成される……………h
大正	シベリア出兵が行われる…………i
昭和	サンフランシスコ平和条約を結ぶ

(1) 年表中のA～Eにあてはまる中国の王朝名の組み合わせとして正しいものを，次から選びなさい。

ア A－秦 B－唐 C－北朝 D－隋 E－漢

イ A－漢 B－秦 C－北朝 D－唐 E－隋

ウ A－秦 B－呉 C－南朝 D－隋 E－唐

エ A－漢 B－魏 C－南朝 D－隋 E－唐

(2) 年表中のaについて記されている，中国の歴史書を何といいますか。

(3) 年表中のbの使いとともに来日し，唐招提寺を開いて仏教を広めた人物はだれですか。

(4) 年表中のc・fについて，cの貿易のために修築された港と，fの南蛮貿易で栄え，鎖国後もオランダや中国との貿易が行われた港はそれぞれどこですか。地図中のア～オから選びなさい。

(5) 年表中のdについて，元軍はどこの地域に襲来しましたか。七地方区分で答えなさい。

(6) 年表中のeの貿易を始めた人物はだれですか。

(7) 年表中のgについて，このときに結ばれた条約を何といいますか。

(8) 年表中のhについて，イギリスとの間で治外法権の撤廃に成功した外務大臣はだれですか。

(9) 年表中のiは，隣国で起きたあるできごとに干渉するために行われました。このあるできごととは何ですか。

(1)	(2)	(3)	
(4) c	f	(5)	
(6)	(7)		
(8)	(9)		

解答 p.36

第15回 予想問題 歴史の総合問題③

15分　/100

1 次の資料や新聞記事の見出しなどを読んで,あとの問いに答えなさい。(1)は20点，他各10点（100点）

A　第１条　大日本帝国ハ万世一系ノ天皇之ヲ統治ス（大日本帝国憲法）

B　祇園精舎の鐘の声，諸行無常の響きあり。

C　元始,女性は実に太陽であった。真正の人であった。今,…女性は月である。(「青鞜」)

D　第１条　人は生まれながらにして，自由で平等な権利を持つ。(人権宣言)

E　けんかをした者は，どのような理由があろうと処罰する。(甲州法度之次第)

F　首相遂に兇手に倒る　昨夜十一時廿六分絶命（東京朝日新聞）

G　防人に　行くは誰が背と問ふ人を　見るが羨しさ　物思ひもせず（防人の歌）

H　あゝをとうとよ君を泣く　君死にたまふことなかれ　………（「明星」）

I　一，　城を修理するときは，必ず幕府に届けること。

(1)　Aの憲法のもと国民の権利はどう規定されていましたか。簡単に書きなさい。

(2)　冒頭がBで始まる源平の争乱を描いた軍記物を何といいますか。

(3)　Cは雑誌『青鞜』にかかげられた宣言です。これを書いた人物を，次から選びなさい。

ア　樋口一葉　　イ　平塚らいてう　　ウ　市川房枝　　エ　石川啄木

(4)　Dの宣言が出されたころの日本のできごとを，次から選びなさい。

ア　西郷隆盛を中心に西南戦争が起こった。　イ　異国船打払令が出された。

ウ　薩長同盟が結ばれた。　エ　老中松平定信が寛政の改革を行った。

(5)　Eは戦国大名が出した独自のきまりです。このようなきまりを何といいますか。

(6)　Fは，五・一五事件のときの新聞の見出しです。この「首相」とはだれですか。

(7)　Gの防人がよんだ歌がおさめられている歌集を何といいますか。

(8)　Hは，歌人の与謝野晶子がある戦争に出征した弟の身を案じてよんだ詩です。この戦争を何といいますか。

(9)　Iの法令が出されたときの政治のしくみを次から選びなさい。

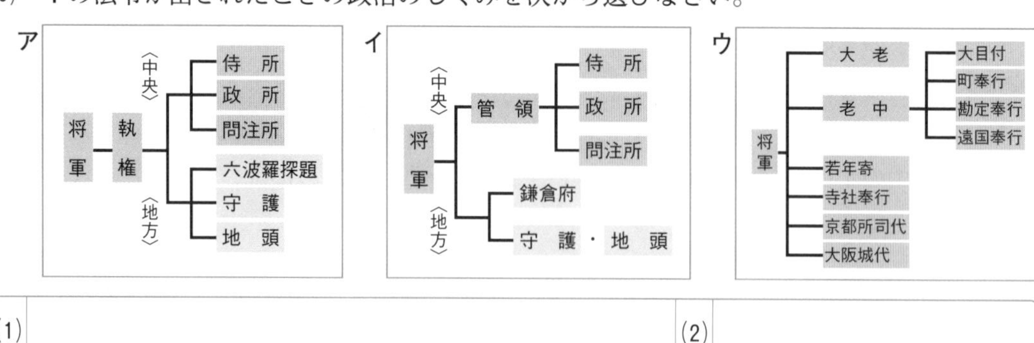

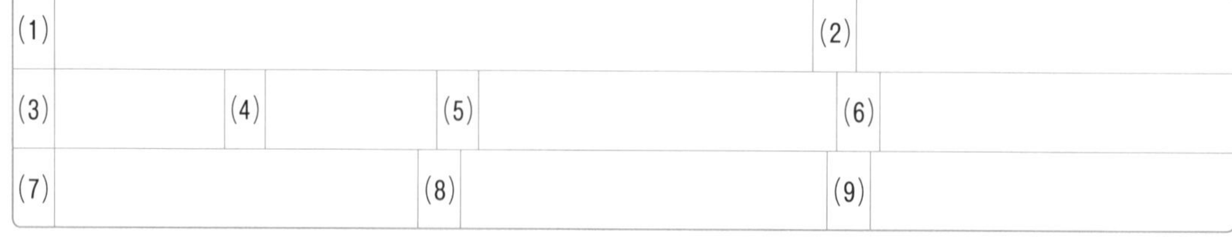

教科書ワーク 社会 特別ふろく

無料アプリ どこでもワーク

こちらにアクセスして，ご利用ください。
https://portal.bunri.jp/app.html

重要事項を
３択問題で確認！

ポイント
解説つき

Back 社会地理 1年
2問目/18問中
A2.
- 東アジアの国
- 首都はウランバートル
- 内陸国で遊牧が盛ん

ふせん　次の問題
× 中華人民共和国
○ モンゴル
× カザフスタン

地図は大きく
確認できる

間違えた問題だけを何度も確認できる！

無料ダウンロード ホームページテスト

無料でダウンロードできます。
表紙カバーに掲載のアクセスコードを入力してご利用ください。
https://www.bunri.co.jp/infosrv/top.html

問題▶

テスト対策や
復習に使おう！

同じ紙面に解答があって，
採点しやすい！

▼解答

1 右の地図を見て，次の問いに答えなさい。

(1) 地図中のＡ～Ｄの大陸名・大洋名を答えなさい。
(2) 赤道を示す経線を，地図中のア～エから選びなさい。
(3) Ｘの大陸では，緯線や経線を使った直線的な国境を持つ国が多く見られます。その理由を簡単に説明しなさい。
(4) 次の文にあてはまる国名を答えなさい。
①世界最大の面積をほこり，２つの州にまたがっている国。
②ローマ市内にある世界最小の面積の国。

(2)赤道はアフリカ大陸の中央，南アメリカ大陸のアマゾン川の河口付近を通る。

1	(6点×7,(3)は10点)	
(1)	A	ユーラシア大陸
	B	インド洋
	C	オーストラリア大陸
	D	太平洋
(2)		ウ
(3)		植民地時代に支配した国によって，都合よく引かれたため。
(4)	①	ロシア連邦
	②	バチカン市国

2 右の地図を見て，次の問いに答えなさい。

(1) 次の①～③の文の地域の気候帯を，地図中のＡ～Ｅからそれぞれ選びな

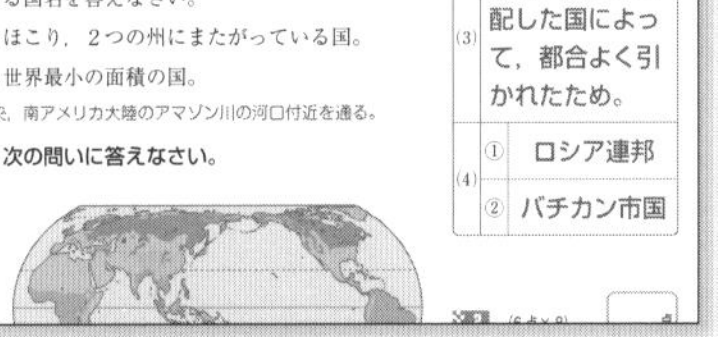

注意　●サービスやアプリの利用は無料ですが，別途各通信会社からの通信料がかかります。
●アプリの利用には iPhone の方は Apple ID，Android の方は Google アカウントが必要です。対応 OS や対応機種については，各ストアでご確認ください。
●お客様のネット環境および携帯端末により，ご利用いただけない場合，当社は責任を負いかねます。ご理解，ご了承いただきますよう，お願いいたします。

中学教科書ワーク

解答と解説

教育出版版

社会歴史

この「解答と解説」は，取りはずして使えます。

第1章 歴史のとらえ方・調べ方

p.2～3 ステージ1

●教科書の要点

①西暦　②イエス
③世紀　④社会
⑤政治　⑥年号
⑦天皇　⑧比較
⑨年表　⑩図
⑪表　⑫情報
⑬調査の課題

●教科書の資料

①Ⅱ　②Ⅰ　③Ⅲ
④ア　⑤ウ　⑥イ

●教科書チェック　一問一答

①B.C.　②A.D.
③100年　④20世紀
⑤中世　⑥文化
⑦明治時代　⑧因果関係
⑨年表　⑩仮説

ミス注意！

★世紀…区切りかたに注意しよう。

紀元前１世紀	１世紀
紀元前100年～紀元前1年	1～100年

第2章 原始・古代の日本と世界

p.4～5 ステージ1

●教科書の要点

①猿人　②打製石器
③原人　④新人
⑤旧石器時代　⑥磨製石器
⑦くさび形文字　⑧太陰暦
⑨ナイル　⑩太陽暦
⑪象形文字

●教科書の資料

(1)Aエジプト文明　Bメソポタミア文明
Cインダス文明
(2)Aア　Bイ　Cウ
(3)ユーフラテス川　(4)オリエント

●教科書チェック　一問一答

①氷河時代　②アフリカ（大陸）
③新石器時代　④都市国家
⑤ジッグラト　⑥ハンムラビ法典
⑦ピラミッド　⑧アルファベット
⑨鉄器　⑩インダス文字

ミス注意！

★石器と時代…取りちがいに注意しよう。

打製石器	磨製石器
旧石器時代	新石器時代

★文明とその特徴…取りちがいに注意しよう。

エジプト文明	メソポタミア文明
ナイル川，ピラミッド，スフィンクス，太陽暦　象形文字	チグリス・ユーフラテス川，太陰暦，くさび形文字，ジッグラト

p.6～7 ステージ1

●教科書の要点

①甲骨文字　②孔子
③始皇帝　④漢
⑤都市国家　⑥直接民主政
⑦アレクサンドロス大王
⑧ヘレニズム　⑨シャカ
⑩イエス　⑪ムハンマド

なぞろう重要語句

いんがかんけい　因果関係
だせいせっき　打製石器
たいいんれき　太陰暦
こうこつもじ　甲骨文字

●**教科書の資料**

(1)Aローマ帝国　B漢

(2)シルクロード

(3)万里の長城

(4)Xイスラム教　Yキリスト教

●**教科書チェック　一問一答**

①殷　②儒教

③秦　④ポリス

⑤民会　⑥ローマ帝国

⑦オリエント　⑧ヒンドゥー教

⑨新約聖書　⑩コーラン

ミス注意!

★殷と秦…取りちがいに注意しよう。

殷	秦
青銅器，甲骨文字	始皇帝，万里の長城

★キリスト教とイスラム教…取りちがいに注意しよう。

キリスト教	イスラム教
イエス，新約聖書	ムハンマド，コーラン

p.8～9 ステージ2

1 (1)A猿人　B原人　C新人

(2)B

(3)a打製石器　b磨製石器

資料Ⅱ　a

(4)a旧石器時代　b新石器時代

2 (1)Aくさび形文字　B甲骨文字

Cインダス文字　D象形文字

(2)A・D

(3)B

3 (1)Aパルテノン神殿

Bコロッセウム

(2)①都市国家〔ポリス〕　②ア

(3)①共和政

②aギリシャ　b道路（網）

c法律

4 (1)Aイエス　Bムハンマド

Cシャカ

(2)キリスト教　パレスチナ

仏教　インド

(3)インド

解　説

1 (2)原人は，氷河時代の中で現れたため，厳しい環境を生きぬくために，身を守り，火を使う方法を身につけたとされている。

2 (1)Aは粘土板に刻まれた。Bは漢字のもとになった。Cはまだ解読されていない。

(2)オリエントとは，メソポタミアとエジプトをふくむ地域のこと。AやDの文字をもとにアルファベットができた。

3 (1)Aのパルテノン神殿は，アテネにつくられた。Bのコロッセウムは闘技場ともいわれる。A・Bともに世界遺産に登録されている。万里の長城は，もともと途切れ途切れにつくられていた建造物を，秦の始皇帝が北方の遊牧民族の侵入を防ぐために整備したもの。兵馬俑坑は秦の始皇帝の墓の近くから発見され，その中からは人や馬などの等身大の焼き物が，何千体も見つかっている。

(2)②戦時に兵士として戦える市民（成年男子）全員が民会をひらいて，民主政（直接民主政）が行われていた。

(3)①共和政では，君主をもたない。

②広大な領土を支配するために，ギリシャから学んだ知識を応用した。

4 (2)アラビア半島では，7世紀にムハンマドによってイスラム教が開かれた。

p.10～11 ステージ1

●**教科書の要点**

①縄文時代　②縄文土器

③竪穴住居　④弥生時代

⑤高床倉庫　⑥弥生土器

⑦金属器　⑧邪馬台国

⑨埴輪　⑩大王

⑪大仙古墳〔大山古墳・伝仁徳天皇陵〕

⑫渡来人

●**教科書の資料**

(1)A縄文土器　B弥生土器

C須恵器

(2)D埴輪　時代　古墳（時代）

E土偶　時代　縄文（時代）

じゅきょう 儒教　じょうもんどき 縄文土器　たてあなじゅうきょ 竪穴住居　やまたいこく 邪馬台国

●教科書チェック　一問一答

①貝塚　②石包丁
③青銅器　④鉄器
⑤卑弥呼　⑥豪族
⑦大和政権
⑧大仙古墳〔大山古墳・伝仁徳天皇陵〕
⑨氏　⑩仏教

ミス注意！

★土偶と埴輪…取りちがいに注意しよう。

土偶	埴輪
縄文時代につくられ，祭りで利用された。	**古墳**時代につくられ，古墳の上に置かれた。

★鉄器と青銅器…取りちがいに注意しよう。

鉄器	青銅器
おもに工具や武具，農具として使われた。	おもに祭りに使われた。銅鐸や銅矛，銅鏡など。

p.12～13　ステージ2

1 (1)A竪穴住居　B高床倉庫
(2)磨製石器
(3)①貝塚
②X黒曜石　Y交易
(4)①石包丁
②名前　銅鐸　種類　青銅器
(5)①貧富　②身分

2 (1)a漢　b魏　c南朝
(2)奴国
(3)卑弥呼
(4)①（倭の）王　②朝鮮半島
(5)あ高句麗　い百済

3 (1)前方後円墳
(2)エ
(3)豪族
(4)①関東　②九州

解　説

1 (1)B食料を蓄えられるようになると，貧富の差が生まれた。また，稲作は共同作業で行われたため，作業を指導する者が現れ，やがて身分の差が生まれた。
(3)①貝塚から，人々の生活の様子がわかる。
(4)①石包丁を使って稲の穂を摘み取っていた。
②このころ伝わった金属器には，鉄器と青銅器がある。鉄器はおもに武器や工具に，銅鐸や銅鏡，銅剣などの青銅器は祭りの道具に使われた。

2 (1)Aは『後漢書』東夷伝に，Bは『魏志』倭人伝に，Cは『宋書』倭国伝に記されている。
(2)奴国は，九州北部にあったと考えられている。
(3)もとは男子の王だったが，戦いが続いたので，卑弥呼が女王に立てられた。卑弥呼はまじないで国を治め，30ほどの国を従えていたといわれる。邪馬台国の位置については，近畿にあったという説と九州にあったという説がある。
(5)あの高句麗とは5世紀の初めにも戦ったことが広開土王碑に刻まれている。いの百済とは同盟を結んでいた。

3 (1)大阪府堺市の大仙古墳が有名。

p.14～15　ステージ1

●教科書の要点

①隋　②唐
③新羅　④摂政
⑤冠位十二階　⑥十七条の憲法
⑦遣隋使　⑧仏教
⑨中大兄皇子　⑩公地公民
⑪壬申の乱　⑫大宝律令

●教科書の資料

(1)推古天皇
(2)蘇我馬子
(3)①天智天皇　②天武天皇

●教科書チェック　一問一答

①律令　②長安
③小野妹子　④飛鳥文化
⑤法隆寺　⑥大化の改新
⑦中臣鎌足　⑧白村江の戦い
⑨防人　⑩藤原京

ミス注意！

★7世紀ごろの重要人物…取りちがいに注意しよう。

中臣鎌足	→	藤原鎌足
中大兄皇子	→	天智天皇
大海人皇子	→	天武天皇

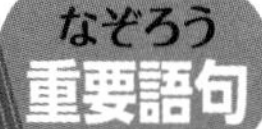

埴輪（はにわ）　卑弥呼（ひみこ）　聖徳太子（しょうとくたいし）　遣隋使（けんずいし）　律令（りつりょう）

p.16~17 ステージ2

1 (1)Aイスラム　B唐
aバグダッド　b長安
(2)①律令
②則天武后
(3)渤海
(4)シルクロード

2 (1)A和　B仏　C詔
(2)仏教
(3)①天皇　②役人

3 (1)①中大兄皇子・中臣鎌足
②土地・人民
(2)①a百済　b新羅　c唐
②山城　大野城　兵士　防人
③中大兄皇子
(3)天皇　天武天皇　記号　イ
(4)持統天皇
(5)①律令国家　②貴族
③太政官　④国司

解説

1 (1)a・b国際都市として栄えた。
(2)①律は刑罰についてのきまり，令は役所のしくみや税の負担など，政治を行う上でのきまり。
②則天武后は中国史上，唯一の女帝で，役人の採用に学科試験を取り入れて，人材登用を行った。
(4)唐から西方へ絹（シルク）が運ばれた。西方から中国へは，ぶどうや馬などがもたらされた。

3 (1)①蘇我蝦夷・入鹿親子を倒し，天皇中心の国づくりを始めた。
(2)新羅は，百済をほろぼして朝鮮半島を統一し，935年に高麗にほろぼされるまで続いた。
(3)天智天皇の弟である大海人皇子が，天智天皇の息子である大友皇子に勝ち，天武天皇となった。
(4)天智天皇の娘で，天武天皇の皇后。

p.18~19 ステージ1

●**教科書の要点**

①平城京　②奈良時代
③和同開珎　④班田収授の法
⑤租　⑥墾田永年私財法
⑦遣唐使　⑧鑑真
⑨聖武天皇　⑩東大寺
⑪天平文化　⑫古事記
⑬万葉集

●**教科書の資料**

(1)正倉院　(2)シルクロード
(3)①聖武天皇
②国分寺・国分尼寺
③天平文化

●**教科書チェック　一問一答**

①蝦夷　②大宰府
③戸籍　④口分田
⑤調　⑥庸
⑦大仏　⑧行基
⑨日本書紀　⑩風土記

ミス注意！

★租…漢字に注意しよう。

○ 租	× 粗	× 祖
税。収穫した稲の約３％を納めさせた。		

★班田収授の法…漢字に注意しよう。

○ 班田収授の法	× 班田収受の法
６歳以上の男女に口分田を与える制度。	

★大宰府…漢字に注意しよう。

○ 大宰府	× 太宰府
北九州に置かれた外交や軍事のための役所。 現在は太宰府市。	

★日本書紀…漢字に注意しよう。

○ 日本書紀	× 日本書記
日本で初めてまとめられた正史。	

p.20~21 ステージ1

●**教科書の要点**

①平安京　②征夷大将軍
③摂関政治　④摂政
⑤関白　⑥藤原道長
⑦荘園　⑧最澄
⑨空海　⑩宋
⑪国風文化　⑫仮名文字
⑬紫式部　⑭清少納言
⑮浄土

なぞろう 重要語句

しょう む てん のう　聖武天皇
こん でん えい ねん し ざいの ほう　墾田永年私財法
せっ かん せい じ　摂関政治

●教科書の資料

(1)大和絵　(2)寝殿造
(3)源氏物語　(4)仮名文字

●教科書チェック　一問一答

①桓武天皇　②平安時代
③蝦夷　④国司
⑤天台宗　⑥真言宗
⑦高麗　⑧紀貫之
⑨枕草子　⑩平等院鳳凰堂

ミス注意!

★摂政と関白…取りちがいに注意しよう。

摂政	関白
天皇が幼いときに政治を代行する。	天皇が成人したときに天皇を補佐する。

★清少納言と紫式部…取りちがいに注意しよう。

清少納言	紫式部
「枕草子」	「源氏物語」

★藤原頼通…漢字に注意しよう。

○ 藤原頼通	× 藤原頼道
藤原道長の子で，平等院鳳凰堂を建てた。	

p.22～23 ステージ2

1 (1)①平城京　②和同開珎
③X租　Y調　Z防人
(2)①6　②口分田　③私有
(3)東大寺

2 (1)①シルクロード　②遣唐使　③聖武
(2)①日本書紀・古事記
②風土記　③万葉集

3 (1)A僧　B征夷大将軍　C天皇
(2)①律令政治　②荘園
(3)①摂政　②関白

4 (1)A漢字　B仮名文字
C寝殿造　D浄土
(2)源氏物語・枕草子
(3)藤原頼通

解説

1 (1)①元明天皇のときに遷都された。
②富本銭という日本初の貨幣が見つかっているが，流通したかどうかは不明。
③租・調のほか，麻の布（労役の代わり）を納める庸という負担もあった。
(3)聖武天皇は仏教で国家を守ろうと考え，国ごとに国分寺，国分尼寺を建て，総国分寺として奈良に東大寺を建てた。

2 (1)写真は東大寺の正倉院。

3 (1)国司は律令制度のもとで，中央から地方に派遣された地方の行政を担当する役職。防人は九州北部の防備のために派遣された。
(2)②743年の墾田永年私財法から新たに開墾した土地の永久私有が認められ，荘園が発達した。

4 894年に遣唐使が停止され，中国の文化が日本の風土や感情に合わせたものに変化した。

p.24～25 ステージ3 総合

1 (1)a
(2)ローマ帝国
(3)イ　(4)ウ
(5)例北方の遊牧民族の侵入を防ぐため。

2 (1)ウ
(2)飛鳥時代
(3)例口分田が不足したため。
(4)荘園　(5)c

3 (1)高句麗
(2)白村江の戦い
(3)①百済
②例王としての地位を高め，朝鮮半島の国々に対して優位に立つため。
(4)B (→) C (→) A

4 (1)①（東大寺）正倉院　②ア
(2)埴輪
(3)Aウ　Bア

解説

1 (2)紀元前6世紀には貴族を中心に共和政が行われていた。紀元前30年ごろ帝政になった。
(3)アは古代ギリシャの都市国家で行われていた。ウは古代中国の殷，エはインダス文明。

2 (1)アは古墳時代の大和政権の王，イは平安京に都を移した天皇，エは大化の改新を始め，中央集権の国づくりを進めた天皇。

なぞろう重要語句

こくふうぶんか	かなもじ	にほんしょき	まんようしゅう
国風文化	仮名文字	日本書紀	万葉集

(3)鉄製の農具の普及が進み，収穫量が増えたことから人口が増え，口分田が不足した。

(4)貴族や寺社の収入源となった。

(5)東大寺の大仏の開眼供養が行われたのは752年。

❸ (1)高句麗は，紀元前１世紀ごろに成立し，668年まで朝鮮半島の北部にあった。

(2)百済を助けるために出兵したが，敗戦し，唐や新羅の攻撃に備えて，大野城や水城を築いた。

(4)Aは７世紀，Bは３世紀，Cは５世紀ごろ。

❹ (1)①シルクロードを通って西方から伝わったものも納められている。

②イは飛鳥文化，ウは縄文文化，エは国風文化。

(2)人型のものや，馬，家の形をしたものなどが出土している。大きさは数十センチメートルのものから１メートルをこえるものもある。

p.26～27 ステージ3 資・思

❶ (1)Aメソポタミア文明　Bエジプト文明

(2)例大きな河川の流域に発達した。

(3)エ

❷ (1)①例Aでは竪穴住居だけだが，Bでは高床倉庫や柵がつくられている。

②例Aでは動物や木の実や貝を食べているが，Bでは米がつくられている。

(2)記号　B　　時代　弥生時代

❸ (1)平城京　B　　平安京　A

(2)例道路が碁盤の目のように走っている。

❹ (1)（藤原）鎌足

(2)３人

(3)例娘を天皇の后にしてその子を天皇とし，天皇の親戚となって実権を握った。

(4)例政治の実権を手にして，この世は自分の思う通りになって満足している。

解説

❶ (1)Aはウルのジッグラト，Bはピラミッド。

(2)エジプト文明はナイル川，メソポタミア文明はチグリス・ユーフラテス川，インダス文明はインダス川，中国文明は黄河・長江の流域。

(3)アの言葉の使用，イの火の使用は原人のころのこと。ウはエジプト文明のことであり，共通した社会の変化ではない。

❷ (1)Aは縄文時代，Bは弥生時代の様子。①Bのころ，食料が蓄えられるようになり，貧富の差が生まれ，ムラとムラの争いが起こるようになった。柵は，堀と合わせて，他のムラの攻撃に備えるためにつくられたと考えられる。②弥生時代には稲作が行われるようになった。

❸ (1)Aは794年に桓武天皇が京都につくった平安京，Bは710年に奈良にできた平城京，Cは持統天皇が移した藤原京。

❹ (2)兼家，道隆，頼通の３人。天皇が幼いときは政治を代行する摂政の位につき，成人してからは関白となって天皇の政治を補佐した。

(3)藤原氏の女性が多く天皇の后となり，その間の子が天皇になっている点に着目する。

(4)３人目の娘が天皇の后になったときによんだとされる歌。何もかも思い通りである世の中を，欠けたところのない満月にたとえている。

ポイント

■需要人物の業績や特徴をおさえる。

聖徳太子▶冠位十二階，十七条の憲法。中大兄皇子▶大化の改新。藤原道長▶摂関政治。

■日本と大陸の結びつきをおさえる。

飛鳥時代の遣隋使→奈良時代の遣唐使→平安時代中期に遣唐使停止。

■文化の特徴と代表的な作品をおさえる。

飛鳥文化▶法隆寺。天平文化▶東大寺，『万葉集』。国風文化▶仮名文字，『源氏物語』。

第3章 中世の日本と世界

p.28～29 ステージ1

●教科書の要点

①武士団　②源氏
③院政　④平清盛
⑤源義経　⑥鎌倉幕府
⑦征夷大将軍　⑧奉公
⑨執権　⑩承久の乱
⑪御成敗式目

なぞろう重要語句
中大兄皇子（なかのおおえのおうじ）　平城京（へいじょうきょう）　平安京（へいあんきょう）　桓武天皇（かんむてんのう）

●教科書の資料

(1)A執権　B地頭　C守護

(2)①京都　②承久の乱

③後鳥羽上皇

●教科書チェック　一問一答

①平将門の乱　②平氏

③白河上皇　④平清盛

⑤壇ノ浦の戦い　⑥源頼朝

⑦御家人　⑧御恩

⑨北条氏　⑩北条泰時

ミス注意！

★保元の乱と平治の乱…取りちがいに注意しよう。

保元の乱	平治の乱
1156年。院政をめぐる天皇家や藤原氏の争い。	1159年。院政のもとでの平氏と源氏の争い。

★御恩と奉公…取りちがいに注意しよう。

御恩	奉公
将軍が**御家人**の領地を保護したり，新たな領地を与えること。	**御家人**が**将軍**のために，戦時にかけつけて戦うこと。

p.30～31　ステージ1

●教科書の要点

①堀　②武芸

③分割相続　④地頭

⑤年貢　⑥二毛作

⑦定期市　⑧運慶

⑨藤原定家　⑩平家物語

⑪浄土宗　⑫踊念仏

⑬臨済宗

●教科書の資料

(1)運慶・快慶

(2)①聖武天皇　②南大門

(3)ウ

●教科書チェック　一問一答

①惣領　②武芸

③荘園領主　④高利貸し

⑤新古今和歌集　⑥金剛力士像

⑦琵琶法師　⑧方丈記

⑨日蓮　⑩禅宗

ミス注意！

★浄土宗と浄土真宗…取りちがいに注意しよう。

浄土宗	浄土真宗
法然。念仏を唱えれば救われると説いた。	法然の弟子である**親鸞**。

★鎌倉時代の随筆…取りちがいに注意しよう。

『徒然草』	『方丈記』
兼好法師	鴨長明

p.32～33　ステージ2

1 (1)A平将門　B藤原純友

C白河上皇　D源義経

(2)宋

(3)源氏

(4)①天皇　②院

(5)①a太政大臣　b荘園

②ウ　③ア

(6)Y

(7)奥州藤原氏

2 (1)A守護　B地頭　C執権

(2)御成敗式目〔貞永式目〕

(3)①後鳥羽上皇　②御恩

③六波羅探題

3 (1)a牛　b鉄　c二毛作

(2)定期市

(3)①琵琶法師　②平家物語　③軍記物

解説

1 (1)Aの平将門は関東地方で反乱を起こし，自ら新皇を名のった。Bの藤原純友は瀬戸内地方で反乱を起こした。この二つの反乱を合わせて，承平・天慶の乱とよぶ。

(2)(5)平清盛は，大輪田泊（現在の神戸港）を整備して，宋と貿易を行った。

(3)前九年合戦，後三年合戦ともに東北地方の豪族らの争いで，源氏が治めた。

(4)白河天皇の前の後三条天皇は藤原氏と関係がうすく，荘園整理を行い，院政の基礎を築いた。

(5)①平氏の一族が，朝廷の高い役職を占めた。

(6)壇ノ浦は現在の山口県。

(7)源義経をかばい，源頼朝にほろぼされた。

なぞろう重要語句　院政（いんせい）　平清盛（たいらのきよもり）　御恩（ごおん）　奉公（ほうこう）　御成敗式目（ごせいばいしきもく）

❷ (1)1185年に守護・地頭がおかれた。守護は軍事や警察をつかさどる役職，地頭は年貢の取り立てなどを行った。

(2)地頭と荘園領主が，年貢の取り立てをめぐって争うようになったことなどから定められた。

(3)①承久の乱は，後鳥羽上皇が政権を取り戻そうと起こした戦い。

❸ (2)鎌倉時代には，寺社の門前や交通の要所などで，年貢や商品の輸送や取り引きを行う問丸が現れた。市での売買には宋銭が使われた。

p.34～35 ステージ1

●教科書の要点

①モンゴル帝国　②元
③高麗　④マルコ＝ポーロ
⑤北条時宗　⑥てつはう〔火器〕
⑦元寇　⑧徳政令
⑨後醍醐天皇　⑩足利尊氏

●教科書の資料

(1)Aモンゴル帝国　B元
　C高麗
(2)Aチンギス＝ハン
　Bフビライ＝ハン
(3)元寇

●教科書チェック　一問一答

①13（世紀）　②大都
③羅針盤　④文永の役
⑤集団戦法　⑥弘安の役
⑦領地　⑧悪党
⑨北条氏　⑩楠木正成

ミス注意！

★モンゴル帝国の皇帝…取りちがいに注意しよう。

チンギス＝ハン	フビライ＝ハン
初代皇帝。モンゴル帝国を築く。	5代皇帝。国号を元と定める。

★元寇…取りちがいに注意しよう。

文永の役	弘安の役
1度目の襲来。博多湾に上陸。	2度目の襲来。上陸できなかった。

p.36～37 ステージ1

●教科書の要点

①建武の新政　②南北朝
③室町幕府　④守護大名
⑤足利義満　⑥倭寇
⑦明　⑧勘合貿易
⑨朝鮮　⑩琉球王国
⑪アイヌ民族　⑫コシャマイン

●教科書の資料

(1)A明　B朝鮮
(2)輸出　イ・ウ　輸入　ア・エ・オ

●教科書チェック　一問一答

①後醍醐天皇　②足利尊氏
③南北朝時代　④管領
⑤陽明学　⑥勘合
⑦李成桂　⑧グスク
⑨尚巴志　⑩蝦夷地

ミス注意！

★将軍の補佐役…取りちがいに注意しよう。

執権	管領
鎌倉幕府	室町幕府

★勘合…漢字に注意しよう。

○　勘合	×　観合	×　勧合
日明貿易で正式な貿易船であることを証明するために用いられた合札。		

p.38～39 ステージ2

❶ (1)Aチンギス＝ハン
　Bフビライ＝ハン
　Cマルコ＝ポーロ
(2)執権
(3)①高麗　②元寇　③弘安の役
　④博多　⑤石垣〔防塁〕　⑥ア・エ
(4)①火薬　②天文学

❷ (1)A吉野　B京都　C室町
(2)①鎌倉　②建武の新政　③武士
(3)南北朝時代
(4)①X管領　Y鎌倉府
　②守護大名
(5)明

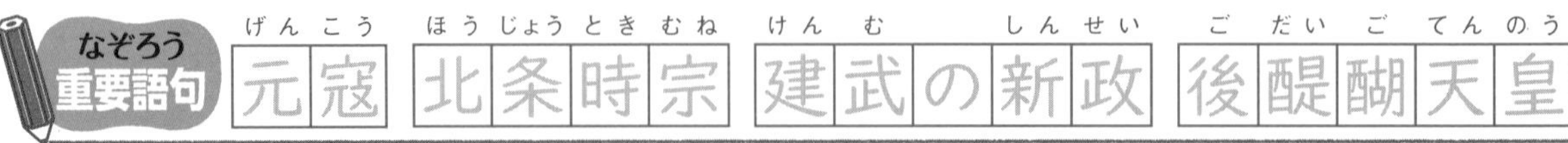

❸ (1)A明　B朝鮮(ちょうせん)
C蝦夷地(えぞち)　D琉球王国(りゅうきゅう)
(2)ア
(3)①首里城(しゅりじょう)　②中継(なかつぎ)

解 説

❶ (1)Cのマルコ＝ポーロはイタリアのベネチア出身の商人。旅行記『世界の記述（東方見聞録)』で，日本を「黄金の国ジパング」と紹介した。
(2)代々，執権の地位には北条氏が就いた。北条氏は，鎌倉幕府の源頼朝の妻である北条政子の実家で，初代執権は政子の父である北条時政。
(3)②元軍の一度目の襲来を文永の役，二度目の襲来を弘安の役という。
⑤元軍の一度目の襲来で上陸されて苦戦した鎌倉幕府が，二度目の襲来に備えて築いた。
(4)ぶどうはシルクロードが開かれたころに西方から漢へもたらされた。紀元前1600年ごろ成立した殷は，優れた青銅器文化をもっていた。

❷ (2)恩賞や役職などで一部の公家や武士だけを優遇し，功績のあった武士が冷遇されたことで多くの武士の不満が高まった。
(3)後醍醐天皇と対立した足利尊氏は京都に新たに天皇を立て（北朝)，後醍醐天皇は吉野に逃れて南朝を立てた。

❸ (2)イは東南アジアから琉球王国を介して明に納められた品，ウは日本が明から輸入した品，エは朝鮮から日本が輸入した品である。
(3)尚巴志は，山北・中山・山南の三つの王国を一つにまとめて琉球王国をつくりあげた。那覇の港は国際貿易港として栄えた。

p.40～41 ステージ1

●教科書の要点

①座(ざ)　②町衆(まちしゅう)
③惣(そう)　④応仁の乱(おうにん らん)
⑤浄土真宗(じょうどしんしゅう)　⑥下剋上(げこくじょう)
⑦分国法(ぶんこくほう)　⑧城下町(じょうかまち)
⑨能(のう)　⑩狂言(きょうげん)
⑪連歌(れんが)　⑫書院造(しょいんづくり)
⑬水墨画(すいぼくが)

●教科書の資料

(1)A銀閣(ぎんかく)　B金閣(きんかく)
(2)A足利義政(あしかがよしまさ)　B足利義満(あしかがよしみつ)
(3)A東山文化(ひがしやまぶんか)　B北山文化(きたやまぶんか)

●教科書チェック　一問一答

①馬借(ばしゃく)　②土倉(どそう)
③寄合(よりあい)　④足利義政
⑤一向一揆(いっこういっき)　⑥戦国大名(せんごくだいみょう)
⑦書院造　⑧雪舟(せっしゅう)
⑨お伽草子(とぎぞうし)　⑩茶の湯(ちゃ ゆ)

ミス注意!

★惣と座…取りちがいに注意しよう。

惣	座
農村の自治組織。	商工業者の同業者組合。

★3代将軍と8代将軍…取りちがいに注意しよう。

3代　足利義満	8代　足利義政
北山に金閣を建てた。	東山に銀閣を建てた。

★建築様式…取りちがいに注意しよう。

寝殿造	書院造
平安時代の貴族の住居。渡り廊下。	武士の住居。畳や床の間，違い棚など。

p.42～43 ステージ2

❶ (1)A綿(わた)　B座(ざ)　C銭〔税〕(ぜに)　D惣(そう)
(2)馬借(ばしゃく)
(3)祇園祭(ぎおんまつり)
(4)寄合(よりあい)

❷ (1)A一揆〔土一揆〕(いっき ど)　B一向一揆(いっこういっき)
(2)借金
(3)①足利義政(あしかがよしまさ)　②細川氏・山名氏(ほそかわし やまなし)

❸ (1)A公家(くげ)　B武家(ぶけ)　C禅宗(ぜんしゅう)
(2)①観阿弥・世阿弥(かんあみ ぜあみ)
②あ平安(へいあん)　い田楽(でんがく)　う猿楽(さるがく)
③狂言(きょうげん)
(3)①書院造(しょいんづくり)　②ア・エ
(4)イ
(5)①連歌(れんが)　②茶の湯(ちゃ ゆ)　③儒学(じゅがく)

解 説

❶ (2)年貢などの物資を運ぶ陸上の運送業者。港で運送や保管を行う業者は問丸。

なぞろう重要語句
しっけん 執権　かんれい 管領　りゅうきゅうおうこく 琉球王国　なかつぎぼうえき 中継貿易　げこくじょう 下剋上

⑶応仁の乱によって一時的に中断されていた。

2 ⑴一向一揆とは，一向宗（鎌倉時代に親鸞が開いた浄土真宗）の信仰で結ばれた人々が団結して起こした一揆。

⑵資料は，奈良県に建てられた碑文の文字で，正長元年（1428年）より前の借金については，神戸４か郷ではなしとする，という意味。

3 ⑴Ａ・Ｂ将軍や守護大名が公家の文化に親しむようになったのは，幕府が京都におかれたため。Ｃ鎌倉幕府も禅宗を保護していた。

⑶①資料は，銀閣と同じ敷地内にある東求堂同仁斎の一室。書院造は現代の和風建築のもととなった。②イの渡り廊下やウの中庭は，寝殿造の特徴。

⑷アの浄土真宗は北陸地方などで信者を増やした。

⑸②栄西は鎌倉時代に臨済宗を開いた。

p.44～45 ステージ3 総合

1 ⑴①エ　②イ　③オ　④ア

⑵①御成敗式目〔貞永式目〕

②Ａ守護　Ｂ地頭

③例御家人たちに対して，裁判の基準を示すため。

2 ⑴①後醍醐天皇

②例公家や一部の武士ばかりを重んじて，武士の間で不満が高まったため。

⑵資料　Ｂ

理由　例将軍を補佐する役職が管領になっているから。

3 ⑴イ

⑵①一遍　②浄土真宗〔一向宗〕

③例分かりやすく，実行しやすかったため。

⑶エ

4 ⑴Ａ足利義満　Ｂ運慶〔快慶〕

⑵イ

⑶例武家と公家の文化がとけ合った文化。

⑷ウ

解説

1 ⑴①は山口県の壇ノ浦，②は京都，③は博多湾，④は奈良県の吉野である。アは鎌倉，エは平清盛が整備した大輪田泊（神戸港）である。

⑵①北条泰時は，鎌倉幕府の第３代執権である。③地頭の権限が強くなり，荘園領主としばしば争いが起こるようになったため，定められた。

2 ⑴②建武の新政が行われたころの社会の混乱の様子は，「二条河原の落書」に描かれている。

⑵鎌倉幕府では，鎌倉に幕府があったため，西国の監視のために六波羅探題が置かれた。一方，室町幕府では，鎌倉に鎌倉府が置かれた。

3 ⑴武士は，堀や塀で囲まれた館で，日ごろは武芸の訓練を行い生活をしていた。

⑵資料は，『一遍上人絵伝』である。

⑶ア～ウは室町時代の農村の様子である。

4 ⑴Ａは足利義満が建てた金閣（東山文化），Ｂは東大寺南大門に設置されている金剛力士像（鎌倉文化）である。

⑵金閣を建てたのは，室町幕府３代将軍足利義満である。アの元寇は鎌倉時代。イの建武の新政は，鎌倉幕府がほろび，室町幕府が開かれるまで。エは室町幕府８代将軍足利義政のころのできごと。

⑷ア・イは室町時代に広まったお伽草子，エは鎌倉時代に兼好法師が著した随筆である。

p.46～47 ステージ3 資・思

1 ⑴例三方を山に，一方を海に囲まれている。

⑵①Ａ　②Ｃ　③Ｄ

あ例東国に限られていた

い例西国にまで広がった

2 ⑴記号　Ａ

理由　例集団戦法をとっているため。

⑵例幕府のために元軍と戦ったので，恩賞をください。

3 ⑴①勘合貿易

②例倭寇が中国の沿岸などで海賊をはたらき，被害が出ていたから。

⑵アイヌ民族

⑶例東アジアと東南アジアを結ぶ貿易。

4 ⑴例斯波氏の家臣の身分から，実力で守護大名を倒して，地位をうばった。

⑵例領国の統一した支配を強め，下剋上を防ぐため。

なぞろう重要語句

ざ　座

そう　惣

しょいんづくり　書院造

ばしゃく　馬借

よりあい　寄合

あしかがよしまさ　足利義政

解説

1 (1)鎌倉に攻め入るためには，切通しとよばれる細い道を通らなければならなかった。
(2)承久の乱後に守護が交代した国，新たに地頭が任命された地の多くが西国であることに注目する。

2 (1)Aは集団戦法を，日本は一騎打ちをしようとしている。また，中央で元軍が使用したてつはうとよばれる火薬が爆発している。
(2)資料Ⅱは，竹崎季長が幕府に恩賞をもらうために，文永の役での自分の活躍を描かせたものである。

3 (1)勘合のしくみは，倭寇と正式な貿易船を区別するために用いられた。
(3)琉球王国は，日本の刀剣や屏風，東南アジアの象牙や香辛料を明に納めていた。

4 (1)Bでの朝倉氏の領地は，Aでは斯波氏の領地であり，領主が入れ替わったことがわかる。
(2)家臣同士の勝手な同盟や，武力の行使を禁止する分国法もあった。

ポイント

■人物と出来事をおさえよう。

平清盛▶太政大臣，日宋貿易。源頼朝▶鎌倉幕府，守護・地頭の設置。後鳥羽上皇▶承久の乱。北条泰時▶御成敗式目（貞永式目）。北条時宗▶元寇。後醍醐天皇▶建武の新政，南朝。足利尊氏▶京都に幕府を開く，北朝。足利義満▶金閣，勘合貿易，南北朝の合一。足利義政▶銀閣。

第4章 近世の日本と世界

p.48～49 ステージ1

●教科書の要点

①カトリック教会　②バグダッド
③コーラン　④エルサレム
⑤十字軍（じゅうじぐん）　⑥ルネサンス
⑦レオナルド＝ダ＝ビンチ
⑧ルター　⑨プロテスタント
⑩オスマン帝国（ていこく）

●教科書の資料

(1)レオナルド＝ダ＝ビンチ
(2)ミケランジェロ　(3)ルネサンス
(4)ガリレイ

●教科書チェック　一問一答

①ローマ帝国　②ローマ教皇（きょうこう）
③アラビア数字　④ビザンツ帝国
⑤イタリア　⑥ギリシャ
⑦免罪符（めんざいふ）〔贖宥状（しょくゆうじょう）〕　⑧カルバン
⑨トルコ　⑩ムガル帝国

ミス注意!

★天動説と地動説…取りちがいに注意しよう。

天動説	地動説
地球が宇宙の中心で，太陽が地球の周りを回る。	太陽を中心に，地球がその周りを回る。

★ビザンツ帝国とイスラム帝国…取りちがいに注意しよう。

ビザンツ帝国	オスマン帝国	ムガル帝国
ローマ帝国が分裂し，東に成立した帝国。	トルコにおこったイスラム帝国。	インドにおこったイスラム帝国。

p.50～51 ステージ1

●教科書の要点

①香辛料（こうしんりょう）　②コロンブス
③バスコ＝ダ＝ガマ　④植民地（しょくみんち）
⑤イエズス会　⑥鉄砲（てっぽう）
⑦フランシスコ＝ザビエル
⑧キリシタン　⑨天正遣欧使節（てんしょうけんおうしせつ）
⑩南蛮貿易（なんばん）

●教科書の資料

(1)①コロンブス　②バスコ＝ダ＝ガマ
③マゼラン
(2)Aスペイン　Bポルトガル
(3)インカ帝国（ていこく）

●教科書チェック　一問一答

①イスラム商人　②キリスト教
③インド　④オランダ
⑤ポルトガル　⑥種子島（たねがしま）
⑦イエズス会　⑧キリシタン大名
⑨南蛮人　⑩銀

なぞろう重要語句

勘合貿易（かんごうぼうえき）　足利義満（あしかがよしみつ）　倭寇（わこう）　戦国大名（せんごくだいみょう）

ミス注意！

★大航海時代…取りちがいに注意しよう。

コロンブス	バスコ＝ダ＝ガマ	マゼラン船隊
スペインの援助→アメリカ大陸付近の島。	ポルトガル人→アフリカ南端を回ってインド。	スペインの援助→世界一周。

★種子島…漢字に注意しよう。

○ 種子島	× 種ヶ島
1543年にポルトガル人が漂着し，鉄砲を伝えた。	

p.52～53 ステージ1

●教科書の要点

①織田信長　②鉄砲
③比叡山延暦寺　④楽市・楽座
⑤豊臣秀吉　⑥太閤検地
⑦兵農分離　⑧朝鮮侵略
⑨千利休　⑩南蛮文化

●教科書の資料

(1)長篠の戦い
(2)A織田・徳川連合軍　B武田軍
(3)イ

●教科書チェック　一問一答

①桶狭間の戦い　②（比叡山）延暦寺
③安土城　④明智光秀
⑤石見銀山　⑥刀狩
⑦文禄の役　⑧姫路城
⑨朝鮮　⑩（出雲の）阿国

ミス注意！

★信長と秀吉…取りちがいに注意しよう。

織田信長	豊臣秀吉
長篠の戦い，安土城，楽市・楽座	太閤検地，刀狩，大阪城，朝鮮出兵，千利休

★太閤検地…漢字に注意しよう。

○ 太閤検地	× 太閤検地
田畑の面積や土地のよしあしを調べた。	

p.54～55 ステージ2

❶ (1)Aビザンツ　Bイタリア　Cギリシャ
(2)①オスマン帝国　②ムガル帝国
(3)香辛料

❷ (1)場所　エ　国　ポルトガル
(2)①宗教改革　②プロテスタント
③ローマ教皇　④イエズス会
(3)キリシタン大名
(4)ア

❸ (1)A今川義元　B足利義昭
C武田勝頼　D明智光秀
(2)室町幕府
(3)①座　②税　③商工業
(4)本能寺
(5)イ・ウ
(6)兵農分離
(7)d

❹ (1)A南蛮文化　B桃山文化
(2)姫路城
(3)千利休
(4)かぶき踊り

解説

❶ (2)インカ帝国・アステカ帝国は中南アメリカで栄えていた帝国。
(3)アジアからの香辛料は，イスラム商人を介して手に入れると，非常に高価だった。15世紀に「地球は丸い」という考えがおこり，アジアから直接香辛料を得るための航路の開拓が始まった。

❷ (1)中国の商船で種子島に漂着したポルトガル人が伝えた。
(2)②プロテスタントは「抗議する者」という意味。④アジアや中南アメリカで布教活動を行った。
(3)キリシタン大名としては，大友義鎮（宗麟），小西行長，黒田長政らがいる。

❸ (3)①座は，商品の製造や販売を独占する特権をもっていた。②市に出るための税を免除したため，だれでも自由に市に参加できるようになった。
(5)ア寺社や公家は所有していた荘園の権利を失った。エは鎌倉幕府の将軍が行ったこと。
(7)資料は，ますである。検地で，それまで地域ごとにことなっていたものさしやますが統一された。

❹ (1)Aはポルトガル式のローマ字で書かれた「平家物語」，Bは世界遺産にもなっている姫路城である。
(3)千利休は，後に秀吉によって切腹を命じられた。

なぞろう重要語句
しゅうきょうかいかく 宗教改革　てっぽう 鉄砲　たいこうけんち 太閤検地　へいのうぶんり 兵農分離

p.56～57 ステージ3 総合

1 (1)ビザンツ帝国
(2)カトリック教会
(3)十字軍
(4)ウ
(5)例聖地エルサレムからイスラム教徒を追い払うため。

2 (1)スペイン・ポルトガル
(2)例足軽の鉄砲隊が活躍するようになった。
(3)①ウ　②ア
(4)例南蛮貿易の利益を期待したから。

3 (1)X（比叡山）延暦寺
Y（石山）本願寺
(2)堺
(3)イ
(4)例公家は，座の支配などを通じて利益を得てきたから。

4 (1)豊臣秀吉
(2)ア・ウ
(3)天守閣
(4)狩野永徳
(5)桃山文化　特徴　エ

解説

1 (1)ビザンツ帝国は，ローマ帝国が東西に分裂した後，東ローマに成立した国。1453年にオスマン帝国にほろぼされた。
(2)中世のヨーロッパでは，各地の王や貴族らがカトリック教会との結びつきを強め，ローマ教皇の権力は大きなものとなっていた。
(3)11世紀末から，約200年にわたって派遣された。ローマ教皇は，十字軍は神のための正義の戦いであるとし，人々の宗教心を刺激した。
(4)エルサレムは，現在はイスラエルにある。

2 (1)スペインとポルトガルは，いち早く世界進出に乗り出し，世界各地に植民地を持っていた。
(3)イ・エは，勘合貿易（日明貿易）や平清盛が行った日宋貿易における貿易品。イは輸出したもの，エは輸入したものである。

3 (1)織田信長は仏教勢力を武力で制圧する一方，キリスト教は保護した。
(2)信長は，京都や堺の豪商らに軍用金を要求したが，堺の豪商らは拒否したため，信長は自治権を取り上げて，直接支配を行った。
(3)(4)それまで，商工業者らが同業者ごとにつくる座は，公家や寺社に銭などを納める代わりに営業の独占権を得ていた。楽市・楽座により，そうした座の特権は取り上げられ，だれもが自由に営業できるようになった。

4 (5)アは室町時代の北山文化，イは平安時代の国風文化，ウは同じ安土・桃山時代だが，南蛮貿易で流入した南蛮文化の説明。

ポイント

■**世界の動きをおさえよう**
十字軍▶イスラム世界との交流▶ルネサンス▶新航路の開拓。宗教改革▶プロテスタントの誕生。

■**織田信長の政策をおさえよう**
楽市・楽座，キリスト教を保護，仏教勢力弾圧。

■**豊臣秀吉の政策をおさえよう**
太閤検地，刀狩，宣教師の追放，朝鮮侵略。

p.58～59 ステージ1

●教科書の要点

①徳川家康　②幕藩体制
③徳川家光　④武家諸法度
⑤参勤交代　⑥朱印状
⑦日本町　⑧島原・天草一揆
⑨出島　⑩鎖国

●教科書の資料

(1)踏絵
(2)絵踏
(3)キリシタン
(4)宗門改め

●教科書チェック　一問一答

①江戸幕府　②藩
③五街道　④譜代大名
⑤外様大名　⑥大名
⑦朱印船貿易　⑧禁教令
⑨天草四郎　⑩オランダ

なぞろう重要語句
十字軍（じゅうじぐん）　南蛮貿易（なんばんぼうえき）　楽市・楽座（らくいち・らくざ）　桃山文化（ももやまぶんか）

ミス注意!

★大名の種類…取りちがいに注意しよう。

親藩	譜代大名	外様大名
徳川氏の一族。	徳川氏の古くからの家臣。	関ヶ原の戦いのころに従った。

★江戸幕府の宗教政策…取りちがいに注意しよう。

絵踏	宗門改め
踏絵を踏ませて，キリスト教徒を発見した。	人々が仏教徒であることを寺院に証明させた。

p.60〜61 ステージ1

●教科書の要点

①清　②オランダ風説書
③宗　④（朝鮮）通信使
⑤島津　⑥アイヌ
⑦シャクシャイン　⑧武士
⑨水呑百姓　⑩五人組

●教科書の資料

(1)A松前藩　B対馬藩　C薩摩藩
(2)長崎　(3)アイヌ民族
(4)（朝鮮）通信使

●教科書チェック　一問一答

①唐人屋敷　②出島
③唐船風説書　④対馬藩
⑤薩摩藩　⑥慶賀使
⑦蝦夷地　⑧本百姓
⑨村役人　⑩城下町

ミス注意!

★親藩…漢字に注意しよう。

○ 親藩	× 新藩
徳川氏一族。	

★外国との窓口…取りちがいに注意しよう。

薩摩藩	松前藩	対馬藩
琉球王国	蝦夷地	朝鮮

★対馬…漢字に注意しよう。

○ 対馬藩	× 対島藩
江戸時代に朝鮮半島との窓口となり貿易を行った。	

★宗氏…漢字に注意しよう。

○ 宗氏	× 宋氏
対馬藩を治めていた一族。	

p.62〜63 ステージ2

1 (1)A親藩　B譜代大名　C外様大名
(2)関ヶ原の戦い
(3)藩
(4)老中
(5)あ江戸　い参勤

2 (1)Aイギリス　Bスペイン
Cポルトガル　Dオランダ
(2)日本町
(3)キリスト教
(4)①キリシタン　②年貢
(5)出島

3 (1)A対馬　B薩摩　C松前
(2)①清　②唐人屋敷
③中国　唐船風説書
オランダ　オランダ風説書
④エ
(3)（朝鮮）通信使
(4)アイヌ民族

4 (1)武士
(2)①ウ　②五人組
(3)城下町

解説

1 (2)「天下分け目の戦い」ともよばれた。
(3)幕府と藩が全国の土地と民衆を支配するしくみを幕藩体制という。
(4)老中の上に臨時の職として大老が置かれることがあった。
(5)幕府は重要な土地は直接支配し，江戸や大阪などの周辺には親藩や譜代大名を配置した。外様大名は江戸から遠くに配置されたため，参勤交代にかかる費用が大きかった。

2 (1)オランダはプロテスタントの国であり，カトリックの国とはことなりキリスト教を布教することを目的としなかった。
(2)シャム（アユタヤ）の日本町の指導者となった山田長政は，シャムの役人となった。朱印船貿易が禁止されると，日本町は衰えた。
(3)キリスト教徒が団結して幕府に反抗することや，日本がヨーロッパの植民地になることをおそれた。

しんぱん 親藩　ふだい 譜代　とざま 外様　さんきんこうたい 参勤交代　さこく 鎖国　つうしんし 通信使

❸ (2)①女真族は満州族ともいう。
③鎖国とは，外交や貿易，情報などを幕府が制限した状態のこと。
④アの金やイの俵物は輸出品である。ウの昆布は，松前藩がアイヌから得ていたもの。

❹ (1)武士の特権は名字を名のることや帯刀など。
(2)②5～6戸で組織された。

p.64～65 ステージ1

● **教科書の要点**

①新田開発　②蔵屋敷
③株仲間　④徳川綱吉
⑤浮世草子　⑥近松門左衛門
⑦松尾芭蕉　⑧徳川吉宗
⑨公事方御定書　⑩商品作物
⑪地主　⑫打ちこわし

● **教科書の資料**

(1)大阪
(2)天下の台所
(3)蔵屋敷
(4)西まわり航路

● **教科書チェック　一問一答**

①生類憐みの令　②新井白石
③井原西鶴　④人形浄瑠璃
⑤俵屋宗達　⑥菱川師宣
⑦享保の改革　⑧上げ米の制
⑨問屋制家内工業　⑩百姓一揆

ミス注意!

★**同業者組合**…取りちがいに注意しよう。

座	株仲間
室町時代の商工業者の同業者組合。	**江戸**時代の商工業者の同業者組合。

★**お伽草子と浮世草子**…取りちがいに注意しよう。

お伽草子	浮世草子
室町時代に庶民に広まった絵入りの物語。	**江戸**時代の元禄文化で，町人のすがたを生き生きと描いた小説。

★**元禄文化**…漢字に注意しよう。

○ 元禄文化	× 元録文化
17世紀末～ 18世紀初めの上方の町人中心の文化。	

p.66～67 ステージ1

● **教科書の要点**

①田沼意次　②松平定信
③異国船打払令　④工場制手工業
⑤大塩平八郎　⑥水野忠邦
⑦本居宣長　⑧杉田玄白
⑨小林一茶　⑩寺子屋

● **教科書の資料**

(1)寺子屋
(2)読み・書き・そろばん
(3)藩校

● **教科書チェック　一問一答**

①株仲間　②寛政の改革
③藩政改革　④ラクスマン
⑤天保の改革　⑥国学
⑦蘭学　⑧伊能忠敬
⑨化政文化　⑩葛飾北斎

ミス注意!

★**江戸の三大改革**…取りちがいに注意しよう。

享保の改革	寛政の改革	天保の改革
徳川吉宗	松平定信	水野忠邦
・公事方御定書を定める ・目安箱の設置 ・上げ米の制	・農民を農村に帰す ・倉に米を蓄える ・朱子学	・厳しい質素・倹約 ・株仲間の解散

★**産業の変化**…取りちがいに注意しよう。

問屋制家内工業	工場制手工業
資本や機械を持つ大商人が資本を貸し，つくった製品を買い取る。	労働者を一か所に集め，作業を分担して物を生産する。

★**教育機関**…取りちがいに注意しよう。

寺子屋	藩校
民衆が読み・書き・そろばんを習った。	**藩士の子弟**が朱子学などを習った。

★**浮世絵**…取りちがいに注意しよう。

元禄文化	化政文化
菱川師宣 『見返り美人図』	葛飾北斎，歌川広重，東洲斎写楽，喜多川歌麿，多色刷りの錦絵。

なぞろう 重要語句

公事方御定書（くじかたおさだめがき）　寺子屋（てらこや）　異国船打払令（いこくせんうちはらいれい）

p.68〜69 ステージ2

❶ (1)A貨幣　B問屋制家内工業
C工場制手工業
(2)年貢
(3)X備中ぐわ　Y千歯こき
(4)エ

❷ (1)A徳川綱吉　B新井白石
C田沼意次
(2)株仲間
(3)①X享保の改革　Y寛政の改革
②Xイ　Yウ

❸ (1)Aロシア　Bイギリス　Cアメリカ
(2)根室
(3)異国船打払令
(4)蛮社の獄
(5)①大塩平八郎　②水野忠邦

❹ (1)歌舞伎
(2)俵屋宗達
(3)ア
(4)①本居宣長　②解体新書
(5)元禄文化　イ　化政文化　ア

解説

❶ (1)A商品作物を売って得た現金で，生活や農業生産に必要なものを買うようになった。
(2)年貢を増やすことで，幕府の財政を立て直そうとした。
(3)Xの備中ぐわにより，より深く田畑を耕せるようになり，Yの千歯こきにより，効率よく脱穀が行えるようになった。

❷ (2)田沼意次は，株仲間を増やすことで営業税を多く徴収しようとした。
(3)②アは田沼意次が行った政策。エは新井白石が行った政策。

❸ (2)ラクスマンは日本との貿易を求めたが，老中松平定信が断った。
(4)蘭学者の渡辺崋山や高野長英らは，外国船への砲撃は日本の危機を招くとして，異国船打払令を批判した。
(5)大塩平八郎は，大阪町奉行所の元役人。元役人が挙兵したことは世間を驚かせた。

❹ (2)Bは「風神雷神図屏風」。俵屋宗達は屏風やまき絵に優美な装飾画を描いた。
(3)十返舎一九は化政文化のころに活躍した人物。ウの葛飾北斎は同じく化政文化の風景画家。イ・エは元禄文化の人物で，松尾芭蕉は俳諧を大成し，近松門左衛門は人形浄瑠璃の脚本を書いた。
(5)京都・大阪は上方とよばれた。やがて江戸の商工業が発達すると，経済や文化の中心が江戸に移っていった。

p.70〜71 ステージ3 総合

❶ (1)朱印船貿易
(2)日本町
(3)イ
(4)例貿易の利益が優先されたため。
(5)①植民地　②キリシタン

❷ (1)A大阪　B江戸
(2)①年貢　②蔵屋敷
(3)ウ

❸ (1)Aエ　Bウ
(2)錦絵
(3)ア　(4)元禄文化
(5)例徳川吉宗がヨーロッパの書物の輸入禁止をゆるめたから。

❹ (1)A徳川吉宗　B水野忠邦
(2)あ公事方御定書　い株仲間
(3)松平定信
(4)a例民衆の意見を取り入れるため。
b例凶作に備えるため。

解説

❶ (1)資料Ⅰは朱印状。
(2)東南アジアの港町に移り住む日本人が増えた。
(3)中国産の生糸や絹織物を輸入した。
(5)朱印船貿易などで海外との交流が盛んになった結果，1612年ごろには，キリシタンは40万人近くに増加していた。

❷ (1)A日本各地から，年貢米や特産物が集まった。
B政治の中心地。資料は三井家が江戸に開いた越後屋呉服店の様子。
(3)ウは室町時代の様子。

きょうほう　かいかく　享保の改革　　かんせい　かいかく　寛政の改革　　てんぽう　かいかく　天保の改革

❸ (1)アは室町時代に水墨画を大成した人物，イは安土・桃山時代に屏風絵を描いた人物である。
(3)イ・ウは化政文化に活躍した人物。エの本居宣長は化政文化のころに国学を大成した。
(5)吉宗は，生活や産業に役立つ学問を奨励した。

❹ (3)「白河」とは白河藩主であった松平定信のこと，「田沼」は田沼意次のこと。寛政の改革が厳しすぎたため，わいろ政治が横行していたものの，田沼の時代のほうがまだよかったと皮肉っている狂歌である。

p.72〜73 ステージ3 資・思

❶ (1)例世界中に植民地(しょくみんち)があり，つねにどこかの植民地では太陽が出ていたため。
(2)①香辛料(こうしんりょう)　②イ
③例イスラム商人を介さず，安く手に入れようと考えたため。

❷ (1)①田畑の面積
②例百姓(ひゃくしょう)は耕作する権利(けんり)を得たが，年貢(ねんぐ)を納(おさ)める責任を負った。
(2)①年貢
②例百姓による一揆(いっき)を防ぐため。
(3)例武士(ぶし)と百姓の区別がはっきりする兵農分離(へいのうぶんり)が進んだ。

❸ (1)33.9（%）
(2)例大名(だいみょう)にお金を使わせて，幕府に反抗する力をそぐ効果。
(3)例譜代(ふだい)大名は江戸(えど)や大阪(おおさか)などの近くに，外様(とざま)大名は遠くに配置した。
(4)外様大名

❹ (1)打ちこわし
(2)例飢饉(ききん)によって生活が苦しくなったため。
(3)例一揆の首謀者(しゅぼうしゃ)がだれだかわからなくするため。

解説

❶ (2)②バスコ＝ダ＝ガマはアフリカ南端の喜望峰を回り，インドのゴアに着いた。アはコロンブス，ウはマゼラン船隊の航路。マゼランは航海の途中で原住民に殺害されたため，部下が世界一周を達成した。
③ヨーロッパとアジアの間には，オスマン帝国などのイスラム世界が広がっており，ヨーロッパの商人は，アジアの産物はイスラム商人から手に入れていた。

❷ (1)②検地帳には，田畑の面積，石高のほか，耕作者の名前も記載された。百姓は耕作する権利を認められるかわりに，土地から離れることができなくなった。
(2)資料Ⅱの最後の２行に注目する。
(3)百姓は太閤検地によって土地から離れられなくなり，刀狩によって武器をとりあげられ，武士との身分の区別がはっきりした。また，武士が百姓となるのも禁じられ，住む場所も武士は城下町，百姓は村と分けられた。兵農分離は，武士が強い支配権をふるう近世社会の基礎を築いた。

❸ (1)参勤交代の費用は１年間の支出のうち，江戸での費用と大名行列の費用の合計である。松江藩の１年間での約３分の１の支出を占めている。
(3)(4)譜代大名は徳川家の古くからの家臣であり，江戸や大阪などの重要地の近くに配置されたが，外様大名は徳川家からの信用がうすく，遠くに配置されたため，外様大名のほうが参勤交代の費用負担（道中にかかる費用）が大きかったと考えられる。

❹ (1)米が買い占められると，手に入りにくくなることから米価が上がってしまう。米価をつりあげた商人に対する抵抗運動が打ちこわしである。
(2)飢饉とは，風水害や冷害などによって農作物が不作になり，食料が不足する社会の状態のこと。
(3)資料Ⅱは傘連判状とよばれるもの。一揆の首謀者は幕府や藩から厳しく罰せられたため，首謀者がだれか分からないように，だ円形に署名した。

ポイント
■人物と特徴をおさえよう
徳川家康▶江戸幕府。徳川家光▶参勤交代。徳川綱吉▶生類憐みの令。徳川吉宗▶享保の改革，公事方御定書。田沼意次▶株仲間の奨励。松平定信▶寛政の改革。水野忠邦▶天保の改革。

なぞろう重要語句
株仲間(かぶなかま)　蔵屋敷(くらやしき)　松平定信(まつだいらさだのぶ)　水野忠邦(みずのただくに)

第5章 日本の近代化と国際社会

p.74～75 ステージ1

●教科書の要点

①イギリス国教会　②エリザベス１世
③絶対王政　④ピューリタン革命
⑤名誉革命　⑥モンテスキュー
⑦ルソー　⑧ワシントン
⑨独立宣言　⑩フランス革命
⑪人権宣言

●教科書の資料

(1)a議会　b平等　c自由
(2)Aイギリス　Bアメリカ　Cフランス
(3)立憲君主政

●教科書チェック　一問一答

①スペイン　②クロムウェル
③権利の章典　④ルイ14世
⑤ロック　⑥法の精神
⑦社会契約論　⑧13
⑨独立戦争　⑩アメリカ合衆国

ミス注意!

★人権宣言と独立宣言…取りちがいに注意しよう。

人権宣言	独立宣言
フランス。自由・平等，人民主権，言論の自由，私有財産の不可侵。	アメリカ。平等・生命・自由及び幸福の追求。

★啓蒙思想…取りちがいに注意しよう。

ロック	モンテスキュー	ルソー
社会契約説。抵抗権。	三権分立。「法の精神」	人民主権。「社会契約論」

p.76～77 ステージ1

●教科書の要点

①産業革命　②資本主義
③社会主義　④南北戦争
⑤リンカン〔リンカーン〕
⑥近代化　⑦ビスマルク
⑧列強　⑨インド大反乱
⑩アヘン戦争　⑪南京条約
⑫太平天国

●教科書の資料

(1)A茶　B綿織物
C綿花　Dアヘン
(2)銀　(3)インド

●教科書チェック　一問一答

①イギリス　②資本家
③マルクス　④クリミア戦争
⑤イタリア王国　⑥ドイツ帝国
⑦富国強兵　⑧イギリス
⑨綿織物業　⑩洪秀全

ミス注意!

★資本主義と社会主義…取りちがいに注意しよう。

資本主義	社会主義
資本家が労働者を雇い商品を生産する。	生産手段の共有によって平等な社会を実現。

p.78～79 ステージ1

●教科書の要点

①異国船打払令　②ペリー
③日米和親条約　④日米修好通商条約
⑤領事裁判権　⑥桜田門外の変
⑦尊王攘夷運動　⑧薩長同盟
⑨世直し　⑩大政奉還
⑪王政復古の大号令

●教科書の資料

(1)大政奉還　(2)徳川慶喜
(3)王政復古の大号令
(4)明治天皇

●教科書チェック　一問一答

①函館　②井伊直弼
③関税自主権　④長州藩
⑤吉田松陰　⑥大久保利通
⑦薩英戦争　⑧坂本龍馬
⑨ええじゃないか　⑩戊辰戦争

ミス注意!

★幕末の２つの条約…取りちがいに注意しよう。

日米和親条約	日米修好通商条約
下田（静岡県）・函館（北海道）を開港。貿易の取り決めはなし。	神奈川・函館・長崎・新潟・兵庫を開港。自由な貿易を認めた。

ぜったいおうせい 絶対王政　めいよかくめい 名誉革命　さんぎょうかくめい 産業革命　れっきょう 列強

★**薩摩藩と長州藩**…取りちがいに注意しよう。

薩摩藩	長州藩
西郷隆盛や大久保利通が中心。公武合体策を支持。生麦事件から薩英戦争が起こった。	木戸孝允や高杉晋作が中心。尊王攘夷運動を支持。四国連合艦隊の攻撃を受けた。

p.80~81 ステージ2

❶ (1)**Aルソー　B抵抗　C三権分立**

(2)①**エリザベス1世**　②**クロムウェル**

③**名誉革命**

④**X絶対王政**　**Y共和政**

Z立憲君主政

(3)**人権宣言**

❷ (1)**ウ**

(2)①**南部**　②**北部**

X南北戦争　**Yリンカン〔リンカーン〕**

❸ (1)**イギリス**

(2)**ムガル帝国**

(3)**アヘン　D　銀　B**

(4)**南京条約**

(5)**ア**

(6)**太平天国**

❹ (1)**A日米修好通商条約**　**B戊辰戦争**

(2)**下田・函館**

(3)**イ**

(4)**aペリー**　**b井伊直弼**

c坂本龍馬　**d徳川慶喜**

解説

❶ (1)啓蒙思想家は，非合理な政治などを批判し，合理的な考え方を民衆に広めた。

(2)①エリザベス1世の時代に，イギリスがスペインの艦隊を破り，海上の支配権をにぎった。②③④クロムウェルの死後，再び王政に戻った。

(3)国民議会は，平民の代表がつくった議会。人権宣言は自由と平等などを規定し，後の世界に大きく影響した。

❷ (1)イギリスはフランスとの戦争の費用を得るため，13植民地に一方的に茶や砂糖にも課税した。

(2)①南部では黒人奴隷を使って農業を行っていた。Yリンカン大統領は，南北戦争中に奴隷解放宣言を行ったが，社会的な差別は根強く残った。

❸ (3)イギリスは，自国で大量生産された綿製品が清で売れず，貿易で大赤字だったため，インドから清へアヘンを密輸することで，イギリスに銀がもどってくるしくみをつくった。

(4)多額の賠償金を清がイギリスに支払うこと，香港をイギリスに割譲することなどが定められた。

❹ (2)下田は静岡県，函館は北海道の港。

(3)イ 輸出に対して生産が追いつかないことなどにより，国内は品不足となった。

p.82~83 ステージ1

●教科書の要点

①**明治維新**　②**五箇条の御誓文**

③**廃藩置県**　④**四民平等**

⑤**富国強兵**　⑥**徴兵令**

⑦**地租改正**　⑧**殖産興業**

⑨**官営模範工場**　⑩**文明開化**

⑪**福沢諭吉**

●教科書の資料

(1)**地券**　(2)**地価**

(3)**3（%）**　(4)**現金**

(5)**2.5（%）**

●教科書チェック　一問一答

①**東京**　②**藩閥政治**

③**版籍奉還**　④**華族**

⑤**解放令**　⑥**学制**

⑦**（満）20（歳）**　⑧**富岡製糸場**

⑨**郵便制度**　⑩**太陽暦**

ミス注意!

★**戊辰戦争**…漢字に注意しよう。

○ 戊辰戦争	✕ 戌辰戦争
新政府軍と旧幕府軍の一連の戦い。	

★**学制**…漢字に注意しよう。

○ 学制	✕ 学生
6歳以上の男女を小学校に通わせる政策。	

★**殖産興業**…漢字に注意しよう。

○ 殖産興業	✕ 植産工業
明治政府の近代産業を育成する政策。	

なぞろう重要語句

りょうじさいばんけん　領事裁判権

かんぜいじしゅけん　関税自主権

たいせいほうかん　大政奉還

p.84～85 ステージ1

●教科書の要点

①岩倉使節団　②日清修好条規
③征韓論　④江華島事件
⑤日朝修好条規　⑥樺太・千島交換条約
⑦尖閣諸島　⑧北海道
⑨屯田兵　⑩琉球処分

●教科書の資料

(1)岩倉使節団
(2)A岩倉具視　B木戸孝允　C大久保利通
(3)不平等条約

●教科書チェック　一問一答

①朝鮮　②西郷隆盛
③朝鮮　④治外法権
⑤樺太　⑥竹島
⑦開拓使　⑧アイヌ民族
⑨尚泰　⑩沖縄県

ミス注意！

★樺太・千島交換条約…取りちがいに注意しよう。

樺太	千島
ロシア領となった	日本領となった

★征韓論をとりまく情勢…取りちがいに注意しよう。

征韓論	国力の充実を優先
西郷隆盛・板垣退助	大久保利通・木戸孝允

p.86～87 ステージ1

●教科書の要点

①板垣退助　②自由民権
③西南戦争　④大隈重信
⑤自由党　⑥立憲改進党
⑦伊藤博文　⑧内閣制度
⑨大日本帝国憲法　⑩帝国議会
⑪教育勅語　⑫25

●教科書の資料

(1)A天皇　B帝国議会
(2)伊藤博文
(3)①15　②25　③男子

●教科書チェック　一問一答

①民撰議院設立建白書
②西郷隆盛　③国会期成同盟
④板垣退助　⑤大隈重信
⑥激化事件　⑦ドイツ〔プロイセン〕
⑧法律　⑨貴族院
⑩民法

ミス注意！

★政党と党首…取りちがいに注意しよう。

自由党	立憲改進党
板垣退助	大隈重信

★貴族院と衆議院…取りちがいに注意しよう。

貴族院	衆議院
皇族や華族，天皇が任命した高額納税者など。	直接国税15円以上納める満25歳以上の男子による選挙で選ばれる。

p.88～89 ステージ2

1 (1)A廃藩置県　B富国強兵
(2)五箇条の御誓文
(3)藩閥政治　(4)ア
(5)版　領地　籍　領民
(6)X 6　Y 3　Z 20
①男女　②男子

2 (1)官営模範工場
(2)生糸　(3)イ

3 (1)日清修好条規
(2)①征韓論　②江華島
③日朝修好条規
(3)琉球処分
(4)千島列島
(5)D尖閣諸島　E竹島

4 (1)A板垣退助　B大隈重信
C伊藤博文
(2)自由民権運動
(3)①大日本帝国憲法
②X内閣　Y貴族院
(4)ア

解説

1 (1)A中央から府知事・県令を派遣した。B「国」を「富」ませ，「兵」を「強」くする政策。
(3)(4)薩摩藩，長州藩，肥前藩，土佐藩の人々が政府内で重要な役職に就いた。

富国強兵（ふこくきょうへい）　地租改正（ちそかいせい）　徴兵令（ちょうへいれい）　殖産興業（しょくさんこうぎょう）

❷ (1)資料は群馬県につくられた富岡製糸場。フランスの最新式の機械を取り入れ，当時最大の輸出品だった生糸の生産を行った。

(3)ア・ウは文明開化における生活様式の変化，エは身分制度。

❸ (2)岩倉使節団に参加しなかった西郷隆盛らは，特権をうばわれて不満が高まっていた士族らの不満をそらすという意味もあり，征韓論を唱えた。しかし，使節団に参加した大久保利通らが，国力の充実を優先させるべきとして反対した。

(3)琉球は，薩摩藩によって支配されるようになった後も清に朝貢を続けていた。明治政府は，武力で首里城を占拠し，琉球処分により日本の領土とした。清は琉球を独立国として日本と対立したが，日清戦争の勝利により，領土問題は解消した。

❹ (3)①日本はアジアで初めての立憲国家となった。

②Y貴族院は，皇族や華族，天皇が選んだ高額納税者などから構成された。

(4)直接国税15円以上納める満25歳以上の男子に限られており，有権者の割合は低かった。

p.90~91 ステージ3 総合

❶ (1)イギリス

(2)例同意なく一方的に課税されることに抗議するため。

(3)ワシントン　(4)イ

❷ (1)ア

(2)イギリス　(3)南北戦争

(4)4

(5)①品不足　②値上がり

❸ (1)①米　②現金

(2)①（約）7（割）　②（約）0.5億（円）

(3)①例租税の負担が以前とあまり変わらなかったため。

②2.5（%）

❹ (1)ア

(2)イ（→）ウ（→）ア

(3)例政府が法律で言論や集会を取りしまったから。

(4)法律

解説

❶ (1)北アメリカ大陸は，イギリスが東部13州に入植し，植民地となった。1773年にイギリスの船を襲って紅茶を捨てるボストン茶会事件がおこり，イギリスから独立しようという動きが高まった。

(2)B植民地は本国イギリスの議会に代表を送ることができず，「代表なくして課税なし」というスローガンが叫ばれました。

(3)ワシントンは初代大統領となった。

(4)アはイギリスの名誉革命，エは啓蒙思想家であるロックの考え方である。

❷ (2)(3)開国の条約をいち早く結んだのはアメリカだったが，アメリカは国内で南北戦争が始まったため，貿易どころではなくなった。

(4)最も低い1864年は150銀匁を下回るくらいだが，1867年には600銀匁近くまで上昇している。

❸ (1)米納だと，その年の収穫量によって納入される税の量が変化した。地価（土地の値段）にもとづいて収穫量に関係なく税を現金で徴収することで，政府の収入は安定した。

(2)①折れ線グラフと右の割合の軸を確認する。②地租の額が最も大きいのは1875年。棒グラフは左の軸でみると約0.5億円となる。

❹ (1)自由民権運動とは国会開設を求める運動。政府は，民権派の言論や集会を取りしまった。

(2)アは1881年，イは1880年，ウは1881年。ウで，政府が10年後に国会を開くことを約束したことから，アの自由党や立憲改進党がつくられた。

(4)臣民の権利は簡単に制限することができた。

p.92~93 ステージ1

●教科書の要点

①帝国主義　②陸奥宗光

③治外法権　④小村寿太郎

⑤関税自主権　⑥甲午農民戦争

⑦日清戦争　⑧下関条約

⑨三国干渉　⑩立憲政友会

●教科書の資料

(1)Aロシア　B日本　C清　D朝鮮

(2)①フランス・ドイツ　②遼東半島

藩閥政治　伊藤博文　大日本帝国憲法

●教科書チェック　一問一答

①スエズ運河　②イギリス
③フランス　④欧化政策
⑤ノルマントン号事件
⑥イギリス　⑦東学
⑧賠償金　⑨大隈重信
⑩伊藤博文

ミス注意!

★条約改正…取りちがいに注意しよう。

治外法権の撤廃	関税自主権の確立
1894年，陸奥宗光	1911年，小村寿太郎

p.94～95　ステージ1

●教科書の要点

①大韓帝国〔韓国〕　②義和団事件
③日露戦争　④東郷平八郎
⑤ポーツマス条約　⑥韓国併合
⑦朝鮮総督府　⑧同化政策
⑨辛亥革命　⑩中華民国

●教科書の資料

(1)日英同盟
(2)Aロシア　B日本
Cイギリス　Dアメリカ

●教科書チェック　一問一答

①日清戦争　②内村鑑三
③与謝野晶子　④日本海海戦
⑤アメリカ　⑥統監府
⑦伊藤博文
⑧南満州鉄道株式会社〔満鉄〕
⑨孫文　⑩袁世凱

ミス注意!

★東アジアで起こった事件…取りちがいに注意しよう。

甲午農民戦争	義和団事件
朝鮮半島で起こり，日清戦争につながった。	中国で起こり，日露戦争につながった。

★日本の韓国統治政策…取りちがいに注意しよう。

統監府	朝鮮総督府
日露戦争後，韓国を保護国としたとき。	1910年の韓国併合。

p.96～97　ステージ1

●教科書の要点

①産業革命　②製糸
③紡績　④八幡製鉄所
⑤労働争議　⑥田中正造
⑦津田梅子　⑧野口英世
⑨森鷗外　⑩夏目漱石

●教科書の資料

(1)黒田清輝　(2)正岡子規　(3)樋口一葉

●教科書チェック　一問一答

①資本主義　②日清戦争
③労働組合　④治安警察法
⑤工場法　⑥社会民主党
⑦大逆事件　⑧足尾鉱毒事件
⑨北里柴三郎　⑩滝廉太郎

ミス注意!

★日本の軽工業…取りちがいに注意しよう。

紡績業	製糸業
綿花から綿糸をつくる	蚕から生糸をつくる。

p.98～99　ステージ2

1 (1)A日清　B義和団　C日露
D日比谷焼き打ち　E辛亥
(2)大韓帝国〔韓国〕
(3)a治外法権〔領事裁判権〕
g関税自主権
(4)①ア・イ・オ　②ウ・エ
(5)アメリカ
(6)①フランス・ドイツ　②ア
(7)ロシア
(8)①与謝野晶子　②内村鑑三
③幸徳秋水

2 (1)A製糸　B紡績
C資本　D八幡製鉄所
(2)①女工　②X労働時間　Y賃金
(3)労働争議
(4)①足尾鉱毒事件　②田中正造

3 (1)エ
(2)A高村光雲　B横山大観
(3)①森鷗外　②夏目漱石　③津田梅子

なぞろう重要語句

自由民権運動（じゆうみんけんうんどう）　帝国主義（ていこくしゅぎ）　韓国併合（かんこくへいごう）

解説

❶ (3)日英通商航海条約をイギリスと結び，治外法権の撤廃に成功したのは，陸奥宗光。イギリスは立憲国家となった日本を近代国家と認め，治外法権の撤廃に同意した。1911年に関税自主権の確立を成功させたのは小村寿太郎。

(4)(5)bは日清戦争の講和条約，fは日露戦争の講和条約。日本は日清戦争では多額の賠償金を得たが，日露戦争ではロシアから賠償金を得ることはできなかった。日露戦争の方が，動員兵力・死者数・戦費は多く，国民も増税などの負担に耐えて戦争に協力していたため，強い不満が生まれた。

(6)南下政策をとるロシアが朝鮮半島での勢力を広げる目的があった。

❷ (3)労働争議に対して，政府は1900年に治安警察法などを制定し，労働運動を取りしまった。

❸ (1)学制が出されたころ，子どもは労働力であり，小学校の建設費用が地元負担であったことなどから，就学率は低かった。日露戦争後，義務教育が６年に延長され，就学率が100％に近くなった。

(2)Aは「老猿」，Bは「無我」という作品。

p.100～101 ステージ3 総合

❶ (1)例欧米の風俗や習慣を取り入れることで，日本が近代化したことを見せるため。

(2)①ノルマントン号事件

②Xイギリス　Y治外法権

③b

(3)A陸奥宗光　B小村寿太郎

❷ (1)ア　(2)清（の領土）

(3)例清が日清戦争で日本に敗れ，弱いことがわかったから。

❸ (1)税金〔税〕　(2)エ・オ

(3)例大きな犠牲や負担に耐えて協力したのに，賠償金がとれなかったため。

❹ (1)綿織物　ア　造船　ウ

(2)綿織物　ウ　生糸　ア

(3)①Y

②例原料となる鉄鉱石の輸入がしやすく，石炭をとれる場所も近かったから。

解説

❶ (1)鹿鳴館は1883年に完成し，洋装での舞踏会が開かれた。外国に文化レベルが追いついたと見せるための欧化政策だったが，着なれないドレスを着て踊る姿は，外国人からみて滑稽にみえることもあった。結局，欧化政策で条約改正がみのることはなかった。

(2)③1886年に起こったノルマントン号事件によって，条約改正を求める世論が高まった。治外法権の撤廃が達成されたのは，この事件の８年後である。

❷ (1)イギリスは，エのロシアが南下して東アジアに勢力を広げることを警戒した。

(2)中国というパイを列強各国が切り分けようとしている姿が読み取れる。

(3)日清戦争前，清は「眠れる獅子」とよばれ，その実力を恐れられていた。

❸ (1)日露戦争の戦費は，約17億円（当時の国家予算の約６年分）となっており，増税や，アメリカやイギリスなどからの借金でまかなった。人々には増税の重い負担がのしかかった。

(2)ア・イ・ウは日清戦争の講和条約の内容。日露戦争では賠償金がとれなかった。

❹ (3)八幡製鉄所は，鉄道の建設や軍備の拡張のために鉄鋼の需要が高まったことから，日清戦争の賠償金を使って建設され，1901年に操業を開始した。

p.102～103 ステージ3 資・思

❶ (1)Aウ　Bイ　Cア

(2)人権宣言

(3)例革命前は税を平民だけが負担していたが，革命後は全員で負担するようになった。

❷ (1)記号　B

理由　例蒸気を使って動く軍艦だから。

(2)①19

②例産業革命により，安価な綿織物を大量に生産することができた

③例伝統的な綿織物業がおとろえ，失業者が出るほど生活が苦しくなった

❸ (1)横浜

しんがいかくめい　辛亥革命

やはたせいてつじょ　八幡製鉄所

たなかしょうぞう　田中正造

(2)建物　例木造の建物から，Ⅱではレンガ造りの建物になっている。

服装　例和装の人しかいなかったが，Ⅱでは帽子(ぼうし)をかぶるなど洋装の人も見られる。

4 (1)ア

(2)イ

(3)日本　例ロシアが南下(なんか)して，韓国(かんこく)に力を伸(の)ばすことをおさえるため。

イギリス　例ロシアが東アジアで勢力を伸ばすことを警戒(けいかい)したため。

解説

1 (1)(3)資料Ⅰには，特権階級である聖職者と貴族が平民と税の上にのっている様子が描かれている。平民だけが税を負担していたことがわかる。資料Ⅱでは，３つの身分が平等に負担を分け合っていることが読み取れる。

(2)「人は生まれながらにして，自由で平等な権利をもつ」と定められている。アメリカの独立宣言の影響を受け，個人の権利や，政治の重要な原則も定められている。

2 (1)イギリスはこのころにはすでに産業革命がおこっており，蒸気で動く蒸気船がつくられていた。一方，清は風で動く帆船である。

(2)①②イギリスは18世紀に，世界で初めて産業革命がおこった国であり，19世紀には，機械で安く生産した大量の工業製品を売るための市場を必要としていた。インドでは伝統的な手織りであったため，生産量も限られていて，高価だった。③安価な綿織物が大量に出回ったことで，伝統的な織物産業がどうなったかを考える。この結果，東インド会社にやとわれていたインド人兵士（セポイ）が不満を爆発させて反乱を起こし，これが全国に広まった。

3 (2)②帽子やドレス，靴，西洋傘などの洋装やレンガ造りの建物，ガス灯，馬車，食事では牛鍋など，生活が西洋化した。また，それまで禁止されていたキリスト教の信仰も認められた。文明開化の様子は，「ザンギリ頭をたたいてみれば文明開化の音がする」といわれた。

4 (1)イは日本，ウはイギリス，エはアメリカ。イギリスがロシアと直接戦うのを避けるため，日本を後ろからけしかけており，アメリカは動向を観察している。

(2)ロシアが栗をいっている光景は，ロシアが東アジアに勢力を広げようとしていることを表している。日本もイギリスもロシアの南下を警戒していた。

(3)日英同盟は，大陸でのロシアの勢力の拡大をおさえたいイギリスと朝鮮半島で影響力を増したい日本の考えが一致したことから結ばれた。第一次世界大戦後に軍備の縮小を目ざす動きの中で解消されるまで続いた。

ポイント

■世界の動きをおさえる。

イギリス▶ピューリタン革命→名誉革命，権利の章典。フランス▶フランス革命，人権宣言。アメリカ▶独立戦争，独立宣言→南北戦争。中国▶アヘン戦争。インド▶インド大反乱。

■幕末の人物の業績や特徴をおさえる。

ペリー▶浦賀に来航，日米和親条約。井伊直弼▶日米修好通商条約，安政の大獄，桜田門外の変。坂本龍馬▶薩長同盟。徳川慶喜▶大政奉還。

■明治政府の政策と時代の流れをおさえる。

明治維新▶廃藩置県，富国強兵（地租改正，学制，徴兵令），殖産興業，四民平等，岩倉使節団。自由民権運動▶板垣退助，大日本帝国憲法。

■条約改正をめぐる動きをおさえる。

井上馨▶鹿鳴館での舞踏会（欧化政策）。ノルマントン号事件▶条約改正の世論が高まる。陸奥宗光▶1894年，領事裁判権（治外法権）の撤廃。小村寿太郎▶1911年，関税自主権の確立。

■国際関係の変化をおさえる。

朝鮮への進出▶日清戦争→三国干渉，ロシアとの対立→日英同盟→日露戦争→南満州鉄道。韓国併合▶朝鮮の植民地化，同化政策。中国▶辛亥革命，中華民国の成立。

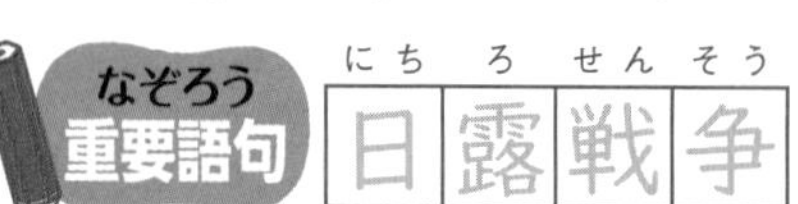

むつむねみつ
陸奥宗光

こむらじゅたろう
小村寿太郎

第6章 二度の世界大戦と日本

p.104~105 ステージ1

●教科書の要点

①三国同盟　②三国協商
③第一次世界大戦　④イギリス
⑤連合国　⑥二十一か条の要求
⑦財閥　⑧ソビエト政府
⑨社会主義　⑩十四か条の平和原則
⑪ソビエト社会主義共和国連邦〔ソ連〕

●教科書の資料

(1)A三国協商　B三国同盟
(2)日英同盟
(3)①イタリア　②イギリス　③ロシア

●教科書チェック　一問一答

①バルカン半島　②オーストリア
③総力戦　④ドイツ
⑤大戦景気　⑥ロシア革命
⑦レーニン　⑧民族自決
⑨ウィルソン　⑩シベリア出兵

ミス注意!

★三国同盟と三国協商…取りちがいに注意しよう。

三国同盟	三国協商
ドイツ・オーストリア・イタリア	イギリス・フランス・ロシア

p.106~107 ステージ1

●教科書の要点

①パリ　②ベルサイユ条約
③国際連盟　④ワシントン会議
⑤日英同盟　⑥ワイマール憲法
⑦三・一独立運動　⑧五・四運動
⑨蔣介石　⑩ガンディー

●教科書の資料

(1)ロシア
(2)ベルサイユ条約
(3)朝鮮

●教科書チェック　一問一答

①連合国　②ドイツ
③民族自決　④アメリカ
⑤新渡戸稲造　⑥議会制民主主義
⑦北京　⑧中国国民党
⑨国民政府　⑩非暴力・不服従

ミス注意!

★アジアの民族運動…取りちがいに注意しよう。

三・一独立運動	五・四運動
朝鮮で起こった。	中国で起こった。

p.108~109 ステージ1

●教科書の要点

①護憲運動　②民本主義
③米騒動　④原敬
⑤労働争議　⑥小作争議
⑦全国水平社　⑧普通選挙法
⑨治安維持法　⑩ラジオ放送

●教科書の資料

(1)①女性　②平塚らいてう
(2)①部落差別　②水平社

●教科書チェック　一問一答

①大正デモクラシー　②立憲政治
③吉野作造　④美濃部達吉
⑤市川房枝　⑥加藤高明
⑦憲政の常道　⑧関東大震災
⑨西田幾多郎　⑩小林多喜二

ミス注意!

★大正時代の内閣…取りちがいに注意しよう。

桂太郎	寺内正毅
第一次護憲運動で退陣。	米騒動で退陣。
原敬	**加藤高明**
日本初の本格的な政党内閣。	普通選挙法と治安維持法を定める。

p.110~111 ステージ2

❶ (1)Aオーストリア　Bイギリス
Cドイツ　Dアメリカ
(2)都市　サラエボ　半島　ウ
(3)大戦景気
(4)①二十一か条の要求　②南満州
(5)①総力戦　②飛行機・戦車
(6)①ベルサイユ条約　②ア

財閥（ざいばつ）　大戦景気（たいせんけいき）　国際連盟（こくさいれんめい）　民族自決（みんぞくじけつ）

❷ (1)①レーニン　②ソビエト政府
③社会主義
(2)①ウィルソン　②ア・エ
(3)シベリア出兵

❸ (1)A米騒動　C護憲運動
Dプロレタリア文学
(2)原敬　(3)ラジオ
(4)①民本主義　②天皇
(5)芥川龍之介

解説

❶ (2)下線部ａはサラエボ事件とよばれる。セルビア人の青年にオーストリア皇太子夫妻が暗殺され，オーストリアがセルビアに宣戦。ドイツがオーストリアにつき，ロシア・イギリス・フランスがセルビアにつき，第一次世界大戦が始まった。

(4)ヨーロッパ各国のアジアへの関心がうすれたことをみて，日本は中国にあるドイツの権益を日本に求める二十一か条の要求を出した。

(5)大砲は，江戸時代末期の四国連合艦隊下関砲撃事件でもすでに使われている。鉄砲は，戦国時代にポルトガルから伝えられた。

(6)②アメリカは国内の議会の反対で加盟しなかった。ドイツは初め加盟が認められなかったが，1926年に加盟した。

❷ (1)ロシアでは皇帝が戦争をやめず，人々の生活が圧迫されたため，女性や労働者がパンと平和を求めて抗議運動を起こした。帝政がたおれてできた臨時政府も戦争を続けたため，レーニンらが蜂起し，ロシア革命がなしとげられた。レーニンは社会主義に基づく国家をつくった。

(2)「十四か条の平和原則」では，公海航行自由の原則，軍備の縮小，民族自決の原則，国際平和機関の設立などがよびかけられた。

❸ (2)米騒動の責任をとって寺内正毅内閣が退陣すると，立憲政友会総裁の原敬が，３大臣以外すべて立憲政友会の党員からなる内閣を組織した。原敬は平民出身の首相で，「平民宰相」とよばれた。

(5)西田幾多郎は『善の研究』を著した哲学者，柳田国男は民俗学者，山田耕筰は「赤とんぼ」などを作曲した作曲家である。

p.112～113　ステージ1

●教科書の要点
①世界恐慌　②ニューディール
③ブロック　④ファシズム
⑤ナチ党　⑥ファシスト党
⑦スターリン　⑧金融恐慌
⑨蒋介石　⑩張作霖

●教科書の資料
(1)Aイギリス　Bフランス
(2)ニューヨーク　(3)ブロック経済

●教科書チェック　一問一答
①ローズベルト　②ヒトラー
③ムッソリーニ　④エチオピア
⑤五か年計画　⑥治安維持法
⑦財閥　⑧関東軍
⑨ロンドン海軍軍縮条約
⑩浜口雄幸

ミス注意！
★世界恐慌への対応…取りちがいに注意しよう。

アメリカ	イギリス・フランス
ニューディール政策	ブロック経済
ドイツ・イタリア	**ソ連**
ファシズム	５か年計画

p.114～115　ステージ1

●教科書の要点
①満州事変　②満州国
③五・一五事件　④二・二六事件
⑤日独防共協定　⑥毛沢東
⑦日中戦争　⑧抗日民族統一戦線
⑨国家総動員法　⑩大政翼賛会
⑪隣組

●教科書の資料
(1)国　満州国　元首　溥儀
(2)柳条湖事件
(3)盧溝橋事件　(4)南京

●教科書チェック　一問一答
①関東軍　②犬養毅
③国際連盟　④高橋是清
⑤ドイツ　⑥毛沢東

なぞろう重要語句
護憲運動（ご けん うん どう）　原敬（はら たかし）　米騒動（こめ そう どう）　世界恐慌（せ かい きょう こう）

⑦国民政府　⑧議会
⑨配給制　⑩皇民化政策

ミス注意!

★1930年代の首相…取りちがいに注意しよう。

浜口雄幸	犬養毅
協調外交を進めたことで狙撃された。	満州国の承認に反対して暗殺された。

★昭和時代に軍が起こした事件…取りちがいに注意しよう。

五・一五事件	二・二六事件
海軍の青年将校らが犬養毅首相を暗殺。	陸軍の青年将校らが斎藤実ら大臣を殺傷。

★中国での事件…取りちがいに注意しよう。

柳条湖事件	盧溝橋事件
満州事変のきっかけ。	日中戦争のきっかけ。

p.116~117 ステージ1

●教科書の要点

①三国防共協定　②第二次世界大戦
③レジスタンス　④日独伊三国同盟
⑤ABCD包囲網　⑥太平洋戦争
⑦勤労動員　⑧学徒出陣
⑨東京大空襲　⑩原子爆弾

●教科書の資料

(1)爆弾　原子爆弾　都市　広島
(2)ソ連
(3)長崎　(4)アメリカ

●教科書チェック　一問一答

①ポーランド　②枢軸国
③大西洋憲章　④大東亜共栄圏
⑤日ソ中立条約　⑥真珠湾
⑦(学童)疎開　⑧ヤルタ会談
⑨沖縄戦　⑩ポツダム宣言

ミス注意!

★第二次世界大戦の陣営…取りちがいに注意しよう。

主な枢軸国	主な連合国
日本，ドイツ，イタリア	アメリカ，イギリス，フランス，ソ連，中華民国

★原子爆弾の投下…取りちがいに注意しよう。

広島	長崎
1945年8月6日	1945年8月9日

p.118~119 ステージ2

1 (1)Aソ連　Bイタリア
Cイギリス　Dアメリカ
(2)①ファシズム
②人物　ヒトラー　政党　ナチ党
(3)Cブロック経済　Dニューディール政策

2 (1)満州国
(2)犬養毅
(3)イ
(4)①毛沢東　②抗日民族統一戦線

3 (1)Aソ連　Bポーランド
Cイギリス　Dアメリカ
Eイタリア
(2)枢軸国
(3)レジスタンス
(4)①大西洋憲章　②イ・エ

4 (1)議会
(2)大政翼賛会
(3)太平洋戦争
(4)イ
(5)A沖縄　B広島　C長崎

解説

1 Aソ連は，「五か年計画」とよばれる計画経済を進めていたため，世界恐慌の影響をほとんど受けなかった。Bファシズムという考え方で，第一次世界大戦の敗戦国で，植民地もなかったイタリアやドイツなどで起こった。Cブロック経済で，イギリスやフランスなどの植民地の多い国で行われた。Dアメリカのローズベルト大統領が行った，ニューディール〔新規まき直し〕政策。

2 (1)日本は，恐慌への対策として，中国への植民を進めた。清の最後の皇帝溥儀を満州国の皇帝にし，独立国の体裁をとり，国際社会の批判をかわそうとしたが，国際連盟は満州国を認めなかった。
(2)犬養毅首相の暗殺により，それまで続いていた政党政治が終わった。
(3)盧溝橋は北京郊外にある。
(4)中国では，毛沢東が率いる共産党と国民政府の争いが続いていたが，日本という共通の敵に対して手を組んだ。

まんしゅうこく
満州国

こっかそうどういんほう
国家総動員法

げんしばくだん
原子爆弾

❸ (2)枢軸国は，ドイツ・日本・イタリア。

(3)ドイツは占領した土地で，住民を連行して労働をさせたりユダヤ人を迫害したりといった，過酷な支配を行った。そのため，フランスのパリなどで，ドイツに対して人々がレジスタンスとよばれる抵抗運動を起こした。

(4)②大西洋憲章は民主主義を守るために考えられた原則。イ・エの内容のほか，領土の拡大は行わないことなどが宣言された。

❹ (1)(2)国家総動員法と大政翼賛会の発足によって，日本の戦時体制が強められた。

(3)中国との戦争が長引いていた日本は，その打開と資源を求めてフランス領インドシナへ軍を進めた。日本が太平洋地域に進出することを警戒したアメリカが，イギリスなどと組んで石油の対日輸出を止めたため（ＡＢＣＤ包囲網），日本はアメリカとの開戦にふみきった。

(4)日独伊三国同盟を結んだのは1940年。アメリカの参戦をおさえる目的もあった。

p.120〜121 ステージ3 総合

❶ (1)第一次世界大戦

(2)①大戦景気

②例ヨーロッパの戦争により世界各国で不足した船を日本がつくったから。

③X　紙幣（しへい）　人　成金（なりきん）

❷ (1)①納税額　②28

(2)イ

(3)例天皇（てんのう）中心の国のあり方を変革しようとする運動を取りしまるため。

❸ (1)X

(2)金融恐慌（きんゆうきょうこう）

(3)①労働争議（そうぎ）　②小作（こさく）争議

(4)例財閥（ざいばつ）が政党政治家と結びつき，汚職（おしょく）が行われたため。

❹ (1)満州国（まんしゅうこく）　(2)太平洋（たいへいよう）戦争

(3)真珠湾（しんじゅわん）

(4)例アメリカが日本に対して石油の輸出を禁止したこと。

(5)エ

解説

❶ (2)③資料Ⅱは，お札を明かり代わりにしても困らないくらいお金持ちになった人を表している。

❷ (1)①納税額による制限はなくなったが，女性に参政権は認められなかった。

②第１回衆議院議員総選挙のときの人口は約4000万人。そのうち有権者は約1.1％で，4000万人×0.011＝44万人。1925年の衆議院議員総選挙のときの人口は約6200万人。有権者は人口の19.8％で，6200万人×0.198＝約1228万人となる。1228万人÷44万人を計算すると，約28倍。

(2)女性参政権が認められるのは第二次世界大戦後。

❸ (1)(2)1920年代の金融恐慌に続き，世界恐慌の影響を受けた日本では，中小銀行がつぶれ，三井や三菱などの四大財閥が中小銀行を吸収合併して，さらに経済力を強めた。

❹ (1)清朝最後の皇帝溥儀を初代皇帝としたが，日本が実権を握っていた。

(2)日本が，「アジアはアジア民族だけで栄えよう」という大東亜共栄圏を唱えたことから，当時は「大東亜戦争」ともよばれた。

(4)アメリカは日本がインドシナ南部に侵攻したのを見て石油などの輸出を禁止し，日本を経済的に孤立させた。日本とアメリカは何度か交渉をしたが，利害の対立から交渉がまとまらず，東条英機内閣が開戦を決定した。

p.122〜123 ステージ3 資・思

❶ (1)Aイ　Bウ　Cエ　Dア

(2)例ガンディーを中心に，イギリスに対して自治を求める「非暴力・不服従」の運動が起こった。

❷ (1)米騒動（こめそうどう）

(2)例シベリア出兵をあてこんだ米の買い占（し）めが行われたから。

(3)例賃金は上がったが，総物価がそれ以上に上昇（じょうしょう）したため。

❸ (1)①五（ご）・一五（いちご）事件

②例衆議院（しゅうぎいん）の第一党が閣僚（かくりょう）の多くを占めている内閣。

なぞろう 重要語句

たいせいようけんしょう　大西洋憲章

がくとしゅつじん　学徒出陣

げんしばくだん　原子爆弾

(2)①例日本が国際連盟を脱退すること。
②例国際連盟が満州国の独立を認めず，占領地からの撤兵を日本に求めたから。

4 (1)①ア
②例兵士の数が足りなくなったから。
(2)例空襲から逃れるために，都市部の小学生が地方に集団疎開した。

解説

1 (1)Aアメリカのウィルソン大統領は国際連盟の設立を提唱した。Bドイツのワイマール憲法のこと。C「帝国主義への反対運動」は，五・四運動のこと。反日運動から発展した。D「日本に対する独立運動」は、三・一独立運動のこと。

2 (2)大戦の長期化やシベリア出兵をみこして，米商人たちが米を買い占めたため，米価が急騰した。
(3)総物価（ものの値段）が上がると，賃金が上がっても買うことのできる量は増えない。

3 (1)①犬養毅首相の暗殺を報じている。また、5月16日発刊の新聞であることから5月15日に起こった事件であることも推測できる。
(2)Xには，「連盟よさらば！」とある。Bは，国際連盟が日本に占領地からの撤兵を勧告したとき，日本の代表が抗議して退場したことを報じている。したがって「連盟」とは国際連盟であり，この言葉は国際連盟からの脱退を意味する。

4 (1)①「学徒」出陣とあることからア。イの女性やウの朝鮮人も戦争に協力した。

ポイント

■二つの世界大戦で戦った国をおさえる。

第一次世界大戦▶同盟国（ドイツ・イタリア・オーストリア），連合国（イギリス・フランス・ロシア，アメリカ，日本など）。第二次世界大戦▶枢軸国（ドイツ・イタリア・日本），連合国（アメリカ・イギリス・フランス・ソ連・中国）など。

■日本の戦争から敗戦への流れ。

金融恐慌→世界恐慌→満州国設立→国際連盟脱退（軍部の台頭）→盧溝橋事件→日中戦争→三国軍事同盟→太平洋戦争→ポツダム宣言で敗戦。

第7章 現代の日本と世界

p.124～125 ステージ1

●教科書の要点

①連合国軍最高司令官総司令部
②極東国際軍事裁判　③労働組合法
④労働基準法　⑤11（月）3（日）
⑥国民主権　⑦平和主義
⑧象徴　⑨国会
⑩教育基本法　⑪財閥解体
⑫農地改革

●教科書の資料

(1)日本国憲法　(2)GHQ
(3)A1947年5月3日
B基本的人権　C戦争

●教科書チェック　一問一答

①マッカーサー　②沖縄
③参政権　④部落解放運動
⑤北海道アイヌ協会　⑥闇市
⑦議院内閣制　⑧地方自治法
⑨民法　⑩自作農

ミス注意！

★日本国憲法の公布・施行…取りちがいに注意しよう。

公布	施行
1946年11月3日 (現在の文化の日)	1947年5月3日 (現在の憲法記念日)

p.126～127 ステージ1

●教科書の要点

①国際連合　②冷たい戦争〔冷戦〕
③中華人民共和国　④朝鮮戦争
⑤アジア・アフリカ会議
⑥自衛隊　⑦特需〔特殊需要〕景気
⑧サンフランシスコ平和条約
⑨日ソ共同宣言　⑩自由民主党〔自民党〕
⑪原水爆禁止運動

●教科書の資料

(1)西側諸国　(2)吉田茂
(3)沖縄　(4)日米安全保障条約
(5)米軍基地

なぞろう重要語句

たいせいよくさんかい　大政翼賛会
ろうどうそうぎ　労働争議
たいへいようせんそう　太平洋戦争

●教科書チェック　一問一答

①ワルシャワ条約機構
②北大西洋条約機構〔NATO〕
③毛沢東
④朝鮮民主主義人民共和国〔北朝鮮〕
⑤大韓民国〔韓国〕　⑥アフリカの年
⑦警察予備隊　⑧朝鮮戦争
⑨国際連合　⑩55年体制

ミス注意!

★国際連盟と国際連合…取りちがいに注意しよう。

国際連盟	国際連合
1920年設立 本部はジュネーブ	1945年設立 本部はニューヨーク

p.128〜129 ステージ1

●教科書の要点

①ベトナム戦争　②東南アジア諸国連合
③ヨーロッパ共同体　④日韓基本条約
⑤日中共同声明　⑥日中平和友好条約
⑦非核三原則　⑧高度経済成長
⑨石油危機　⑩貿易摩擦

●教科書の資料

(1)石油危機
(2)高度経済成長
(3)第四次中東戦争　(4)PLO

●教科書チェック　一問一答

①ベトナム社会主義共和国
②プラハの春　③日米安全保障条約
④田中角栄　⑤池田勇人
⑥環境庁　⑦湯川秀樹
⑧川端康成　⑨手塚治虫
⑩文化財保護法

ミス注意!

★ベトナム戦争…取りちがいに注意しよう。

北ベトナム	南ベトナム
中国・ソ連が支援。	アメリカが支援。

★池田勇人…漢字に注意しよう。

○ 池田勇人	× 池田隼人
高度経済成長期に所得倍増計画を政策にかかげた総理大臣。	

p.130〜131 ステージ1

●教科書の要点

①冷戦　②ロシア連邦
③ヨーロッパ連合　④難民
⑤国連平和維持活動　⑥バブル経済
⑦世界金融危機　⑧政権交代
⑨ポップカルチャー　⑩情報化
⑪少子高齢化

●教科書の資料

(1)ベルリンの壁　(2)ドイツ
(3)冷戦〔冷たい戦争〕

●教科書チェック　一問一答

①ソビエト連邦〔ソ連〕
②ユーロ　③難民
④自衛隊　⑤55年体制
⑥世界貿易機関〔WTO〕
⑦アジア太平洋経済協力会議〔APEC〕
⑧民主党　⑨ソーシャルメディア
⑩出生率

ミス注意!

★地域統合…取りちがいに注意しよう。

ヨーロッパ共同体(EC)	ヨーロッパ連合(EU)
1967年発足	1993年発足

p.132〜133 ステージ2

1 (1)ア・エ
(2)A財閥解体　B農地改革
(3)①20　②男女
(4)c労働組合法　e教育基本法
(5)国民
(6)アメリカ
(7)①X朝鮮民主主義人民共和国〔北朝鮮〕
Y大韓民国〔韓国〕
②特需〔特殊需要〕景気
(8)自衛隊　(9)ウ

2 (1)①日中共同声明
②X毛沢東　Y田中角栄
(2)①aアメリカ　b沖縄
②ア
③持ち込ませず　④日米安全保障条約

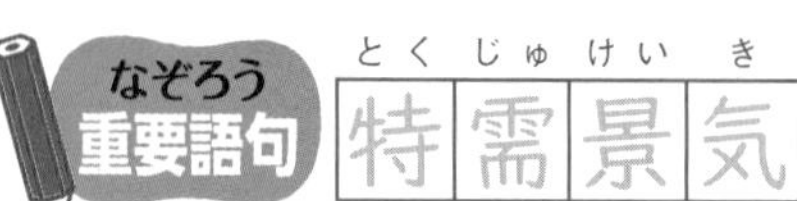

特需景気（とくじゅけいき）　非核三原則（ひかくさんげんそく）　石油危機（せきゆきき）

(3)①エ
②Xアメリカ　Yソ連
③冷たい戦争〔冷戦〕

解説

❶ (1)第二次世界大戦の戦勝国がついた。
(2)地租改正は，明治政府が行った税制改革。殖産興業は，明治政府が行った産業を発展させるための政策。
(3)戦後，初めて女性にも選挙権が与えられ，有権者の数は，3倍近くになった。
(4)教育基本法制定により，教育勅語は廃止された。
(5)天皇は「日本国および日本国民統合の象徴」。
(8)警察予備隊はGHQの指令で設立された。
(9)常任理事国であり，拒否権をもつソ連が長く日本の国連加盟に反対していたが，日ソ共同宣言によって賛成に回り，日本の国連加盟が実現した。
❷ (2)②イの岸信介は，安保条約の改定に際し，強行採決を行い，退陣した。ウの吉田茂はサンフランシスコ平和条約に調印した。エの池田勇人は，高度経済成長期に「所得倍増」をスローガンにかかげた。
③「非核三原則」により，佐藤栄作首相はノーベル平和賞を受賞した。

p.134~135 ステージ3 総合

❶ (1)戦争
(2)①日本国憲法
②Aウ　Bア　Cイ
③例日本国と日本国民統合の象徴。
(3)ウ
❷ (1)Aアメリカ　Bソビエト連邦
(2)A資本主義　B社会主義
(3)例直接戦火を交えない対立だったから。
(4)イ
❸ (1)ア　(2)ア・イ
(3)①公害対策基本法　②環境庁
③例生産と利益が優先されたから。
❹ (1)ベルリンの壁
(2)Aウ　Bア　Cエ
(3)①国連平和維持活動〔PKO〕
②自衛隊

解説

❶ (2)②Aの地方自治法は1947年，Bの民法は1947年，Cの教育基本法も1947年に定められた。さまざまな分野で民主主義政策が進められた。Bについて，それまでは，「家」制度が重視され，戸主の権限が強かったが，新しい民法では男女同権の新しい家族の在り方を定めている。
❷ (1)Aはアメリカで，西側諸国の中心国家。資本主義の国が西側諸国とよばれる。Bはソ連で，東側諸国の中心国家。東側には社会主義の国々が集まる。後にプラハの春などで東ヨーロッパは社会主義国から自由主義国へ転換する。
(4)は朝鮮半島のできごと，他に南北に分裂した国としてはベトナム，東西に分裂した国としては，ドイツがある。ベトナム，ドイツは統一されたが，朝鮮半島はいまだに休戦状態で分裂したままである。
❸ (2)ア・イは1964年のできごと。ウのラジオ放送の開始，エの文化住宅が広まったのは大正時代。
(3)高度経済成長期は，経済の成長が最優先されたため，環境への配慮がなかった。四大公害病が発生したのも，高度経済成長期である。
❹ (1)Xはドイツ。ドイツはベルリンの壁によって東西に分断されていた。
(2)Aは2003年，Bは1991年，Cは2001年。
(3)日本は1992年にカンボジアに自衛隊を派遣し，初めてPKOとして協力・参加した。

ポイント

■戦後の民主化の内容をおさえる。
マッカーサー▶連合国軍最高司令官総司令部（GHQ）。民主化▶日本国憲法。経済の民主化▶農地改革，財閥解体。教育の民主化▶教育基本法。
■人物と業績・できごとをおさえる。
吉田茂▶サンフランシスコ平和条約，日米安全保障条約。池田勇人▶所得倍増計画（高度経済成長期）。佐藤栄作▶沖縄返還，非核三原則。
■国際情勢をおさえる。
国際連合の発足。冷戦。

なぞろう重要語句
日米安全保障条約（にちべいあんぜんほしょうじょうやく）　国連平和維持活動（こくれんへいわいじかつどう）

定期テスト対策 得点アップ！予想問題

p.138 第1回

1 (1)Aエジプト文明　Cインダス文明
(2)ウ
(3)甲骨文字
(4)イ（→）ア（→）ウ（→）エ
(5)ポリス
(6)仏教

2 (1)銅鐸
(2)ウ
(3)祭りの道具
(4)前方後円墳
(5)埴輪

解説

1 (2)Bはメソポタミア文明である。ウはメソポタミア文明で使われた文字で，粘土板に刻まれた。アは秦の時代，イは古代ギリシャの，エはエジプト文明のもの。
(3)Dは中国文明。政治の重要なことを占いで決定するときに，亀の甲や牛の骨に刻んだことから，甲骨文字と呼ばれた。
(4)アは紀元前221年，イは紀元前6世紀ごろ，ウは紀元前202年，エは漢のあとの時代。

2 (1)(3)Aは銅鐸とよばれる道具。青銅器は貴重で，祭りなどに使われた。
(2)Aが日本に伝わったのは弥生時代。稲作が伝わったあとにもたらされた。アは旧石器時代，イは縄文時代の説明。
(4)古墳は各地の支配者であった豪族の墓だった。

p.139 第2回

1 (1)A壬申の乱　B平城京　C平安京
(2)①冠位十二階　②十七条の憲法
(3)中大兄皇子
(4)イ
(5)公地公民
(6)例仏教で国家を守ろうと考えたため。
(7)真言宗
(8)国風文化
(9)浄土の教え
(10)イ

解説

1 (2)②和を尊重し，仏教を重んじ，天皇の命令に従うことなどを示した。聖徳太子は，蘇我馬子と協力して積極的に仏教を取り入れた。
(4)アは6歳以上の男女，ウは国－郡－里，エは租が正しい。
(5)農業生産が増え，人口が増えたことにより，口分田が不足し，墾田永年私財法が出された。しかし，この法によって公地公民がくずれ，寺社や貴族が私有地（荘園）を増やした。
(10)663年に起こった白村江の戦いのこと。中大兄皇子が，唐・新羅にほろぼされた百済の復興を助けるため，軍を送った。

p.140 第3回

1 (1)①院政　②イ・エ
(2)①ア　②オ　③エ
(3)源頼朝
(4)a守護　b地頭
(5)六波羅探題

2 (1)a奉公　b御恩
(2)御成敗式目〔貞永式目〕
(3)禅宗

解説

1 (1)①天皇の位をゆずり，上皇となったあとの住まいを院ということから，院政とよばれた。
②アは平安時代に関東地方で，ウは飛鳥時代に大和（奈良県）～近江（滋賀県）で，オは平安時代に瀬戸内で起こった戦乱。カは朝鮮半島が戦場だった。
(2)③エの港は大輪田泊（現在の神戸港）。瀬戸内海の航路を使って宋との貿易を行った。海上交通の安全を祈って，厳島神社も整備された。
(4)源頼朝は，弟の源義経をとらえることを口実に，朝廷に守護と地頭をおくことを認めさせた。

2 (1)土地を仲立ちとして主従関係を結ぶしくみを封建制度という。
(3)座禅による厳しい修行で自ら悟りを開くことを目ざす宗派。栄西が臨済宗を，道元が曹洞宗を開いた。

p.141 第4回

1 (1)A建武(けんむ)の新政(しんせい)　B南北朝(なんぼくちょう)

(2)①元寇(げんこう)

②皇帝(こうてい)　フビライ゠ハン

執権(しっけん)　北条時宗(ほうじょうときむね)

③例てつはう(を使うこと。)

(3)管領(かんれい)

(4)守護大名(しゅごだいみょう)

(5)倭寇(わこう)

(6)下剋上(げこくじょう)

2 (1)能(のう)

(2)狂言(きょうげん)

(3)水墨画(すいぼくが)

(4)ア・エ

解説

1 (2)②フビライ゠ハンは，モンゴル帝国を築いたチンギス゠ハンの孫にあたる。モンゴル帝国の第５代皇帝。③元軍は火薬兵器を用いた。資料の中央上部には，爆発する「てつはう」が描かれている。

(3)管領の下には侍所・政所・問注所がある。鎌倉幕府では，将軍の補佐は執権だった。

(5)初期の倭寇は九州北部や瀬戸内海の人々で，大陸沿岸で海賊行為をはたらいた。明は室町幕府に倭寇の取りしまりを求めた。

(6)応仁の乱の後，下剋上の風潮が広まった結果，各地に戦国大名が登場し，戦国時代となった。

2 (1)観阿弥・世阿弥は足利義満の保護を受けた。

(4)イ・ウは貴族の住居で用いられた寝殿造でみられる。

p.142 第5回

1 (1)宗教改革(しゅうきょうかいかく)

(2)Aウ　Bイ　Cア

(3)ポルトガル

(4)フランシスコ゠ザビエル

(5)①カ（→）エ（→）ア

②オ（→）ウ（→）イ

(6)楽市(らくいち)・楽座(らくざ)

(7)例一揆(いっき)を防ぎ，年貢(ねんぐ)を確実にとるため。

2 (1)武家諸法度(ぶけしょはっと)

(2)徳川家光(とくがわいえみつ)

(3)①イ　②ウ　③エ　④ア

解説

1 (1)カトリック教会は，教会の資金集めのために，罪から逃れられるとする免罪符を販売した。ルターは，信仰のよりどころを聖書とし，カトリック教会の腐敗を正そうとした。

(2)コロンブスは大西洋を西に進むことでインドに行こうとした。アメリカ大陸の一部についたとき，そこがインドだと思ったことから，西インド諸島という地名がつけられた。

(4)フランシスコ゠ザビエルは，カトリック教会の一派であるイエズス会の宣教師。宗教改革によってできたプロテスタントに対し，カトリック教会を立て直そうと海外布教を行った。

(5)アは1582年，エは1575年，カは1573年。イは1592年と1597年，ウは1590年に起こり，オは1582年から始まった。

(6)楽市・楽座の「楽」は「自由」という意味。商人たちは市での自由な営業を認められた。

2 (2)参勤交代は，大名の経済力を弱らせた。

p.143 第6回

1 (1)公事方御定書(くじかたおさだめがき)

(2)老中(ろうじゅう)

(3)aア　eエ　fウ

(4)d享保(きょうほう)の改革(かいかく)　f寛政(かんせい)の改革

g天保(てんぽう)の改革

(5)千歯(せんば)こき

(6)①エ　②え　③株仲間(かぶなかま)

(7)Xイ　Yエ

(8)打ちこわし

解説

1 (2)老中は政務を担当する常置の最高職である。

(3)イは新井白石の政治。長崎貿易を制限して金・銀の海外流出をおさえた。

(4)「享保」「寛政」「天保」はそのときの元号。

(5)千歯こきをはじめ，田を深く耕すことができる備中ぐわなどの農具が使われるようになり，農業生産が高まった。

(6)①アは日光街道，イは甲州街道，ウは中山道。②商業の中心地である大阪のことをさす。

(7)アは室町文化，ウは桃山文化。

(8)農村で，年貢の引き下げなどを求めた運動は百姓一揆といわれる。

p.144 第7回

1 (1)Aピューリタン革命　Bインド大反乱
(2)イギリス
(3)産業革命
(4)人権宣言
(5)アヘン戦争
(6)人民

2 (1)b
(2)ア・エ
(3)例関税自主権がなかった。
例領事裁判権を認めた。
(4)イ（→）エ（→）ア（→）ウ

解説

1 (1)Aのピューリタン革命の結果，イギリスでは共和政が樹立された。Bのインド大反乱の結果，ムガル帝国がほろんだ。
(2)アメリカはイギリスの植民地だった。本国の議会に代表を送る権利もないのに，一方的に課税をされたことなどから独立戦争に発展した。
(3)工業製品をそれまで手作業でつくっていたが，機械によって安く，大量生産できるようになった。
(5)イギリスがインドから清にアヘンを密輸し，清がアヘンを取りしまったことから起こった。

2 (2)函館（北海道）と下田（静岡県）が開港。
(4)アは1866年，イは1858～59年，ウは1867年，エは1863年のできごと。

p.145 第8回

1 (1)A五箇条の御誓文　B八幡製鉄所
C韓国
(2)aエ　bカ　cア
dウ　eイ
(3)①学制　②地租改正
(4)例ドイツの憲法は君主の権限が強いから。
(5)①貴族院
②例直接国税15円以上を納める満25歳以上の男子。
(6)下関条約
(7)三国干渉

解説

1 (1)Bは日清戦争の賠償金で建設された。Cを併合したときに，日本はCを朝鮮と改め，朝鮮総督府を置いて植民地支配を行った。
(2)オの陸奥宗光は1894年にイギリスとの間で治外法権の撤廃に成功した外相。
(3)版籍奉還は，それまでの藩主に対し，土地と人民を政府に返還させたこと。それまでの藩主の政治を認めたため，中央集権が徹底せず，廃藩置県を行い，中央から府知事・県令を派遣した。四民平等とは，それまでの町人・百姓などの身分制度を廃止したこと。文明開化とは，生活や服装が西洋化したこと。
(5)②選挙権を持つのは人口の約1.1%だった。
(7)三国干渉ののち，日本ではロシアに対する対抗心が高まり，日露戦争へと向かった。

p.146 第9回

1 (1)第一次護憲運動
(2)イ
(3)提出　ア
受取　イ
(4)人物　レーニン
国名　ソビエト社会主義共和国連邦
(5)ウ
(6)①パリ　②ベルサイユ条約
③三・一独立運動
(7)ウィルソン
(8)満25歳以上のすべての男子
(9)治安維持法

解説

1 (1)桂太郎は，藩閥や官僚を後ろだてに組閣したが，反対運動により50日あまりで総辞職した。
(2)ロシアの南下に対抗するために結ばれた。アは1854年に日本が開国することになった条約，ウはイギリスと清の戦争であるアヘン戦争の講和条約，エは第一次世界大戦のイギリス，フランス，ロシアの協力関係である。
(5)立憲政友会の原敬は，３人をのぞく閣僚を立憲政友会の党員で占める，日本で初めての本格的な政党内閣を率いた。
(6)③中国で起こった反日運動は五・四運動。
(7)国際連盟はウィルソン大統領の提案で設立されたが，アメリカは議会の反対により参加しなかった。
(8)選挙権の条件から納税額がなくなったが，女性には選挙権が認められなかった。

p.147 第10回

1 (1)例アメリカから起こった世界恐慌が世界中に広まったから。
(2)ソ連〔ソビエト社会主義共和国連邦〕
(3)ニューディール〔新規まき直し〕政策
(4)ブロック経済　(5)ウ
(6)エ→ア→ウ→イ

2 (1)ドイツ
(2)（ハワイの）真珠湾
(3)学童疎開
(4)広島（市）・長崎（市）
(5)ポツダム宣言
(6)8月15日

解説

1 (1)世界恐慌はアメリカのニューヨークの株式市場で株価が大暴落したことから始まった。
(2)ソ連は，ロシア革命ののち，社会主義政府によるソビエト社会主義共和国連邦が成立した。社会主義に基づき，計画経済を実施していたため，世界恐慌の影響を受けなかった。
(3)ローズベルト大統領が行った政策。
(5)アのムッソリーニはイタリアでファシスト党を率いた人物，イはロシア革命を指導したレーニンの後を継いだ人物，エのチャーチルは第二次世界大戦時のイギリスの首相である。
(6)アは1933年，イは1937年，ウは1936年，エは1931年。

2 (4)広島には8月6日に，長崎には8月9日に投下された。

p.148 第11回

1 (1)マッカーサー
(2)満20歳以上のすべての男女。
(3)農地改革
(4)国民主権・基本的人権の尊重・平和主義〔戦争の放棄〕
(5)ア・イ・オ

2 (1)冷たい戦争〔冷戦〕
(2)中華人民共和国
(3)例アメリカが日本で大量の軍需物資を注文したから。
(4)サンフランシスコ平和条約
(5)日米安全保障条約〔安保条約〕

解説

1 (2)初めて女性にも選挙権が与えられた。
(3)農村の民主化のための政策。地主の土地を政府が安く買い上げ，小作人に安く売りわたしたことで自作農が大幅に増え，地主の力がおとろえた。
(5)アのほかに労働基準法も定められた。イは「教育の憲法」といわれた。オの民法は「家」重視の旧民法を改正し，男女平等を定めた。

2 (2)第二次世界大戦後，中国では国民政府と共産党が戦い，毛沢東率いる共産党が勝利した。
(4)ソ連や中国はこの講和条約には参加しておらず，のちにそれぞれ国交を回復・正常化した。

p.149 第12回

1 (1)①イ　②国際連合〔国連〕
(2)イ
(3)ア・エ（順不同）
(4)ＥＵ
(5)沖縄（県）
(6)石油危機
(7)ドイツ
(8)ア
(9)同時多発テロ事件

解説

1 (1)②国連安全保障理事会の常任理事国であるソ連が①によって賛成するようになったため，日本の加盟が認められた。
(2)アは1955年以降続いた政権を担う自民党と野党という体制，ウは1980年代の地価や株価が実体をこえて急騰した経済，エは1929年にアメリカから始まった世界的な不景気。
(3)イ大都市へ人口が集まった。ウ携帯電話が普及したのは1990年代以降。
(7)ベルリンの壁は東西冷戦の象徴だった。
(8)イは1995年，ウは1954年，エは1997年。

p.150 第13回

1 (1)シャカ〔ガウタマ＝シッダールタ〕
(2)エ
(3)cカ　gウ
(4)ウ
(5)中臣鎌足〔藤原鎌足〕
(6)公地公民

(7)**雪舟**
(8)**源氏物語**
(9)**例私は，鎌倉幕府を倒して，建武の新政を始めましたが，2年余りで失敗して吉野に逃れ，南朝を立てました。**

解説

1 (1)仏教は紀元前6世紀ごろにシャカが開いた。
(4)『新古今和歌集』には西行，藤原定家らの歌が収録されている。
(6)公地公民制は，8世紀半ばの墾田永年私財法によりしだいにくずれていった。
(8)仮名文字を使って書かれた。同年代には，清少納言が『枕草子』を著した。
(9)後醍醐天皇は，1333年，流されていた隠岐を脱出して，足利尊氏などの鎌倉幕府の御家人や近畿地方の新興の武士などの活躍で幕府をほろぼし，翌年建武の新政を始めた。しかし，公家を重視したため武士の不満が高まり，尊氏が京都を占領すると天皇は吉野に逃れ，南朝を立てた。以後，約60年，南北朝の対立が続いた。

p.151 第14回

1 (1)**エ**
(2)**『魏志』倭人伝**
(3)**鑑真**
(4)**c エ　f オ**
(5)**九州地方**
(6)**足利義満**
(7)**日米和親条約**
(8)**陸奥宗光**
(9)**ロシア革命**

解説

1 (1)A奴国王は漢の皇帝から「漢委奴国王」と刻まれた金印を授けられた。B卑弥呼は魏から「親魏倭王」の称号と金印，銅鏡などを与えられたとされる。C中国は南北朝時代。『宋書』に記録が残されている。D遣隋使として小野妹子らが送られた。E遣唐使の派遣は838年まで続けられた。
(4)**エ**は大輪田泊，**オ**は長崎。
(5)元軍が襲来したのは九州北部の博多湾（現在の福岡県）である。
(8)関税自主権の確立は，日露戦争後の1911年，アメリカとの間で実現した。

p.152 第15回

1 (1)**例法律の範囲内で自由が認められた。**
(2)**平家物語**
(3)**イ**
(4)**エ**
(5)**分国法**
(6)**犬養毅**
(7)**万葉集**
(8)**日露戦争**
(9)**ウ**

解説

1 (1)のちに治安維持法などにより制限されるようになった。
(4)1789年のフランス革命。**ア**は1877年，**イ**は1825年，**ウ**は1866年，**エ**は1787年。
(6)犬養毅首相暗殺により，政党政治が終わりを告げることとなった。
(9)Ⅰは江戸幕府が出した武家諸法度である。**ア**は鎌倉幕府，**イ**は室町幕府のしくみ。

6 5 4
D C B A